CAMILA VEDOVELLO

QUEM SANGRA NA FÁBRICA DE CADÁVERES?

A chacina da Pavilhão Nove e as chacinas em São Paulo

mórula
EDITORIAL

REVISÃO
Marilia Pereira

CIP-BRASIL. CATALOGAÇÃO NA PUBLICAÇÃO
SINDICATO NACIONAL DOS EDITORES DE LIVROS, RJ
Elaborado por Gabriela Faray Ferreira Lopes – CRB 7/6643

V522q

Vedovello, Camila
Quem sangra na fábrica de cadáveres?: a chacina da Pavilhão Nove e as chacinas em São Paulo / Camila Vedovello. – 1. ed. – Rio de Janeiro: Mórula, 2024.
360 p. ; 21 cm.

Inclui bibliografia.
ISBN 978-65-6128-041-9

1. Pavilhão Nove (São Paulo, SP) – História. 2. Massacres – São Paulo (SP) – História. 3. Violência – Aspectos sociais – São Paulo (SP). 4. Crime – Aspectos sociais – São Paulo (SP). I. Título.

24-92936 CDD: 364.15234098161
CDU: 343.326(815.6)

Rua Teotônio Regadas 26 sala 904
20021_360 _ Lapa _ Rio de Janeiro _ RJ
www.morula.com.br _ contato@morula.com.br
morulaeditorial morula_editorial

Para minha mãe, Zenaide e minha filha Cecília.
Para Débora Silva Maria.
Para todos os familiares e amigos de vítimas de chacinas e para todos os integrantes da Torcida Organizada Pavilhão Nove.

SUMÁRIO

PREFÁCIO

Uma sociedade adoecida

ARLETE MOYSÉS RODRIGUES

O livro de Camila de Lima Vedovello, que tenho o prazer de prefaciar, é fundamental para entender uma forma de violência que prolifera nas periferias das cidades, em especial nas grandes cidades e regiões metropolitanas brasileiras. As chacinas, uma violência contra pessoas e grupos humanos, aparecem e desaparecem rapidamente das notícias da grande imprensa, embora estejam sempre presentes na vida cotidiana. Se essa violência não é novidade histórica e apresenta muitas formas de se manifestar, é preciso que seja reconhecida como um mal societário que atenta contra o viver democrático.

Desvendar um processo histórico de violência, identificando como as chacinas se manifestam e em que região metropolitana de São Paulo ocorrem, é importantíssimo para nos indagar sobre como é possível, em pleno século XXI, que mortes sejam planejadas e executadas, como se vivêssemos numa selva de monstros pré-históricos. Desvendar onde ocorrem com maior intensidade, quem são os matadores, quem são os mortos e o que representam social e politicamente num mundo dito civilizado, é tarefa fundamental, pois temos que saber quem sangra nessa fábrica de cadáveres que deveria ser menos tolerada e mais percebida enquanto forma de naturalização da violência. Esse aprendizado é o que obtemos com este livro.

A obra aponta as diversas definições de chacinas e apresenta que elas implicam, pelo menos, três mortes num mesmo momento, perpetradas por indivíduos ou grupos. Geralmente, com o uso de armas de fogo, pessoas são encurraladas e vidas são rompidas. Todos aqueles que são atingidos, tanto os que morrem quanto os que permanecem vivos, não têm direito de defesa nem de expressar-se no mundo: não se expressam os mortos, porque suas vidas foram ceifadas; não se expressam as testemunhas, porque seguem a vida com medo; e não se expressam os amigos e familiares, pois estão chorando a morte de um ente querido. A violência praticada por grupos de seres humanos e o Estado nega o outro, num mundo desigual e socialmente segregado, onde se expande a miséria, a opressão e a barbárie.

Nas chacinas, os corpos matáveis são considerados "bandidos", aqueles que fazem parte das "classes perigosas", os malvestidos, que moram, em geral, nas periferias precárias. Periferia essa que conta com pouca infraestrutura e quase nenhum equipamento público, que possui transportes precários, ou seja, um local em que a vida que se leva é difícil, até ser extinta.

Embora a definição de "classes perigosas" seja fluída, pois sua caracterização depende do período histórico, como é apontado ao longo do livro, e tal expressão diz respeito àqueles que, supostamente, não seguem os padrões, normas e legislação dominantes, observa-se que as chacinas, analisadas no período que se estende de 1980 a 2020, ocorrem nas periferias pobres onde predominam os afrodescendentes. Como mostra a autora, não há muitos dados sobre a etnia dos chacinados, mas é possível, a partir da análise dos dados que se tem e dos lugares em que ocorrem, deduzir que elas exterminam jovens negros. Ou seja, as classes perigosas são os jovens, são os negros, são os moradores da periferia sem infraestrutura. Figuras e mapas que identificam os locais das chacinas apontam essa predominância. A periferia é um lugar de exílio da população e é também o lugar da condenação dos que são chacinados e de suas famílias.

Se os executados são considerados fazendo parte das "classes perigosas", por que aqueles que as praticam, os executores, também não são colocados nesse local? Camila aponta esta questão ao assinalar que os chacinadores não respeitam as leis e as ordens, pois matar não é atributo enquanto ser humano e as leis abominam tal ação. Eles parecem estar acima da lei e da ordem, porque não acreditam nelas, porque se sentem superiores a elas, porque dominam as armas e os métodos para não serem condenados por homicídios. Os dados indicam que a matança é praticada por policiais "fora de serviço", ou ex-policiais, portanto, fora da lei.

Há uma tendência de que as chacinas sejam explicadas tendo como motivo o tráfico de drogas, contudo, a explicação dos aparentes motivos, quando aparece na imprensa e mesmo nos processos, nunca remete ao fato de que os chacinadores também deveriam ser considerados parte das "classes perigosas", já que são tão bandidos, como o atributo que é dado às vítimas. Essa é uma questão relevante para pensar as chacinas na sua dimensão sociológica. Imputa-se às vítimas terem ficha na polícia, serem traficantes, mas não aos que as matam, porque, em geral, os chacinadores raramente são encontrados. Há poucos casos em que matadores são encontrados e julgados quando comparados ao número de ocorrências.

A pesquisa profunda realizada pela autora procura desvendar o significado e o significante de chacinas ao longo do tempo, mesmo que tenham outras denominações, mostrando desde o massacre em São Luiz do Maranhão, de negros ex-escravizados, de negros fugidos para os quilombos, de massacres contra indígenas, na época da ditadura no país, de 1964 a 1975, chegando às mortes dos supostos comunistas pelo esquadrão da morte, ocorridas a partir de 1980, início da coleta de dados da pesquisa, mostrando como o atributo de bandido é imputado às vítimas, mas não aos seus algozes que, como já dito, raramente são encontrados. Para deixar evidente esse processo histórico, Camila aponta que a legislação que trata do tema é inerente à história do Brasil.

A cada aspecto que analisa, a autora mostra dados e aponta questões que nos fazem refletir sobre o que significa matar e sair ileso por conhecer as normas e ter o poder, o que significa esse poder sobre os corpos matáveis e, ainda, o que significa o luto para as pessoas que conviveram com os mortos.

A pesquisa realizada mostra também como a pergunta, ou a afirmação, de que as vítimas "têm passagem pela polícia", que aparece na grande imprensa e nos processos, desvia a atenção de quem matou, para quem foi morto. Os mortos perdem sua identidade e passam a ser corpos que foram objeto de contenda e não de morte matada. Mudam-se os termos da questão, talvez para justificar a incapacidade de a sociedade impor limites para a barbárie nas diferentes formas de continuidade da violência e no julgamento dos algozes.

Camila Vedovello desvenda questões cruciais sobre essa "tragédia" de violência cotidiana do mundo urbano, que enluta famílias, ao mesmo tempo em que as impede de viver o luto, pois vivenciar o luto significa, para amigos e familiares, ter que se organizar para procurar justiça que quase nunca vem. Importante ressaltar, como fica evidente ao longo do livro, que essas pessoas não procuram vingança. São vítimas também da violência, pois perderam pessoas queridas e têm medo. Fica evidente, também, que a pesquisadora, para entender o processo, não se limita aos números. Ela entrevista jornalistas que cobrem as chacinas, autoridades policiais, familiares de vítimas, a fim de entender e nos mostrar as diferentes dimensões que perpassam a sociedade. Trata-se, portanto, de um livro que traz à tona não apenas os números, mas a vida cotidiana dos enlutados pelo empenho da pesquisadora em abranger os diferentes sentidos e significados das chacinas na totalidade e na vida cotidiana.

Ao pesquisar os processos, a autora mostra, ainda, que as dificuldades de se encontrar os autores das chacinas advém de eles saberem como não deixar provas, ao fato de serem atiradores exímios e de terem armas, clandestinas ou não. Pode-se deduzir, assim, que, além do conhecimento e da posse de armas, esses "matadores" têm conhecimento das formas processuais. Em consequência, a justiça raramente ocorre e, quando ocorre, como se pôde perceber no julgamento do Pavilhão Nove, acompanhado de perto por Camila, os algozes não são muito diferentes dos que foram mortos, mas têm o privilégio de matar. Privilégio, porque sabem usar as armas e sabem como se livrar da punição de um crime, ou seja, usam de um conhecimento para praticar uma barbárie e saírem ilesos, já que raramente são encarcerados como punição pelo crime que praticaram.

Camila expõe com clareza, pertinência e profundidade o significado e o significante das chacinas que ceifam vidas, que não interessam aos setores dominantes e aparentemente não interessam à sociedade em geral, as vidas matáveis. Após a morte, os corpos ficam expostos para chamar a atenção, mas não como vítimas de uma trágica civilização e sim como aqueles que podem ter ficha na polícia, que podem ser bandidos, que podem ser matáveis. Após os assassinatos coletivos, os corpos ficam expostos para mostrar sua insignificância enquanto seres humanos. São corpos, em geral, negros e jovens, malvestidos, considerados infra-humanos. Mas os que atiram e matam são também infra-humanos, no sentido de que representam a desobediência de leis e normas de um sistema erigido como democracia.

As chacinas integram a militarização urbana, que implica uma polissemia de conflitos nos territórios. O processo de urbanização, ao destruir os campos de várzea que serviam de lazer para os moradores periféricos, destruiu também uma forma de vida. Esses elementos são utilizados pela autora ao mostrar as torcidas organizadas, fazendo com que possamos entender a formação específica de um grupo de torcedores do Corinthians no chamado Pavilhão Nove, objeto de sua pesquisa de campo. Ela expõe que as áreas localizadas sob a Ponte dos Remédios, os baixos do viaduto, foram ocupadas, produzindo um espaço de lazer para aqueles jovens, um local de encontro da torcida organizada. No entanto, após a chacina, esse local também deixou de existir, porque a memória dos que foram chacinados ali, seus corpos expostos, destruíram a possibilidade de continuar a ser um espaço de lazer.

As chacinas são antidemocráticas, porque são calcadas na resolução individual e não na base das normas construídas socialmente. Assim, é preciso combatê-las, mas, para isso, é preciso desvendar suas características e essa é a contribuição que Camila faz de forma exemplar, ao percorrer um longo caminho, refinando as análises, coletando dados gerais e específicos, realizando entrevistas, acompanhando o júri popular, enfim, sendo uma pesquisadora que une pesquisa e ação, teoria e prática, e nos mostra que:

> As chacinas decorrem de uma polissemia de conflitos nos territórios, mas que, ao serem praticadas por agentes de segurança pública, demonstram como temos uma militarização urbana que contribui para que nos territórios periféricos as chacinas ocorram como uma ferramenta constituinte do genocídio da juventude negra (p. 27)

Para deixar bem claro o que significam essas mortes, a autora aponta o que são as vidas matáveis. As chacinas ocorrem, em sua maioria, nas periferias pobres, em vielas, becos, em bares, ou seja, no (sub)urbano que, além de carecer de infraestrutura, é onde pode-se morrer de morte matada. As forças públicas, ao invés de salvarem, matam. São forças públicas que não estão de "serviço", mas a serviço de matar determinados corpos, usando suas armas, seus conhecimentos e seus aparatos.

O título original da tese de doutorado de Camila, sobre quem sangra na fábrica de cadáveres, não é retórica, pois, ao longo do texto, mostra que sofrem não apenas aqueles que são chacinados, mas suas famílias e, indiretamente, todos os que lutam para um avanço civilizatório. São massacres coletivos, imaginados e programados antes da execução. Esses massacres negam o avanço civilizatório. É uma guerra civil mal disfarçada em que se define um poder territorial, muito restrito, que está submetido e submete a formas ilegais de dominação física, social, econômica e territorial. A luta por um poder restrito sem dó e nem piedade mostra uma sociedade adoecida que luta na ilegalidade para ter algo que não existe, um poder que está acima da vida.

Para poder ter um menor sangramento, as famílias e os amigos das vítimas se unem em orações, movimentos, homenagens e, principalmente, pressionam para que a justiça seja feita. Para demonstrar como se dá esse processo de aglutinação, Camila esteve presente em várias atividades de julgamento de um dos autores da chacina do Pavilhão Nove, acompanhando as audiências criminais. Só assim pôde entender e passar para todos nós, que lemos o trabalho, a dimensão de uma pesquisadora que quer entender os processos sociais. Demonstra, dessa forma, que a construção social do bandido e da bandidagem relaciona-se às práticas e políticas de extermínio no Brasil e estão atreladas a processos de criminalização a partir de uma construção social do bandido.

Uma obra fundamental, indispensável, que possibilita uma reflexão profunda sobre uma das formas de expressão da violência nas cidades e que nos coloca diante do desafio de entender melhor as diferentes formas de violência, para podermos buscar atingir um processo civilizatório cantado em verso e prosa que seja diferente da desigualdade, da opressão, do medo e da violência dirigida aos moradores das periferias pobres.

Introdução

Comecei em 2017 a pesquisa que originou este livro[1]. Havia passado alguns meses do golpe que retirou a presidenta Dilma Rousseff, democraticamente eleita, do poder. Entre o início e final da pesquisa, o Brasil passou pelo governo golpista de Michel Temer, pelo assassinato da vereadora do Rio de Janeiro, Marielle Franco, pela ascensão da extrema direita bolsonarista ao poder e pela pandemia de Covid-19, que matou cerca de 700 mil pessoas no Brasil, entre 2020 e 2022. Por muitas vezes, no decorrer da pesquisa, ensaiei o que seria a introdução de um estudo que versa sobre chacinas, mas inauguro essa escrita informando que o termo "genocídio" aqui debatido, se transmutou no debate brasileiro durante essa pandemia. É dentro de uma conjuntura política, de ampliação da militarização e da ascensão da extrema-direita ao poder que o debate sobre genocídio foi se alterando e ganhando o debate público sobre como a população vem sendo aniquilada ao longo desse tempo em que estamos vivendo.

1 O título "Quem sangra na fábrica de cadáveres?" faz referência à música "A fantástica fábrica de cadáver", de Carlos Eduardo Taddeo.

Durante o governo Bolsonaro vimos uma série de decretos que liberaram armas à população. É dentro deste contexto histórico de aprofundamento e ampliação das mortes que a pesquisa foi elaborada e escrita. Olhando para um passado não tão distante, mas que me parece ter existido há séculos, diante de um cenário tão corrosivo e letal, é que trato das chacinas em São Paulo e Região Metropolitana de São Paulo (RMSP). Informo ao leitor, portanto, que este estudo é atravessado por todas essas políticas, mortes, corpos tombados e demandas públicas.

Para manter o debate pretendido, não adentro as questões elencadas acima, mas ressalto aqui que considero as ações do governo federal enquanto necropolítica, nos termos de Mbembe (2018), a partir de um poder de morte por parte do Estado, enquanto política e tecnologias, advindas do colonialismo e que se insere como um modo de gestão das populações. Mas, no que tange à pesquisa, todo o caminho percorrido me levou a compreender as chacinas em São Paulo e RMSP a partir da perspectiva de Agamben (2007), considerando-as enquanto políticas que determinam alguns corpos enquanto vidas matáveis[2], a saber, os corpos periféricos, negros, encarcerados ou que se ligam aos corpos encarcerados. Em conjunção com o debate sobre vidas matáveis, esta pesquisa me levou a análises sobre segurança pública em que os debates de Oliveira (1982; 2003; 2013) sobre a exceção no urbano foram essenciais para desenhar como as mortes, sejam nas chacinas, de modo extralegal, ou em operações oficiais dos aparatos de segurança pública, são postas enquanto

2 Ao utilizar o conceito de vidas matáveis, de Agamben, não o faço olhando para a *shoah*, como Agamben fez. No item 1.2 esmiúço como, no caso brasileiro, foi o colonialismo e a escravidão que permitiram que determinados corpos fossem identificados historicamente enquanto possíveis de serem mortos, sem que fosse considerado algo condenável. No item 3.1 discorro mais detidamente sobre como a pesquisa me levou a memórias que conectavam massacres e, mais especificamente, o Massacre do Carandiru à *shoah*. Ressalto que Agamben transpôs a figura do *homo sacer* do antigo Direito Romano para pensar o massacre dos judeus e, dentro de limites analíticos, utilizo vidas matáveis para tratar dos sujeitos considerados passíveis de serem mortos desde a colonização.

exceção permanente da segurança pública[3] paulista, assim como são elementos constituintes do genocídio da população negra.

Se muitos pesquisadores observaram o momento da Ditadura Civil-Militar ou a redemocratização e, em especial as viradas dos anos 1960 para 1970 e de 1980 para 1990 (Adorno; Cardia, 1997; Pinheiro, 1991; Caldeira, 1991; Peralva, 1997), como pontos de inflexão no que tange ao aumento de uma violência letal, seja praticada por civis, seja praticada por agentes estatais, trago para o debate uma historicidade das violências letais que expõe como as chacinas são parte integrante da democracia brasileira. Encontrei nesta pesquisa um montante de 823 chacinas ocorridas na cidade de São Paulo e RMSP entre os anos de 1985 e 2020. Militarização urbana e execuções são elementos construtores desses números, que são subnotificados. Assim, essas mais de oitocentas chacinas representam um número mínimo do horror da morte de determinados grupos populacionais, enquanto constituintes de uma exceção permanente do que se considera no período democrático enquanto segurança pública.

Olho neste livro para as chacinas a partir de duas perspectivas que se aliam e se complementam: na Parte I, meu olhar é longo e amplo, buscando dados sobre as chacinas ao longo de uma história de violências e, na Parte II, meu olhar é reduzido e imersivo, em que observo uma chacina pela lupa sociológica para trazer elementos que a amplitude da observação sobre a historicidade sobre as chacinas não me permitiria.

O leitor, portanto, encontrará nesta pesquisa discussões sobre as chacinas ao longo dos anos 1980 a 2020, em que eu retrocedi à

3 Desenvolvi o termo "exceção permanente da segurança pública", a partir de debates sobre o conceito de Estado de Exceção, em conjunção com a perspectiva de segurança pública que é posta em voga, atrelada aos dados sobre execuções e chacinas. A exceção permanente da segurança pública não está em todos os lugares, ela se configura na perspectiva das execuções, da letalidade policial e das chacinas atingirem os mesmos territórios, e terem vítimas preferenciais e a produção dessas mortes por agentes de segurança pública se fazem enquanto força da lei sem lei (Agamben, 2004). Detalho essas questões no item 1.4.

emergência do Esquadrão da Morte paulista enquanto um elemento importante para entender a constituição e as ocorrências das chacinas na cidade de São Paulo e RMSP, chegando aos tempos atuais, com análises sobre quem morre, quem executa, além de mapear as ocorrências das chacinas nos territórios. De outro lado, observo uma chacina específica, fazendo uma imersão para uma análise sociológica mais esmiuçada, para compreender os diversos elementos sociais que compõem e que constroem as chacinas a partir de reportagens midiáticas, documentos jurídicos, memórias afetivas e pronunciamentos estatais.

Parte da história da chacina que observei mais detalhadamente, a Chacina da Torcida Pavilhão Nove, e que compõe a história das chacinas na cidade de São Paulo e RMSP, e as análises que aprofundarei neste livro, começo a contar a partir do início de um jogo de futebol. Assim, na data de dezenove de abril de 2015, antes de abrir as cortinas do espetáculo da semifinal do Campeonato Paulista, entre Corinthians e Palmeiras, o Itaquerão[4], estádio recém-inaugurado na capital paulista, foi tomado pelo silêncio das duas torcidas rivais, em homenagem aos oito torcedores da Torcida Organizada Pavilhão Nove[5], assassinados em uma chacina na noite anterior, no espaço da sede[6].

Três homens armados adentraram a quadra da Torcida, localizada naquele momento no baixio do viaduto Ponte dos Remédios

4 Itaquerão é como popularmente é chamado a Arena Corinthians, estádio inaugurado em maio de 2014 para ser palco da Copa do Mundo, realizada naquele ano no Brasil e ser o estádio oficial do Sport Club Corinthians Paulista, que até aquele momento não dispunha de um estádio, utilizando do Estádio Municipal Paulo Machado de Carvalho — Pacaembu — como sua casa, para jogos.

5 O nome oficial da torcida é Grêmio Recreativo Cultural Social Bloco Torcida Clube Desportivo Pavilhão Nove (G.R.C.S.B.T.C.D. Pavilhão Nove) sendo que, em cartazes, desenhos, bandeiras e outros materiais de divulgação, o nome pode aparecer como C.D. Pavilhão Nove, em referência ao Clube Desportivo. Para a escrita deste livro, utilizo somente o nome Pavilhão Nove ou Torcida Organizada Pavilhão Nove.

6 Cf.: https://www.uol.com.br/esporte/futebol/campeonatos/paulista/ultimas-noticias/2015/04/19/organizadas-do-corinthians-fazem-silencio-e-homenageiam-mortos-em-chacina.htm.

— Carmen Fernandes Neves, Vila dos Remédios, na Zona Oeste da capital paulista, em uma região limítrofe com a cidade de Osasco, gritaram "É a polícia" e executaram oito integrantes da Torcida que lá se encontravam, alguns outros integrantes conseguiram fugir. Desses executores, dois foram identificados, sendo um ex-policial militar e um policial militar. O terceiro suspeito é relatado enquanto sendo também um policial militar, mas não há identificação do mesmo. Somente o ex-policial foi a julgamento e se encontra detido[7]. A participação de agentes de segurança pública na chacina da Torcida Pavilhão Nove não é um caso isolado. Há, no entanto, semelhanças e dessemelhanças entre essa chacina e as demais que ocorrem nas cidades, mas ressalto que cada chacina possui sua singularidade, própria do conflito existente, embora exista entre elas mais semelhanças do que disparidades. Assim, no universo de chacinas que aconteceram na cidade de São Paulo e RMSP, a chacina da Torcida Pavilhão Nove, ocorrida em dezoito de abril de 2015, é um objeto importante para este estudo.

A pretensão de estudar uma chacina não se dá, absolutamente, pela construção dessa enquanto um estudo de caso, pois, embora muitos estudos de caso se façam de extrema importância, compreendo a análise da referida chacina enquanto um elemento inscrito em uma totalidade. Assim, ao olhar para a Chacina da Pavilhão Nove, penso em como esses eventos violentos se inserem, de um modo geral, nos territórios e cotidiano das cidades, assim como na historicidade das práticas de homicídio na capital de São Paulo e Região Metropolitana, e na trajetória da letalidade policial[8] paulista.

7 As informações sobre o caso foram obtidas através das entrevistas que realizei na pesquisa de campo, de matérias jornalísticas da época, acompanhamento do júri e de informações públicas que constam no processo n° 0002320-42.2015.8.26.0052, disponível no *site* do Tribunal de Justiça de São Paulo (TJSP).

8 Homicídios, chacinas e letalidade policial são categorias que se diferem, mas que se inter-relacionam. Debaterei essas questões ao longo deste livro.

MAPA 1A. LOCALIZAÇÃO DA VILA DOS REMÉDIOS EM SÃO PAULO E REGIÕES LIMÍTROFES (SUBPREFEITURA DA LAPA)

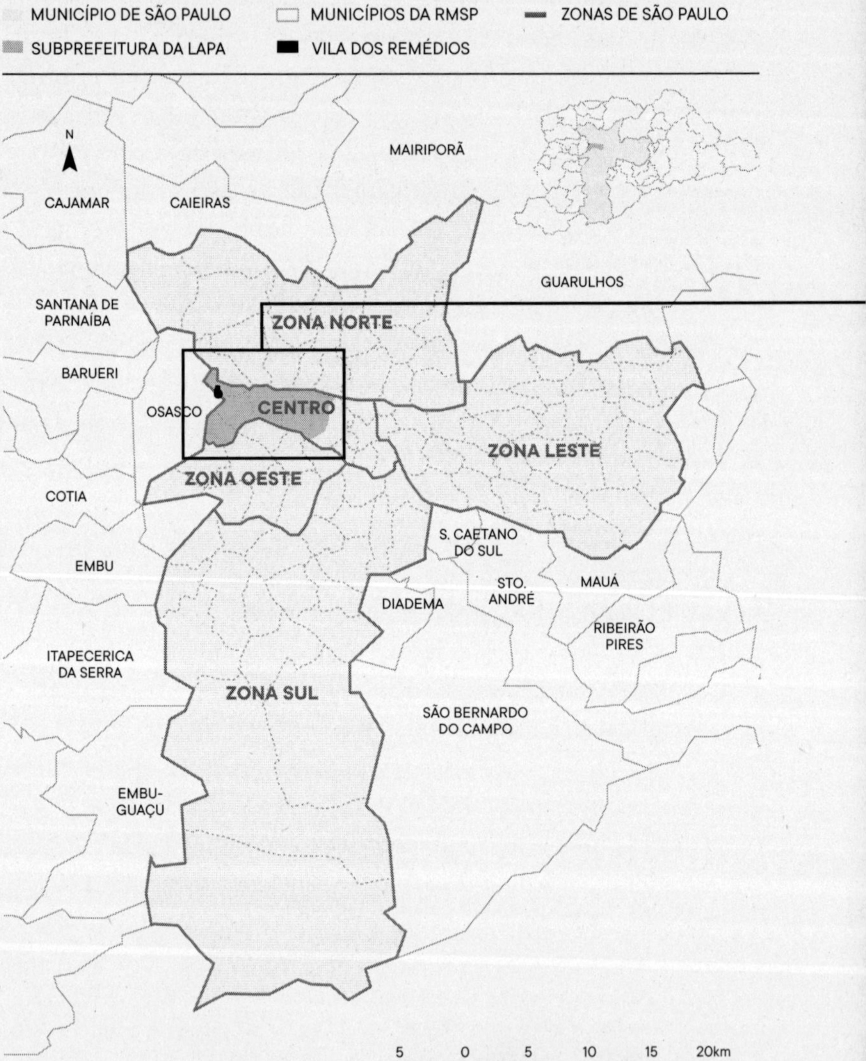

ELABORAÇÃO: Davidson Matheus Félix Pereira (2022)
ORGANIZAÇÃO: Camila de Lima Vedovello

DATUM: SIRGAS-2000
FONTE: Base de dados de VEDOVELLO, C. 1 (2021); IGC-SP (2016); Google Street (2022)

MAPA 1B. LOCALIZAÇÃO DA VILA DOS REMÉDIOS EM SÃO PAULO E REGIÕES LIMÍTROFES (VILA DOS REMÉDIOS)

OUTROS SUBDISTRITOS | SUBPREFEITURA DA LAPA | VILA DOS REMÉDIOS

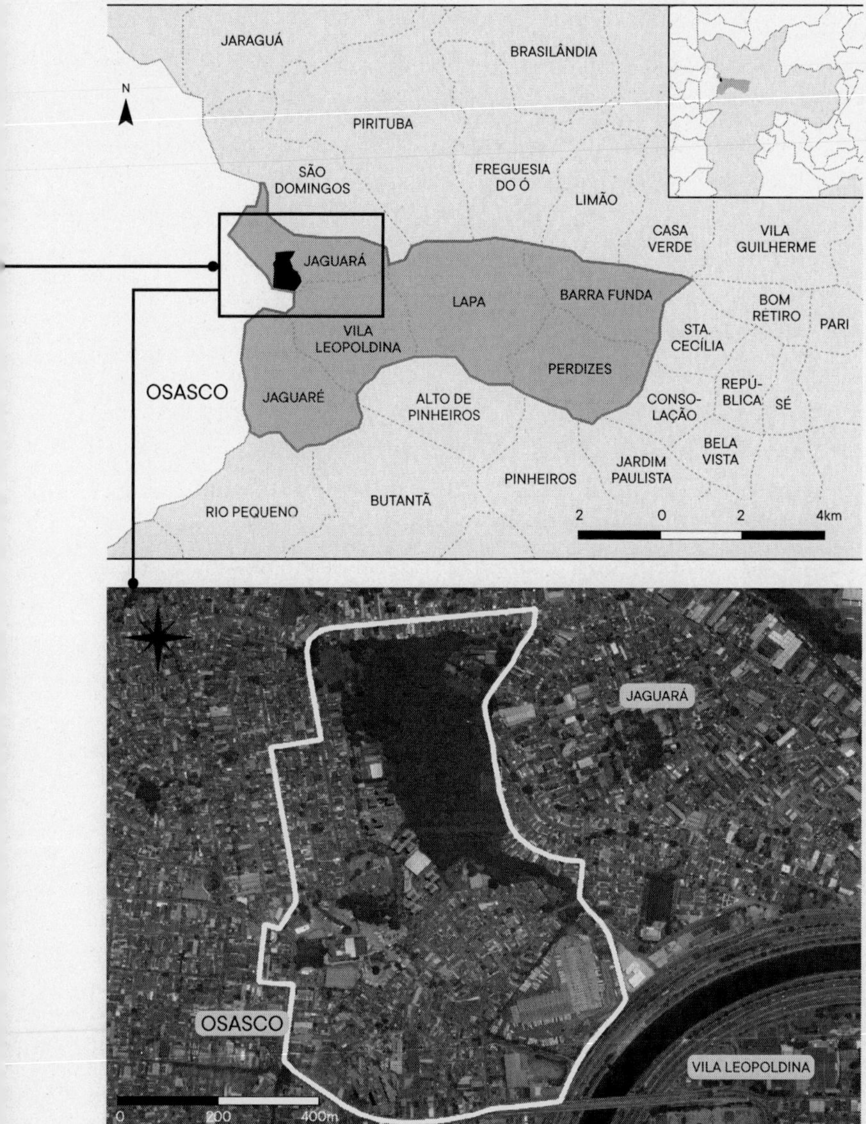

No ano em que ocorreu essa chacina, em 2015, foram registrados 52.463 homicídios dolosos no Brasil, sendo que 3.963 ocorreram no estado de São Paulo (FBSP, 2016, p. 14). De acordo com a Secretaria de Segurança Pública (SSP), 991[9] desses homicídios aconteceram na cidade de São Paulo, com o registro de 19 chacinas na cidade de São Paulo e RMSP, que totalizaram 99 mortos.

A escolha desta chacina em específico se dá pela relação que a referida Torcida Organizada tem, desde sua formação, com o raio[10] Pavilhão 9, da Casa de Detenção de São Paulo, do antigo presídio Carandiru, que foi alvo de um grande massacre em 02 de outubro de 1992, nos permitindo, desse modo, explorar diversas particularidades da violência letal em São Paulo.

O chamado Massacre do Carandiru é constantemente elencado por pesquisadores (Caldeira, 2000; Manso, 2012; Godoi, 2015; Dias, 2011; Biondi, 2009; Salla, 2006; Silvestre, 2016; Marques, 2018), como um ponto de inflexão, seja das políticas de segurança pública, das modificações no encarceramento paulista — e, posteriormente, o brasileiro — assim como das formas e padrões de violência e organização de presos e novos arranjos e rearranjos criminais. Também foi utilizado como base de produções artísticas, por escritores (Varella, 2000; Du Rap, 2002), por músicos, como o grupo Racionais MC's em "Diário de um Detento", além de ser lembrado por militantes de movimentos sociais.

Neste livro, também trago as análises, o histórico e as memórias do massacre, assim como a história do Carandiru, pois ela perpassa a formação da Torcida Organizada em questão. A Pavilhão Nove é uma torcida organizada do Sport Club Corinthians, e recebeu esse nome como forma de homenagem ao raio de presos Pavilhão 9, da Casa de

9 Cf.: Secretaria de Segurança Pública de São Paulo (SSP/SP) — Dados Estatísticos do Estado de São Paulo.

10 Raio é um dos termos utilizados para denominar os espaços onde se localizam as celas e/ou alojamentos dos encarcerados dentro de uma prisão.

Detenção de São Paulo, parte integrante do Complexo Penitenciário do Carandiru, que sofreu um massacre em 02 de outubro de 1992.

As relações intra/extra muros prisionais inseridas na história dessa torcida, assim como os elementos simbólicos elencados como emblemas da mesma, coadunadas com as execuções dos oito torcedores, realizadas por agentes públicos de segurança, a busca por elementos que mostrem uma possível ligação das vítimas com o "mundo do crime"[11], através, por exemplo, da averiguação dos antecedentes criminais, do esquadrinhamento da vida pregressa das mesmas pela imprensa, engendram e culminam no imaginário social de que "Bandido Bom é Bandido Morto"[12] (BBBM). A prisão, mais particularmente, o Carandiru e o Massacre gerado no raio Pavilhão 9 desse presídio, pode ter trazido a produtividade da vida matável (Mallart; Godoi, 2017) para aqueles que, mesmo não tendo passado pelo sistema prisional, são identificados com ele pelas simbologias

11 Ramalho (1979) tratou sobre o chamado "mundo do crime" ao realizar pesquisa com presos na Casa de Detenção de São Paulo, no final dos anos 70, onde, através de entrevistas com os detentos, buscava entender a relação desses com o crime. Assim, ser do "mundo do crime" e pertencer à "massa do crime", era evidenciado pelas experiências, conhecimentos sobre crime e práticas criminais. Feltran (2010, p. 31) em sua tese, traz o termo "mundo do crime" como entendimento de "[...] códigos sociais, sociabilidades, relações objetivas e discursivas que se estabelecem, prioritariamente no âmbito local, em torno dos negócios ilícitos do narcotráfico, dos roubos, assaltos e furtos". Silvestre (2016) entende o mundo do crime como uma série de práticas e discursos que podem aderir, ter que lidar, ou saber lidar, com éticas e condutas inscritas em contextos criminais. Desse modo, quando nos valemos desse termo, estamos tratando do mundo do crime, enquanto significante de uma série de relações sociais permeadas por ilicitudes, consideradas legalmente crime ou não, e que, por vezes, também se utilizam de violência e, como mesmo colocou Feltran (2010b, p. 593), o mundo do crime não diz necessariamente sobre atividades criminais praticadas pelos sujeitos, mas de relações dos sujeitos e identificações com normas, regulações próprias do crime.

12 O chavão "bandido bom é bandido morto" tem, habitualmente, sua autoria atribuída ao delegado José Guilherme Godinho, apelidado de Sivuca. Sivuca esteve ligado às práticas da Scuderie Le Coqc, nome do Esquadrão da Morte carioca. Em muitas entrevistas, que constam na plataforma de vídeos *Youtube*, é possível assistir ao delegado se utilizando dessa expressão. Sobre o histórico desse Esquadrão ver Teixeira (2012).

trazidas através da identidade da Torcida Organizada. Assim, temos que há processos de criminalização e de sujeição criminal (Misse, 2010a) que opera não só nos encarcerados, mas também em sujeitos periféricos (D'andrea, 2013).

Em pesquisa realizada pelo Fórum Brasileiro de Segurança Pública (2016, p. 125), o grau de concordância com a frase "bandido bom é bandido morto" era de 57% entre os brasileiros participantes da pesquisa, sendo que na região sudeste do Brasil, essa porcentagem era de 53% e, de acordo com recente estudo do Centro de Estudos de Segurança e Cidadania (CESEC,) Lemgruber, Cano e Mesumeci (2017) destacam que, no Rio de Janeiro, a aderência ao BBBM girava em torno de 37%. Embora a concordância da população com BBBM gire nas pesquisas acima dos trinta por cento, há ao mesmo tempo, um medo revelado sobre serem vítimas de violência policial. 59% dos brasileiros demonstraram medo de sofrer violência por parte da polícia militar (FBSP, 2016, p. 120).

Desse modo, há ao mesmo tempo, um entendimento de que pessoas que possam estar ligadas à criminalidade devem ser executadas, ao passo que se entende que a polícia pode utilizar de meios ilícitos e cometer violência contra a população civil. Acredita-se, no entanto (Lemgruber; Cano; Mesumeci, 2017, p. 09), que o grau de apoio ao BBBM varia de acordo com experiências de vitimização dos sujeitos, ou seja, ter passado por traumas ligados a momentos de violência pode auxiliar na anuência ou não com a referida sentença. A percepção sobre BBBM liga-se ao debate sobre criminalização e sujeição criminal (MISSE, 2010a) que, por seu turno, atinge majoritariamente a população negra, pobre e periférica.

A complexidade e as diversas camadas que envolvem o objeto de pesquisa em questão são discutidas ao longo do livro. Para traçar essa discussão, que envolve as chacinas ocorridas na cidade de São Paulo e RMSP entre 1980 e 2020 e a Chacina da Torcida Pavilhão Nove, mas as extrapolam, partimos da seguinte questão: como se configuram as chacinas em São Paulo e RMSP? Elas podem ser consideradas formas de gestão das populações[13] e ferramentas do genocídio da população negra?

No início da pesquisa, construí uma hipótese inicial, através de outros referenciais teóricos, que com o caminhar das análises foi perdendo força e outros referenciais se mostraram mais significativos frente aos resultados dos dados que foram aparecendo. Assim, a hipótese inicial desenhada dava conta de que: as chacinas que incluem letalidade policial são práticas estatais ilegais que se perfazem nas margens do Estado (Das; Poole, 2008) como instrumento de gestão das populações (Foucault, 1999) pobres através do extermínio destas populações. Ao longo de todo caminho que percorri, no entanto, refinei as análises e cheguei à hipótese de que as chacinas decorrem de uma polissemia de conflitos nos territórios[14], mas que, ao serem praticadas por agentes de segurança pública, demonstram como temos uma militarização urbana que contribui para que nos territórios periféricos as chacinas ocorram como uma ferramenta constituinte do genocídio da juventude negra.

13 Ao pensar a questão da gestão das populações, retomo como Foucault (2008) trata o debate do nascimento do Estado Moderno. Para Foucault (2008), o Estado Moderno faz nascer uma gestão governamental que tem na população seu alvo de gerenciamento, através de dispositivos de segurança e, assim, vivemos em uma era da governabilidade. Sobre o conceito de gestão das populações pensando no Brasil, Feltran (2014) expõe que os conflitos brasileiros erigem modos de gestão das populações pobres que podem variar de uma inserção democrática ao extermínio desses sujeitos.

14 Elaborei o termo "polissemia dos conflitos nos territórios" a partir dos dados que a pesquisa foi revelando e compreendo essa expressão, dentro do debate que proponho, como as múltiplas razões que geram os conflitos nos espaços socialmente construídos e nos quais se entrelaçam relações de poder e de domínio. Discorro ao longo do livro sobre essas muitas possibilidades geradoras de conflitos, que podem desencadear em violências letais.

As chacinas figuram no cotidiano paulistano desde há muito tempo e não há como instaurar um momento exato em que esse modo de praticar homicídios se estabeleceu, mas essa prática de homicídios é noticiada de modo mais sistemático desde, pelo menos, os anos 1980, apresentando variações ao longo das décadas, com aumento e diminuição do número de chacinas, assim como alterações em termos de agentes das práticas de tais atos.

Todo o debate sobre as chacinas ganhou nos últimos tempos novas formas, a partir da emergência de grupos de familiares de vítimas que denunciam parte dessas execuções enquanto formas de genocídio. Também os diversos movimentos negros e os movimentos de favelas e de bairros tomam as chacinas como ferramentas do genocídio da juventude negra. Esta pesquisa perpassa esses debates, buscando contribuir para um acúmulo de conhecimento científico sobre o horror das execuções e como elas atingem determinadas populações em determinados territórios.

PARTE I

AS CHACINAS EM AMPLITUDE

CAPÍTULO 1

Entre segurança pública e genocídio: os caminhos da nossa exceção permanente

1.1. Caminhos teórico-metodológicos da pesquisa

A construção teórica desta pesquisa perpassa por diversos campos das ciências sociais, sendo que, no campo da sociologia, em específico, minhas análises percorrem as áreas dos estudos urbanos, da sociologia do esporte, da sociologia do crime, insegurança e violência e da sociologia jurídica, sendo que esta pesquisa explora a historicidade das chacinas em São Paulo e RMSP, observando as variações entre as décadas de 1980 e 2020, destacando anteriormente a essas décadas, emergência do Esquadrão da Morte nos anos 1960 como uma organização que propiciou a construção de uma violência homicida que se consolidou nos períodos posteriores à formação dessa organização, pautando-se por homicídios de diversas pessoas no mesmo território, as chamadas chacinas. Entender as chacinas nos permite entender os territórios em que elas ocorrem, assim como os padrões de vitimização, os executores e as transformações no que tange ao crime e ao controle do crime nas cidades. Atento que esta pesquisa não se pauta por uma busca genealógica das chacinas, mas sim em entender como essas vão se alterando ao longo de décadas na cidade de São Paulo e no conjunto de cidades que formam a Região Metropolitana.

Neste livro, território é entendido, como aponta Raffestin (1993, p. 143-145), enquanto um espaço delimitado no qual foi projetado um trabalho, sendo, desse modo, uma produção a partir do espaço. Essa produção do espaço é elaborada a partir de relações de poder, de disputas. O território é socialmente construído a partir de relações sociais que se constituem em relações de poder pelos mais diversos sujeitos e grupos que o constroem. Assim, o território é uma produção coletiva do espaço, se apresentando, como expõe Conceição (2021, p. 17), enquanto uma categoria de universalidade e totalidade. Ao analisar os territórios em que ocorreram/ocorrem chacinas, observo como essas relações de poder se inscrevem na produção desse espaço.

Para além dessa análise das chacinas, me propus a observar uma chacina em específico, de modo a olhar as inter-relações que compõem uma chacina. Assim, olho a totalidade do movimento das chacinas, ao mesmo tempo em que coloco uma lupa em uma delas, traçando a historicidade desses eventos ao mesmo tempo em que reconstruo a chacina da Torcida Organizada Pavilhão Nove do prisma sociológico.

Para tratar das chacinas em São Paulo e RMSP, requisitei inicialmente junto à Secretaria de Segurança Pública de São Paulo (SSP/SP), via a Lei de Acesso à Informação, dados referentes às chacinas ocorridas entre 1980 e 2018[15]. A devolutiva da SSP/SP, no entanto, foi de uma tabela com cerca de 51 mil linhas com dados de homicídios enquadrados em diversas tipificações penais. Como as chacinas se enquadram em homicídios qualificados, tornou-se uma atividade irrealizável a de transpor dados de chacinas da tabela que me foi enviada.

15 2018 está como ano final pois foi o ano da requisição à secretaria. Cabe esclarecer que o pedido à SSP, assim como outras etapas de buscas de dados, tais como a busca no NEV/USP e as entrevistas com delegados que explicarei mais à frente neste subitem e uma primeira elaboração de equipamento de busca de chacinas em jornais foram realizadas em conjunto com o pesquisador David Esmael Marques da Silva, da UFSCar e do Fórum Brasileiro de Segurança Pública.

Dada a dificuldade de acessar dados sobre chacinas, realizei um levantamento de dados junto ao Núcleo de Estudos da Violência da Universidade de São Paulo (NEV/USP), onde tive acesso ao Banco de Dados da Imprensa sobre as Graves Violações de Direitos Humanos, projeto do NEV que coletava dados em jornais de grande circulação, e recolhi as informações sobre chacinas em São Paulo e RMSP entre os anos de 1980 e 2008[16]. De modo a complementar essa série histórica de chacinas, levantei as chacinas registradas pela imprensa entre os anos de 2009 e 2020 nos acervos dos jornais[17] de circulação nacional Folha de São Paulo e Estadão, além de utilizar os jornais Agora São Paulo, Terra, R7, G1, Brasil Atual, Ponte Jornalismo, e também jornais mais regionalizados, como O Taboaense.

Os levantamentos realizados, utilizaram as palavras-chave "chacina", "chacinas" e "massacres", mês a mês, para cada ano pesquisado, nos acervos dos jornais Folha de São Paulo e Estadão, ao encontrar menções de chacinas que não eram detalhadas nesses jornais, busquei nos outros jornais referidos acima notícias mais detalhadas. Essas notícias foram armazenadas em um equipamento de pesquisa com uso do Excel, elaborado pela pesquisadora, após debate e construção de um protótipo desenvolvido em conjunto com David Marques e Ariadne Natal. O equipamento que desenvolvi contava com colunas para captura das seguintes informações: data; horário da ocorrência; logradouro; bairro; zona da capital/município da RMSP; número de vítimas fatais; número de vítimas não-fatais; arma/calibre; suspeitos;

16 A pesquisadora do NEV/USP Ariadne Natal nos auxiliou na coleta de dados e entendimento do equipamento de coleta. Os dados do NEV/USP seguem somente até o ano de 2008 visto o corte de verbas que sofreram e, assim, o projeto teve que ser encerrado.

17 Para além dessa busca em jornais, em casos que considerei necessário, trouxe referências de notícias que tratassem da chacina que estava sendo retratada no texto. Todos os links de jornais incluídos nas notas de rodapé deste livro, assim como as notícias que explorei no subitem 4.1 (Quadro 06 e Quadro 07), encontram-se devidamente referenciadas ao final do livro.

número do Boletim de Ocorrência[18] (BO)/Inquérito; desfecho; nome das vítimas; sexo; cor/raça; idade; antecedentes criminais; provável motivação; descrição da chacina; jornal de referência; link do jornal. Esses dados propiciaram uma possibilidade de análise mais minuciosa, sendo que os dados das localizações das chacinas entre 2009 e 2020 permitiram a construção de mapas georreferenciados através do *software* QGis. Os mapas foram criados pelo geógrafo Davidson Matheus Félix Pereira, com supervisão e organização da pesquisadora e a partir do banco de dados elaborado pela mesma.

Também trabalhei com dados sobre homicídios e letalidade policial obtidos no site da SSP/SP, além dos dados dos Atlas e dos Anuários Brasileiros de Segurança Pública divulgados pelo Fórum Brasileiro de Segurança Pública. Outra fonte importante de dados foram as do Departamento Penitenciário Nacional (DEPEN).

A utilização de materiais veiculados na imprensa para a pesquisa sobre chacinas se deu pela dificuldade de obtenção de dados em fontes oficiais, como a Secretaria de Segurança Pública de São Paulo, ao qual recorri via Lei de Acesso à Informação, e não consegui obter um material palpável para trabalhar o tema. Desse modo, me orientei pelas perspectivas de análises sociológicas sobre linchamentos realizadas e descritas por Martins (2015, p. 30-31), que traz luz sobre o uso desses materiais, destrinchado em tabelas, com campos que permitia ao pesquisador obter dessa coleção de dados, não uma amostra probabilística dos casos ocorridos, mas sim, das variações desses casos ao longo do tempo e dos territórios, das tendências das características que possuem. Utilizando o mesmo procedimento de coleta de dados, para realizarem pesquisa sobre operações policiais no Rio de Janeiro, Hirata e Grillo (2019, p. 6) atentam para o fato de que as notícias veiculadas em jornais representam um número mínimo e

18 Boletim de Ocorrência é o registro inicial de um evento que pode ser um crime. O nome desse documento pode ser alterado, dependendo do estado ou região do Brasil. Em alguns locais esse documento recebe o nome Registro de Ocorrência (R.O.).

subestimado dessas operações, ao passo que fornecem um volume grande de dados e de detalhamento dos mesmos. No caso do estudo sobre chacinas, já deixo apontado de início que, ao olhar para os dados apresentados por esta pesquisa, o leitor deve se atentar ao fato de que ela representa os casos que foram pautados pela imprensa, representando também um número subnotificado de chacinas.

Como já mencionado, este estudo entrelaça um histórico de chacinas em São Paulo e RMSP, com a história da Chacina da Torcida Organizada Pavilhão Nove, propiciando um olhar que dimensiona esse tipo de violência ao longo de uma determinada temporalidade (1980-2020) em um determinado espaço, ao mesmo tempo em que projeto uma lupa em um desses eventos, traçando as possibilidades de construção social de uma chacina. Cabe deixar exposto já de início que a análise dessa chacina não demonstra como todas as chacinas são construídas e não traz uma verdade sobre elas, mas propicia com a desconstrução e construção sociológica de uma delas observar os nexos entre chacina, segurança pública e controle do crime, domínio de territórios, vitimização, e judicialização desses crimes, desvendando assim os entremeios possíveis de uma chacina e ao contrapô-la com a série histórica, é possível, também, tratar das similaridades e dessemelhanças entre elas.

De modo a analisar esses entremeios, optei por analisar a Chacina da Torcida Pavilhão Nove, em suas mais diversas conexões e interligações, compreendendo assim o universo que compõe uma chacina: território; vítimas; familiares e amigos de vítimas; agentes de execução; investigação e divulgação da/na imprensa; pronunciamentos oficiais e públicos de representantes do Estado; controle estatal (Departamento de Homicídios e Proteção à Pessoa, Divisão de Homicídios, 3ª Delegacia de Homicídios Múltiplos, Ouvidoria das Polícias); procedimentos de denúncia e apuração (Boletim de Ocorrência, Inquérito Policial, Processo Judicial, Julgamento) e, para tanto, defini o uso de entrevistas semiestruturadas e relatos de memória com diversos interlocutores que auxiliaram a deslindar as questões que permearam este estudo.

Tive como interlocutores, familiares e amigos das vítimas da chacina; integrantes da Torcida Organizada Pavilhão Nove; jornalistas que cobriram/cobrem chacinas; liderança do Movimento Mães de Maio[19], Delegados do DHPP (Divisão de Homicídios e 3ª Delegacia de Homicídios Múltiplos); investigador[20] e Ouvidores das Polícias. Realizei entrevistas semiestruturadas e relatos de memória com dezenove pessoas, com o uso de gravador, sendo que essas entrevistas foram realizadas em locais e horários que os entrevistados escolheram e consideravam seguros. Esclareço que, de modo a garantir segurança, o nome das pessoas que narraram sobre o evento e suas lembranças dolorosas foram substituídos por pseudônimos, com referências a nomes de jogadores e jogadoras do Corinthians[21], tendo em vista que as vítimas da chacina pertenciam a uma agremiação de torcedores desse time de futebol. Também indico que os interlocutores que trabalham no controle do crime ou em jornais, e que concederam entrevistas, não tiveram seus nomes divulgados e são denominados pelo cargo/categoria ao qual pertencem. Essas entrevistas com agentes de segurança pública seriam, a princípio, individuais, mas, durante a entrevista com delegados, investigadores que circulavam pelo local, se interessaram em participar, o que foi aprovado, visto que considerei que poderiam ter informações agregadoras. A entrevistada do Movimento Mães de Maio, foi Débora Silva, mãe

19 O Movimento Mães de Maio é uma organização de familiares de vítimas das execuções e chacinas ocorridas durante o chamado Crimes de Maio de 2006. Um maior detalhamento desse movimento é realizado no subitem 1.2. Quase todas as entrevistas foram presenciais, exceto a com a liderança do Movimento Mães de Maio que, por ser realizada durante a pandemia de Covid-19, foi mediada por vídeo chamada, gravada por meio da plataforma *Google Meet*.

20 As entrevistas com os delegados e o investigador foram realizadas em conjunto. Assim, eu e o pesquisador David Esmael Marques da Silva, trabalhamos juntos nesse momento do campo.

21 Os familiares das vítimas não têm pseudônimos referentes a jogadores do Corinthians, mas são chamados pela filiação parental com a vítima. Assim, aparecerá no texto referências à "mãe de vítima e companheira de vítima".

de vítima dos Crimes de Maio de 2006 e fundadora do Movimento Mães de Maio. O nome de Débora está exposto, visto que a entrevistada considera importante a visibilidade. Em suas próprias palavras: "nós sabemos que a visibilidade, ela é muito necessária para que se barre essa matança e também mostrar o perfil do sujeito que é vitimado por esse Estado" (Débora Silva).

Para realizar as entrevistas com familiares e amigos das vítimas e integrantes da Torcida, efetuei os contatos com auxílio do movimento social Mães de Maio e de integrantes de outras torcidas organizadas como a Gaviões da Fiel, do Corinthians, e a Dragões da Real, do São Paulo. Assim, foi através de pessoas que conheciam os possíveis interlocutores que entramos em contato com esses entrevistados.

A busca por interlocutores através de pessoas que eu conhecia foi importante para conseguir acessar as pessoas que me concederam entrevistas, e essas me indicaram para outros possíveis entrevistados. Utilizei, assim, o método *snowball sampling* ou referência em cadeia, em que os entrevistados vão indicando outros possíveis interlocutores (Biernacki; Waldorf, 1981). Esse método se faz importante quando os pesquisados estão incluídos em grupos que estão em situação de incriminação, ou que sofrem intolerância social, ou que podem ter sua segurança afetada[22] (Penrod *et al.*, 2003). O livro "*Outsiders*", de Howard Becker (2008), é um exemplo de pesquisa que utilizou o método *snowball sampling*, em que o autor recorreu a conhecidos do mundo musical, para realizar as entrevistas com os usuários de drogas, que lhe apresentaram os primeiros entrevistados. Assim como na pesquisa de Becker (2008, p. 54-55), nesta pesquisa, a amostra não foi aleatória, visto que os entrevistados indicavam

22 Toda essa preocupação com a segurança dos interlocutores, seja na busca pelas entrevistas, pelo local em que ocorreram, pelo uso de pseudônimos ou pela referência à relação de trabalho ou à relação com a vítima se dá pela perspectiva de que essas pessoas estão imbricadas em um processo doloroso de uma produção de mortes em que ao menos dois autores das execuções não responderam ao processo criminal e podem estar circulando em espaços no qual os interlocutores da pesquisa também circulam.

outros possíveis interlocutores que eram próximos das vítimas. O *snowball sampling* não foi utilizado enquanto método para as entrevistas com controladores do crime, pois o cargo que ocupavam é que me direcionou para entrevistá-los.

As entrevistas foram utilizadas para trazer informações sobre a Chacina da Torcida Pavilhão Nove, em específico, além de dados sobre as vítimas e a Torcida Organizada de um lado e sobre as formas de controle estatal desse tipo de violência de outro, além do histórico das chacinas em São Paulo e RMSP e os territórios onde elas ocorrem/ocorreram.

Ademais, também utilizei, durante as entrevistas, do resgate da memória (Bosi, 2010) dos colaboradores da pesquisa, buscando a construção social da memória sobre essa chacina, visando o que Bosi (2010) coloca como o esquema coerente de narração que cria uma versão dos acontecimentos e os insere na história de vida dessas pessoas e do grupo, entendendo que essas podem conter "memórias subterrâneas" (Pollak, 1989), que são aquelas que estão ocultas e que, em determinados momentos históricos conseguem romper o silenciamento e disputar a memória coletiva frente às memórias oficiais. Há, segundo Pollak (1989), uma fronteira entre o dizível e o indizível, colocando de um lado uma memória coletiva subterrânea e, de outro, uma memória coletiva organizada e imposta pelo Estado, através das narrativas oficiais. As memórias trazem dados que se interpõem ou se contrapõem aos oficiais, de modo a enriquecer as análises.

Para além dos dados e das entrevistas e relatos de memórias, levantei documentos do processo de incriminação e do processo jurídico que estavam públicos no site do Tribunal de Justiça de São Paulo (TJSP)[23], além do B.O. que foi disponibilizado por familiares das vítimas. O uso desse material se mostrou importante para entender as conexões das

23 Os autos foram considerados sigilosos durante grande parte do processo, mas nos meses que antecederam o julgamento, o TJSP liberou consulta das movimentações da ação penal. Desse modo, salvei os dados que estavam disponíveis e os analisei no Capítulo 4. No momento em que estava redigindo o subitem 4.3, que trata especificamente dos autos, as movimentações não estavam mais disponíveis para consulta.

práticas judiciárias[24] que se mostram como uma das formas ocidentais de estabelecer relações do homem com o que ele concebe como verdade (Foucault, 2013), que estão inscritas em série de procedimentos onde os fatos são formalizados e escritos antes do julgamento, próprias da nossa tradição jurídica da *civil law*[25], como ressalta Paes (2010).

Como parte do campo, acompanhei durante cinco dias[26], junto às famílias e amigos das vítimas, assim como dos integrantes da Torcida, as tentativas de julgamento, até sua realização e sentença da única pessoa que se encontra presa pela participação na Chacina da Torcida Pavilhão Nove, o ex-Policial Militar. Esse acompanhamento, no entanto, não aparece neste livro enquanto uma etnografia[27]. Extraí

24 Foucault (2002, p. 11) entende as práticas judiciárias como: "[...] a maneira pela qual, entre os homens, se arbitram os danos e as responsabilidades, o modo pelo qual, na história do Ocidente, se concebeu e se definiu a maneira como os homens podiam ser julgados em função dos erros que haviam cometido".

25 *Civil law* é uma prática judiciária utilizada tradicionalmente na França e no Brasil, onde as práticas judiciárias são escritas. Essa tradição é diferente da inglesa, onde se pratica o *common law*, onde a oralidade é premissa (Paes, 2010). Outras questões, como a formação da jurisprudência, se diferenciam nessas práticas, mas não tratei delas aqui.

26 Estive presente no Complexo Judiciário Ministro Mário Guimarães, no Fórum Criminal da Barra Funda, nos dias 23/01/2019; 28 e 29/05/2019 e 27 e 28/06/2019. Em todos esses acompanhamentos havia contato constante com integrantes da Torcida e alguns familiares das vítimas, tanto antes dos dias do júri, com informações sobre as datas, adiamentos e novas marcações, quanto na espera da entrada do Fórum e nas sessões do júri que ocorreram. Assim, estava em contato via aplicativo do *WhatsApp* e pessoalmente com os sujeitos da pesquisa.

27 O debate sobre o fazer etnográfico perpassa, em uma perspectiva clássica, uma descrição densa, com uma rede de significados (Geertz, 1978), que não é só método, mas também teoria, contribuindo assim, teoricamente (Peirano, 2014), sendo assim, algo previsto previamente na pesquisa. No projeto de pesquisa de doutorado, havia o planejamento de uma etnografia do júri, que constaria no Capítulo 4, mas para preservar a segurança dos interlocutores da pesquisa e da própria pesquisadora, reverti o modo de escrita sobre o que observei. Desse modo, assim como Santos (2021) reverteu uma observação participante em etnografia para conseguir acompanhar pequenos times de futebol paulista, nesta pesquisa reverti a etnografia em observação participante, de modo a expor somente os elementos mais necessários para entendimento dos entremeios do júri, sem que a descrição densa expusesse os interlocutores da pesquisa.

das sessões do júri que observei, questões que permitiram analisar o júri enquanto um espaço em que se elaboram discursos sobre dramas vividos (Schritzmeyer, 2012). O acompanhamento desse júri se mostrou um momento importante da pesquisa, visto que muitas vezes é tido como o momento final do processo penal, onde há a punição ou a responsabilização daqueles que estão sendo julgados, os réus. Assim como Schritzmeyer (2012), para o acompanhamento do júri, foi utilizado um caderno de campo e falas, impressões, gestuais e demais informações foram anotadas à mão durante todas as sessões desse caso. A sentença dada aos réus, cumpre o sentido da justiça[28] para aqueles que esperam alguma condenação. Assim, além de acompanhar as famílias, amigos e integrantes da Torcida, consegui estreitar laços e estabelecer uma relação de maior confiança, ao mesmo tempo em que reuni uma série de informações sobre a chacina da Torcida Pavilhão Nove, através dos testemunhos e das falas da juíza, promotores e advogados ao longo dos dias de julgamento.

Embora essa pesquisa não tenha como método a etnografia, cabe colocar aqui que, durante a pesquisa visitei a antiga quadra da Torcida Organizada Pavilhão Nove, local onde ocorreu a chacina, durante um evento de homenagem às vítimas da chacina e participei do evento junto com os integrantes da torcida. Também estive na sede que a torcida se encontra atualmente, em Itaquera, em ensaio do Bloco de Carnaval. Esse contato maior com a torcida e com esses locais foi importante para entender a dinâmica dos torcedores.

28 Aciono o termo "justiça" enquanto uma sentença nativa que, em muitos momentos, é mobilizada por familiares de vítimas para determinar uma sanção esperada e uma finalização para o caso que cumpra com uma penalidade para o réu.

1.2. Genocídios e extermínios à brasileira: raça, classe e territórios de mortes

A discussão sobre genocídio, no Brasil, é tratada tanto por pesquisadores, como por movimentos sociais e se vincula ao debate sobre homicídios, chacinas e extermínio da juventude negra. Em outubro de 2014, seis meses antes da Chacina da Torcida Organizada Pavilhão Nove, ocorreu na quadra dessa agremiação, um evento de *Hip Hop* que tinha como pano de fundo a discussão sobre o genocídio da juventude preta[29] e sobre a criminalização das torcidas organizadas[30]. Ao tratar sobre sujeição criminal e criminalização dos protestos de 2013, Almeida (2020b), distingue os processos de criminalização, criminação e incriminação, sendo que os processos de criminalização se dariam a partir da "[...] normatização de condutas moralmente reprováveis em códigos institucionais de direito (códigos, leis)" (Almeida, 2020b, p. 1).

Farias (2020b), ao discutir as execuções e chacinas no Rio de Janeiro e os modos de mobilização dos moradores de favelas para denúncias das violências de Estado, trata como as redes sociais se transformaram em ferramentas para essas denúncias e mobilizações. No caso das chacinas aqui debatidas e das mobilizações que envolvem a questão do genocídio, também observei essas estratégias de denúncia e mobilização, além dessa utilização enquanto forma de manutenção da memória das vítimas.

Algumas torcidas organizadas, como a Gaviões da Fiel e a Pavilhão Nove, entre outras, realizam em suas sedes, ou nas ruas, debates e eventos que pautam questões sociais que consideram importantes, como o exemplo do evento sobre o genocídio da juventude negra.

29 Utilizo ora juventude preta e ora juventude negra quando trato do debate sobre genocídio, mas destaco aqui que o sentido das palavras é, neste texto, o mesmo e os dois termos são utilizados pelos movimentos sociais.

30 Trato dessa discussão no Capítulo 3.

Além desse evento contra o genocídio na sede da Pavilhão Nove, podemos observar outros eventos de cunho político, como os protestos realizados entre maio e junho de 2020 com o objetivo de marcar uma posição antifascista e se contrapor à política do Presidente do Brasil, Jair Bolsonaro e seus apoiadores. Os atos, organizados pela Gaviões da Fiel, tiveram adesão de diversas torcidas organizadas e, nas palavras de um dos fundadores da Gaviões, Chico Malfitani: "A gente riscou um fósforo, e a sociedade em geral tem que resolver o que vai fazer. O presidente da Gaviões sabe que não pode falar em nome da entidade, mas estava lá no domingo. Nós somos gaviões e lutamos por democracia, isso ninguém vai impedir" (Carvalho, 2020[31]). Não é incomum o envolvimento de torcidas organizadas em debates políticos e a historicidade da Torcida Pavilhão Nove e a militância de alguns de seus membros a aproxima do debate sobre genocídio, como veremos no Capítulo 4.

O termo "genocídio" foi cunhado e definido como conceito por Lemkin (2009, p. 153), em sua obra "O domínio do Eixo na Europa Ocupada", de 1944, e é posto como a destruição de uma nação ou grupo étnico, considerando que esse extermínio pode tanto ser imediato quanto processual, mas tendo uma ação coordenada para tal, sendo que, dentro dessa ação processual de extinção de uma nação ou etnia estava ligado, naquele momento aos horrores presenciados no período do regime nazista.

Embora exista um consenso sobre o termo genocídio ter sido criado por Lemkin e essa criação tenha sido levada a cabo pela discussão da ocupação e extermínio orquestrado pelo regime nazista, Feierstein (2007, p. 32-33) relata que as discussões teóricas do início do século XX após o extermínio da população armênia e dos extermínios das populações ciganas, judias, eslavas, polacas, russas, dos grupos políticos que contestavam o regime, em especial os comunistas, assim

31 Cf.: https://www.brasildefato.com.br/2020/06/06/fundador-da-gavioes-da-fiel-defende-uniao-e-torcidas-nas-ruas-em-defesa-da-democracia.

como das pessoas com deficiência, grupos religiosos e homossexuais, é que engendraram o debate sobre esse então novo conceito, que estava sendo forjado nesse momento.

Em 1948, a Assembleia Geral das Nações Unidas aprovou a Convenção para a Prevenção e Repressão do Crime de Genocídio, no qual estabeleceu-se que o genocídio seria um crime contra os povos, sendo entendido, no art. 2°, como ações cometidas com a intenção de destruir, no todo ou em parte, um grupo nacional, étnico, racial ou religioso. Em 1956, Juscelino Kubitschek estabeleceu a Lei n° 2889, que ordena e pune o crime de genocídio no Brasil, sendo que em seu art. 1° firma que genocídio se caracterizaria como "[...] a intenção de destruir, no todo ou em parte, grupo nacional, étnico, racial ou religioso" (Brasil, 1956).

Embora a legislação brasileira determine genocídio a partir de 1956, a estrutura social do país foi conformada sobre o morticínio da população indígena e, posteriormente, sobre o massacre da população que aqui foi escravizada, além dos trabalhadores pobres ligados à terra. Mike Davis (2002), debate essa política estatal de aniquilação ao tratar da expansão capitalista em países colonizados, ao retratar como no início da república no Brasil, o exército teve por função o sufocamento e genocídio da população pobre e sertaneja que seguia a então liderança messiânica de Antônio Conselheiro.

Ao falar de Canudos, Davis (2002) evidencia que a população que formava esse agrupamento no sertão baiano era etnicamente mestiça, composta por descendentes de africanos que foram escravizados e fugiram, de ex-cangaceiros e remanescentes de indígenas Kariri, destacando que essa população tinha o entendimento de que seria exterminada em uma guerra racializada dentro desse território por uma República, que se erguia a partir de uma perspectiva europeizada. O extermínio de Canudos foi, como coloca Davis (2002, p. 198): "[...] um dos fatos definidores da história moderna do Brasil".

Se o Brasil foi colonizado a partir de políticas de genocídio contra populações nativas e as sequestradas para fins de força-de-trabalho escravizada (Ribeiro, 2006; Fernandes, 2008), a constituição do nosso estado-nação, em questão, se edificou, também, em cima dessas políticas. Afinal, como já trazia Fanon (1968), o mundo colonial foi presidido por uma violência que destruiu quem vivia nesses territórios, assim como a economia e modos de ser. O exemplo trazido por Davis (2002) é representativo da forma como agentes estatais empregaram a sua força a partir de massacres para determinar a edificação do Estado moderno brasileiro, assim como o modo que se interpôs e se edificou e, desse modo, a utilização da morte de determinados grupos, por parte de agentes do Estado, é um elemento estruturante da sociedade brasileira. Nesse sentido, Gato (2020, p. 128) ao relatar um massacre ocorrido em São Luís do Maranhão, em 17 de novembro de 1889, em que uma gama de população de ex-escravizados ao realizarem um protesto contra a República que se erigia, por medo de um retorno à escravidão, foram fuzilados e torturados, aponta como um massacre, nomeia uma experiência: "[...] que não deixa esquecer o medo do cativeiro, a memória do braço amputado de um pai e a rotina da tortura policial. O massacre enquanto evento e memória traduz a força estruturante da raça na formação do Brasil moderno" (Gato, 2020, p. 128).

No final dos anos 1970, Abdias Nascimento analisou como o processo de escravidão gerou um contexto social que propiciou uma política de extermínio dessa população, estudo contido em sua obra "O Genocídio do Negro Brasileiro". Ao tratar desse processo de aniquilação, Nascimento (1978, p. 58-59) destaca o processo de escravidão, no qual os sujeitos sequestrados em países e territórios do continente africano eram considerados "peças", ou seja, destituídos de sua humanidade, e vendidos em grandes números para trabalharem nas atividades econômicas aqui existentes. Nascimento traz que o número alto de pessoas para serem escravizadas que aqui chegavam, dada a facilidade em consegui-los, propiciava descuidos e abusos que vitimaram esses sujeitos. Além da mortalidade existente pelo destrato, havia ainda a morte vista como forma de resistência, assim muitas pessoas que passavam pelo processo de escravização optavam pelo suicídio como forma de libertação dos maus-tratos. Cabe ressaltar que os sujeitos que eram sequestrados para servirem de mão-de-obra escrava também optavam pela resistência à escravidão por outros meios, como a quilombagem e as revoltas, além de sofrerem pelo *banzo*, que era uma espécie de prostração que ocorria pelas condições de desumanização pelas quais passavam.

No momento da escrita do livro "O genocídio do negro brasileiro" (1978), Abdias Nascimento olhava para formas de eliminação da população negra no contexto da colonização até os anos 1970, assim, o olhar do autor estava centrado em determinado momento histórico. Abdias traça uma relação entre o genocídio e o racismo no Brasil e esse debate é seguido pelos movimentos sociais contemporâneos. Ramos (2014, p. 73) discute como o Movimento Negro Unificado (MNU), em seu ato de fundação em 1978, trouxe no "Manifesto do Dia da Consciência Negra", o termo "genocídio" para denunciar as violências vividas pela população negra. Contemporaneamente, o uso do genocídio negro no Brasil é relacionado a diversos modos de extermínio, como o número de homicídios de pessoas negras, além da alta taxa de mortalidade desses pela polícia e, inclusive, as chacinas. Ramos (2014, p. 58) demonstra ainda como militantes de movimentos negros vão articulando, a partir das experiências de violência que os perpassam, um debate sobre o genocídio da juventude negra, se apropriando do conceito de genocídio para pensar as mortes de jovens negros nos territórios periféricos. Para Ramos (2021) é, a partir de 2007 que o termo genocídio começa a figurar de modo mais rotineiro nos debates sobre violência policial.

> A partir de 2007, "genocídio" passou a aparecer entre os principais temas do movimento negro de forma recorrente e sustentada. Há uma centralidade dessa questão em espaços de movimentos sociais, como no 1º Encontro Nacional da Juventude Negra e na Conferência Nacional da Juventude. Em 2011, dados os episódios de violência policial que estavam

> ocorrendo e ganhando visibilidade, a ideia de genocídio aparecia associada ao expediente policial e à alta letalidade atribuída às forças estatais em um panfleto focado na 8ª Marcha da Consciência Negra, em 20 de novembro de 2011 (Ramos, 2021, p. 270).

Almeida (2020a) pontuou como recentemente há um crescimento de ações e reflexões sobre seletividade penal, violência policial e genocídio da juventude negra que é protagonizado por movimentos negros e de mães de vítimas da violência do Estado. Dentro do debate sobre genocídio e violência policial, os movimentos de familiares de vítimas, como o Movimento Mães de Maio[32], trazem as chacinas como um traço do genocídio da juventude negra, expondo que, para este movimento, o genocídio da juventude pobre e negra, como pontuam, não é somente uma bandeira política, mas uma realidade, que se concretiza através do que chamam de democracia das chacinas, ressaltando a série de chacinas que ocorrem no período posterior à abertura democrática (Mães de Maio, 2012, p. 299). Os dados que levantei sobre chacinas dão conta de que entre os anos de 1985 e 2020, ou seja, após o fim da Ditadura Civil-Militar no Brasil, foram noticiadas cerca de 823 chacinas somente na cidade de São Paulo e RMSP. Desse modo, a chamada democracia das chacinas, trazida à tona pelas Mães de Maio, condiz com o alto número de ocorrências no período. Ao relatar sobre o nascimento do movimento, Débora Silva diz:

32 Fernandes (2011, p. 128) destaca que o movimento Mães de Maio, nasceu da iniciativa de três mães, Débora Maria, Ednalda Santos e Vera de Freitas, que se articularam, após terem seus filhos executados por agentes de segurança pública durante os Crimes de Maio de 2006. Almeida (2021, p. 74) destaca que o movimento é hoje "[...] uma das principais redes de luta por direitos humanos, direito à memória e contra as violências de Estado no Brasil".

> O movimento Mães de Maio, ele surge no meio do mês de maio na segunda quinzena após o maior massacre da história contemporânea do nosso país, onde mais de 600 jovens foram executados no Estado de São Paulo no espaço muito curto de uma semana. A gente fala uma semana mas acrescentando mais um dia, porque foi de 12 a 19 de maio. Na nossa percepção de uma semana, mas os crimes continuaram a conta gotas o mês inteiro porque já tem pesquisa que apontou isso que no mês de maio houve muito mais do que 600 jovens assassinados, mas sim mais de 1.300 pessoas, a maioria jovens de 15 a 29 anos morador de favela de periferia com baixo estudo (Débora Silva).

Desse modo, vinculam-se ao debate contemporâneo brasileiro sobre genocídio, questões sobre raça, território e classe, pois quem morre e como se morre exprime as relações sociais, opressões e violências de determinada sociedade em determinado tempo. A raça, o território e a classe social, e também o gênero, são marcadores de diferenças e desigualdades, além de exprimirem quem tem maior probabilidade de ser exterminado. É neste sentido que Evandro Silva (2021, p. 36) chama atenção para como o uso do termo genocídio, para além de uma conceituação, se torna parte de um esforço dos movimentos sociais contemporâneos que, ao articular as experiências cotidianas que enfrentam, as comparam com massacres de guerra. Os movimentos antirracistas e de familiares de vítimas, retiram, no Brasil, o termo genocídio de um imobilismo histórico, trazendo a dinâmica das violências letais brasileiras enquanto processos constitutivos das possibilidades de configurações sociais que o termo genocídio pode adquirir.

Essa possibilidade de ser exterminado por pertencer a um grupo social ou por alguma característica física, histórica ou cultural, é tratada por Agamben (2007), a partir da figura do *homo sacer*, uma imagem do direito romano arcaico, figura considerada matável, posto que a exclusão dessa vida humana não configura um crime ou um ato condenável. Ela estaria disponível para a execução. Essa vida nua passa a ser politizada a partir do Estado Moderno, assim, o autor retoma o conceito de biopolítica[33] de Foucault, para tratar como o Estado pode decidir, dependendo de suas perspectivas e posições políticas, sobre a vida das populações, assim: "[...] no *homo sacer*, enfim, nos encontramos diante de uma vida nua residual e irredutível, que deve ser excluída e exposta à morte como tal, sem que nenhum rito e nenhum sacrifício possam resgatá-la" (Agamben, 2007, p. 107).

Se, do lado de quem extermina, as vidas são matáveis, do lado de quem vive na possibilidade de ser exterminado, há o embate da tentativa de barrar os extermínios. O que vemos no debate brasileiro sobre genocídio negro é, de um lado, essa tensão e as denúncias, protestos e modos de politização das mortes e, de outro, tentativas de circunscrever essas execuções, que ocorrem sob os mais diversos modos, a partir de sujeição criminal (Misse, 2010a) e de criminalizações, que inserem a pessoa executada na categoria de vida matável.

As práticas e políticas de extermínio, no Brasil, estão atreladas a processos de criminalização a partir de uma construção social do bandido, pela sujeição criminal[34], que se estabelece como um processo que constitui subjetividades, identidades e subculturas nos e dos indivíduos, sendo esse processo incorporado através de três dimensões: a trajetória criminável, ou seja, o caminho percorrido pelo sujeito no crime; a experiência com outros bandidos e/

33 Para Foucault (1999, p. 131) os controles, intervenções e regulações de processos biológicos da população, tais como nascimento, mortalidade, nível de saúde e longevidade, instauraram na metade do século XVIII uma biopolítica, ou seja, um poder do Estado sobre a vida dessas populações. Assim, o poder do Estado não é mais, ou tão somente, o de matar, mas o de fazer viver, de regular a vida e, inclusive, de deixar morrer em prol da vida de um grupo populacional.

34 No caso da Torcida Organizada Pavilhão Nove, há de se observar que a sujeição criminal opera pelas relações históricas e simbólicas com o cárcere e, mais especificamente, com o Carandiru, exibidas em forma de orgulho pela agremiação e integrantes da Torcida. Como posto na fala de um de seus integrantes, eles representam os corintianos privados de liberdade.

ou com vivência prisional e, por fim, a crença de que o sujeito que passou por uma prática criminal sempre recairá nela. Esse processo de sujeição criminal é também de subjetivação, de construção de um *self*, sendo assim ao mesmo tempo um assujeitamento e uma sujeição (Misse, 2010a).

Para além de todos esses elementos, Misse aponta seis dimensões da sujeição criminal, sendo a número 3 posta como:

> [...] a discriminação seletiva das características que podem estar associadas a esses indivíduos (cor, roupas, marcas corporais, local de residência, modo de andar, origem social etc.) baseadas seja em "regras de experiência", que "alimentam roteiros típicos" seguidos pela polícia, seja em estereótipos estabilizados em "tipos sociais", é apresentada e justificada como um critério preventivo de controle social (Misse, 2014, p. 209).

É através da sujeição criminal que é realizada a construção social do bandido, em que o bandido não está necessariamente ou tão somente ligado ao cometimento de crimes, mas se torna algo intrínseco ao indivíduo, uma parte da sua identidade.

Refletindo sobre a historicidade brasileira e a saída da escravidão e inserção do negro, Misse (2014, p. 206) expõe que ao longo do período da abolição da escravidão, os valores que prezavam o mando e o ócio senhoriais vão cedendo lugar a valores individualistas morais, igualitários modernos. Em conjunção com esse processo, o crescimento desenfreado das cidades, pelos despossuídos das terras, proporcionaram, como coloca Misse (2014, p. 207), uma normalização repressiva das massas urbanas e todo esse processo fez surgir em cidades como o Rio de Janeiro[35], tipos sociais propensos à criminalização, através dos rótulos construídos ao longo de toda uma

35 O exemplo do Rio de Janeiro se dá pelo fato do autor pesquisar os processos de violência, centrando sua análise nessa cidade.

historicidade que determinados grupos — como é o caso das tipificações sociais como os malandros e vagabundos — ficaram marcados socialmente e foram associados à figura dos suspeitos e bandidos. Estes malandros e vagabundos identificados por Misse são concebidos por Chalhoub (1996) como os ex-escravizados que, agora libertos, tornam-se trabalhadores empobrecidos e residem nos cortiços do Rio de Janeiro junto aos demais trabalhadores pobres da cidade. No começo da República, esses trabalhadores pobres eram vistos, pelos políticos e elite carioca da época, como classes perigosas, ou seja, como propensos ao crime e ao vício. Em São Paulo, o negro liberto e incorporado de modo precário na sociedade de classes era também visto como desordeiro, cachaceiro, vagabundo e demais adjetivos depreciativos (Fernandes, 2008).

Essa historicidade de rótulos que se construíram sobre os trabalhadores negros do pós-abolição e de seus locais de moradia, constituiu ao longo do tempo criminalizações e sujeição criminal que operam nesses sujeitos e nos territórios em que vivem, transformando os trabalhadores precarizados que residem nas periferias e favelas em possíveis bandidos aos olhos do sistema de justiça e de parte da sociedade. Trazendo essa construção para nossa atualidade, temos que esses sujeitos que são postos como a contraposição social às pessoas ditas de bem, são as pessoas negras, jovens e periféricas.

Esse processo de criminalização de determinada parte da sociedade, que é constitutiva da sujeição criminal (Misse, 2014, p. 210) faz com que se trace uma diferenciação dos moradores dos territórios periféricos entre as categorias de bandidos e trabalhadores. Essas categorias atuam em contraposição, mas sem que exista uma segregação no plano das relações sociais (Zaluar, 1985, p. 132). Nas fronteiras entre a legalidade e a ilegalidade, a vida de família trabalhadora pode transitar para o mundo do crime, subvertendo a ordem moral estabelecida e demonstrando como essas categorias não são estanques, como já apontou Feltran (2010, p. 127-140). Há uma plasticidade nas categorias "bandidos" e "trabalhadores", as quais extrapolam as normativas jurídicas e se colocam enquanto práticas, que são subjetivadas pelos sujeitos. Um exemplo trazido por Feltran (2010b) diz respeito a como operações policiais se dão nas periferias e favelas, onde esses policiais acabam por tratar todos os moradores do território como suspeitos ou bandidos e, relatando sobre uma chacina no bairro de São Mateus, zona leste de São Paulo, durante os chamados Crimes de Maio de 2006, o autor coloca:

> [...] Os cinco meninos assassinados em São Mateus [...] foram executados a caminho do trabalho, no sábado que se seguiu à primeira noite da ofensiva do PCC[36]. Eles não eram "bandidos", eram típicos "trabalhadores", seguiam para uma fábrica em Santo André. Jamais seriam importunados por policiais conhecidos no bairro. Mas eram meninos da periferia e, naquela situação, não importava o que faziam, mas o que "eram". O carro deles passou, e policiais os mandaram parar, eles saíram do carro. As mãos deles foram à parede e todos foram fuzilados, sumariamente. A morte deles, atribuída a policiais por todas as testemunhas, contou entre os "suspeitos" no noticiário televisivo (Feltran, 2010b, p. 601).

Embora chacinas e homicídios tenham dinâmicas por vezes distintas, como veremos à frente, as chacinas se inserem no alto número de homicídios, estando atreladas aos territórios. Assim, a questão da raça deve ser observada, para os casos de homicídios múltiplos, como integrantes da dimensão dos territórios onde ocorrem, se inter-relacionando com processos de criminalização e de sujeição criminal e os entendimentos sobre quem é, naquele momento, considerado bandido ou suspeito, como potenciais vítimas dessas ações. Como veremos ao longo da discussão, as ocorrências de chacinas se dão, primordialmente, em territórios periféricos. De 1978 para a atualidade, a situação do negro no Brasil se alterou e as formas de

36 Primeiro Comando da Capital.

violência nas cidades também. Passamos por um processo de massificação do encarceramento, além dos índices dos homicídios terem aumentado[37] sobremaneira e que, como veremos, atingem, atualmente, a população negra de forma pungente.

Segundo dados do DEPEN (2016, p. 9), nos anos 1990, havia cerca de 90 mil presos no Brasil, passando para cerca de 726 mil pessoas reclusas em 2016, gerando um aumento de 707% da população carcerária no período de 26 anos. Podemos entender as prisões brasileiras como sendo de caráter disciplinador, mas também temos cárceres no Brasil onde as condições estruturais e de permanência dos presos são tão ruins que a mera existência é considerada nesses locais enquanto vida. Fazendo assim com que o mero existir em condições sub-humanas no aprisionamento se transforme em morte em vida (Mallart, 2019). Mas, para além de uma política do definhamento (Mallart, 2019) existentes nas prisões, seja pelas condições de permanência dos encarcerados, pelo excesso de administração de fármacos ou pela insalubridade dos locais de cárcere, há o extermínio de fato dos sujeitos encarcerados. Exemplos disso são os presídios de Alcaçuz, em Nísia Floresta, no Rio Grande do Norte, o Complexo Penitenciário Anísio Jobim, em Manaus, no Amazonas, e a Penitenciária Agrícola de Monte Cristo, em Boa Vista, Rondônia, onde ocorreram massacres no início de 2017.

A população negra aparece como sujeito preferencial para o confinamento, representando cerca de 64% da população confinada em presídios (DEPEN, 2016, p. 32) além de serem os alvos majoritários dos assassinatos no Brasil, como se pode observar pelo "Atlas da Violência 2018" (FBSP, 2018, p. 3-4), em que, de acordo com levantamento realizado, no ano de 2016, o Brasil chegou a 62.517 homicídios sendo que, no período dos últimos dez anos, a taxa de homicídios da população negra aumentou em 23,1% enquanto os homicídios dos não negros diminuiu em 6,8%, demonstrando assim uma contínua eliminação

37 A queda dos homicídios na cidade de São Paulo e RMSP, principalmente após os anos 2000, será discutida no Capítulo 2.

dessa população, seja pelo confinamento, seja pela execução. Desse modo, podemos reatualizar o genocídio do negro brasileiro, inserindo tanto o encarceramento em massa quanto os homicídios nas políticas de extermínio atuais.

A partir dos debates sobre as taxas de homicídios e de encarceramento da população negra, em conjunção com releituras de Nascimento (1978), realizadas, em específico, por movimentos sociais e grupos do associativismo negro da juventude, o conceito de genocídio tem sido ressignificado e atualizado no Brasil, de modo a inter-relacionar os homicídios e aprisionamentos à população jovem e negra que reside ou circula pelas periferias brasileiras. Como expõe Sinhoretto e Morais (2018), é desse modo que surge na atualidade o termo "genocídio da juventude negra" como uma bandeira que busca conectar as políticas de segurança pública às práticas contemporâneas de extermínio.

Embora as chacinas atinjam as populações em territórios — sem necessariamente, terem como vítimas somente as pessoas negras — essas práticas têm sido discutidas por diversos movimentos sociais, grupos de associativismo negro e movimentos de familiares de vítimas como uma forma de extermínio ligada ao genocídio da juventude negra e periférica e praticada por agentes estatais, em específico as polícias. Essas percepções se apoiam na ideia de que as chacinas aconteceriam, exponencialmente, em periferias e quebradas, territórios vistos de forma racializada, visto que a discriminação racial se relaciona com a urbanização periférica (Silvério, 2019), fazendo com que as periferias sejam acionadas a partir de uma visão discriminatória e perversa que faz com que os moradores desses locais, mesmo os brancos pobres, tenham maior propensão de sofrerem processos de criminalização.

Ao realizarem um evento contra o genocídio da juventude preta, a Torcida Organizada Pavilhão Nove, em conjunto com o Fórum de *Hip Hop* de São Paulo, agiu a partir de uma construção de narrativa que traça uma memória coletiva construída em cima de lutos e dores, pilares do estado brasileiro desde sua constituição.

1.3. São Paulo e RMSP: conflitos e sociabilidades na metrópole

Ao tratar do tema genocídio da juventude negra, os movimentos sociais comumente acoplam ao debate sobre as periferias, enquanto territórios corporificados por esses jovens, territórios de moradia e vivências, em que as formas de sociabilidade se constroem, onde a relação desses jovens com esse território se estabelece pela relação de afeto e orgulho de pertencimento, através do ser periférico, sendo essa uma construção decorrente das últimas décadas e que inscreve essas pessoas no que D'Andrea (2013) chamou de sujeito periférico. Para além do local de sociabilidade e de pertencimento, as periferias são também vistas enquanto locais onde a violência letal contra os sujeitos periféricos ocorre, são territórios de morte (Adão, 2017). Ser da periferia, ou ser periférico é um dos elementos da tríade que constitui o genocídio: jovem, negro, periférico. Entretanto, ser da periferia não está inscrito e determinado pelo sofrimento e morte, mas pelos modos de sociabilidade desse território na metrópole.

Neste subitem do primeiro capítulo, discuto sobre os conflitos e as sociabilidades na metrópole paulistana, observando a construção do urbano e singularidades das periferias. A intenção não é a de desvelar todas as formas de violência ou todos os modos de sociabilidade, mas de debater como os conflitos e sociabilidades vão se constituindo ao longo das décadas no que chamamos de urbano, ou sociedade urbana, que é aquela que nasce do processo de industrialização, mas que não é uma realidade acabada, mas uma virtualidade (Lefebvre, 2002), que se caracteriza como modo de vida, seja para as áreas rurais ou urbanas, visto que o rural no Brasil se vincula ao urbano (Rodrigues, 2004). Oliveira (1982), inverte a ideia de que o campo controlaria o Estado, pois são as cidades que concentram, desde a colonização, tanto os aparelhos que são responsáveis pela produção e circulação das mercadorias, assim como os aparelhos de Estado. Desse modo, embora esteja no campo — de modo mais amplo — a produção primária, essa passa pela industrialização e pelos serviços que se concentram nas cidades para poderem se realizar enquanto mercadorias, enquanto valor de troca. Sobre essa dimensão da cidade na produção e sobre sua relação com o Estado, Telles (2006) coloca que o urbano seria "[...] o solo tecido no ponto de inflexão de uma intervenção estatal que redefinia as relações entre campo e cidade, que regulamentava as relações entre capital e trabalho e articulava produção industrial e a acumulação ampliada do capital".

Uma das questões que Oliveira (1982) chama atenção se dá na proeminência de um debate de análises que interligavam a industrialização à urbanização pois, em seu entendimento, a industrialização não criou o urbano, mas sim o redefiniu (Oliveira, 1982, p. 38). Foi a monocultura dos grandes latifúndios e o caráter exportador da economia agrícola brasileira que gerou o urbano, concentrado em poucas cidades, diferente de outros lugares, como países da Europa, em que a atividade agrícola estava ancorada em pequenas propriedades, que geraram pequenas vilas. Além disso, outra questão é que o urbano na Europa estava relacionado à existência de um exército ativo e de um exército industrial de reserva, ao passo que, no Brasil, a existência do trabalho escravizado incidiu sobre a não criação de um mercado de trabalho. Assim, existia no Brasil uma urbanização ligada a poucas cidades, com uma urbanização e população empobrecidas e que negava, pela dinâmica escravocrata, a cidade como espaço da divisão social do trabalho.

A industrialização redefiniu esse urbano na medida em que a indústria dimensionou uma ampla divisão social do trabalho, tanto no campo quanto nas cidades, tornando as cidades sedes da acumulação, pois essas eram e são o centro do processo produtivo, impondo pela acumulação uma potência de urbanização maior do que a própria industrialização. O nascimento da indústria brasileira ocorreu no urbano e significou um motor da expansão capitalista, gerando, nas cidades, que já eram empobrecidas, um exército de reserva (Oliveira, 1982). O Estado impulsionou no Brasil o urbano ao regular as relações de produção e circulação de matérias primas e mercadorias. Um exemplo trazido por Oliveira (1982) são as ferrovias Mogiana e Sorocabana que eram subsidiadas pelo Estado e eram responsáveis pela circulação, por exemplo, do café que saía do campo para ser industrializado na cidade e de lá, exportado.

Mas não é somente a circulação de mercadorias que se reorganiza com a industrialização e urbanização, os modos de sociabilidade se interpõem na metrópole, como no caso do futebol e do samba. Antunes (1994), traz como os clubes de futebol se organizavam dentro das fábricas no início do século XX e, como a partir desses times de futebol, organizados pelos trabalhadores das fábricas, emergiram ao longo das décadas, times como o Juventus, originado primeiramente dentro da tecelagem Regoli e Cia Ltda., tornando-se mais famoso e maior do que a própria fábrica. As vilas operárias, organizadas pelas fábricas em São Paulo, congregaram em seus espaços escolas, casas, creches, armazéns e campos de futebol, administrados pelo proprietário da fábrica (Rolnik, 1988). Toledo (1996) descreveu como o futebol se popularizou na metrópole a partir da crescente industrialização e urbanização, nascendo assim, em 1910, clubes como o Sport Clube Corinthians Paulista, o Palestra Itália, em 1914, a partir de imigrantes italianos e, em 1935, o São Paulo Futebol Clube. Ao longo dos anos 1920, os clubes desportivos se espalharam pelas várzeas operárias e as Uniões Operárias começaram a organizar campeonatos de futebol (Sevcenko, 1992, p. 53), mas foi nos anos 1930 que o Estado incorporou a prática esportiva do futebol, organizada e disseminada pelo e entre os trabalhadores, como constituinte do Estado brasileiro. A inauguração do Estádio Paulo Machado de Carvalho (Pacaembu), em 1940, foi representativa dessa incorporação (TOLEDO, 1996). Ainda de acordo com Toledo (1996), entre o final dos anos 30 e início dos 40 é que surgiram as primeiras notícias de grupos organizados ou uniformizados de torcedores de times de futebol na cidade de São Paulo.

Foi, também, do começo do século XX, mais especificamente, em 1914, que surgiu em São Paulo o primeiro cordão carnavalesco, chamado Cordão da Barra Funda e, em 1937 que emergiu a primeira escola de samba, chamada de Lavapés (Mestrinel, 2010). D'Andrea (2010, p. 1) explora a emergência do cordão carnavalesco Vai-vai, em 1930, decorrente de um time de futebol, chamado Cai-cai. Os blocos e cordões carnavalescos tiveram nos anos 30 um momento de ascensão e consolidação, sendo que os blocos eram considerados desorganizados e briguentos, e estavam ligados à prática de futebol de várzea da época (Carvalho, M. 2009, p. 89). Sobre essa relação próxima entre o samba e o futebol, Marizilda de Carvalho (2009, p. 89), relata que, após a realização dos jogos de futebol, comumente ocorridos nos sábados à tarde, havia um baile à noite em que era tocada uma valsa em homenagem ao time vencedor. Na São Paulo dos anos 30, no entanto, crimes violentos como as chacinas não eram comuns, e ao acontecer, figuravam no rol de grandes crimes da cidade. Fausto (2009) ao relatar o chamado crime do restaurante chinês, traz em seu livro como uma chacina ocorrida em 1938, no bairro do Brás, vitimando três homens e uma mulher, assassinados a golpes de pilão, durante o carnaval, em ano de Copa do Mundo, fez com que os grandes jornais da época veiculassem o crime com grandes manchetes, sendo também explorado nas rádios e se transformando, inclusive, em uma moda de viola, chamada O crime do restaurante chinês, tocada pela dupla Irmãos Laureano (Fausto, 2009).

Assim, a industrialização e urbanização estavam redefinindo a circulação de mercadorias, a sociabilidade dos trabalhadores e os crimes na cidade, sendo a cidade, uma construção humana, que se apresenta como trabalho materializado através de um processo histórico cumulativo que perpassa as gerações (Carlos, 2007, p. 11). As cidades são, também, as sedes dos municípios, que concentram e difundem o urbano e são centros de decisões políticas (Rodrigues, 2004). Tratando da cidade de São Paulo e RMSP e do crescimento demográfico da capital e das cidades da região metropolitana de São Paulo, Kowarick (1979) explora como ao longo das décadas de 1960-1970, surgiram núcleos industriais ao longo da Estrada de Ferro

Central do Brasil, assim como, através das rodovias, cidades como São Bernardo, Diadema, Guarulhos e Osasco se industrializaram. Desse modo, os processos de industrialização, de urbanização e periferização aconteceram no mesmo período em que houve um aumento da violência, ou melhor, um começo da acumulação social da violência (Misse, 2008). Para Misse (2008), essa acumulação social da violência foi gerada por múltiplos processos, com uma circularidade causal cumulativa, que desde meados dos anos 1950, fez com que os padrões de criminalidade em grandes cidades começassem a se transformar, incluindo mudanças nos mercados ilícitos e perpassando por arranjos e rearranjos de grupos criminais. A década de 1950 foi marcada, também, na fala de moradores entrevistados por Spaggiari (2015), como um momento em que a sociabilidade nas periferias, ligadas ao futebol, estava atrelada à quantidade de terrenos ociosos, que propiciavam, até aquele momento, a proliferação de campos de futebol nesses locais, organizados pelos moradores das periferias, espalhando, assim, os chamados campos de várzea (Spaggiari, 2015, p. 42).

Maricato (2000, p. 21) retratou como o processo de urbanização e industrialização brasileiro demandou um movimento intenso de construção urbana de modo a garantir para a população "[...] a satisfação de suas necessidades de trabalho, abastecimento, transporte, saúde, energia, água etc.". Carlos (2007) demonstra como as transformações urbanas em São Paulo, tendo em vista a cidade como cidade de negócios, colocaram os espaços residenciais enquanto improdutivos e os espaços de negócios enquanto produtivos, deslocando moradores para outras localidades ou transformando profundamente suas relações com o lugar, empobrecendo assim as relações sociais no urbano, enquanto as modificações da morfologia do urbano condicionaram a cidade a ser mercadoria, delimitando usos e "[...] o uso delimitado apresenta a tendência à destruição das condições de realização da sociabilidade em função da tendência a eliminação do encontro fortuito entre os cidadãos" (Carlos, 2007, p. 14). Como exemplo das transformações do urbano, que empobreceram as relações sociais, temos a extinção da maioria dos campos de futebol varzeanos até a década de 1970, em São Paulo, resultante da disputa pelo espaço urbano, inclusive dos bairros periféricos (Spaggiari, 2015, p. 43). No entanto, foi também na década de 1970 que surgiram as primeiras Torcidas Organizadas em São Paulo, que emergiram no contexto do nascimento de movimentos populares, embora não esteja diretamente conectada a esses movimentos (Toledo, 1996, p. 31). Formas de organização e sociabilidade emergentes na década de 1970, alteraram as relações no urbano, sendo frutos da urbanização e da disputa pelo espaço nessa urbanização.

A urbanização e a industrialização brasileira provocaram mudanças em São Paulo e arredores, ampliando não só a população das localidades, mas trazendo, também, questões relacionadas às moradias como aumento da favelização, das periferias e das chamadas cidades-dormitórios, assim como demandas relacionadas à ampliação do número de automóveis e, consequentemente, do trânsito, além das horas dispendidas pela população no deslocamento para o trabalho (Kowarick, 1979, p. 38-42). Formou-se assim aquilo que se constitui como uma região metropolitana.

De acordo com a Lei Complementar n° 1.139, de 16 de junho de 2011, a Região Metropolitana de São Paulo, RMSP, foi instituída em 1973 e, desde seu início, é constituída por 39 municípios[38], além da cidade de São Paulo, distribuídos em cinco regiões distintas: norte; leste; sudeste; sudoeste e oeste. A população total da RMSP, conforme dados de 2019 da Fundação Sistema Estadual de Análise de Dados (SEADE), é de 20.996.747 habitantes, estando 98,90% dessa população, alocada na área urbana. Kowarick (1979) tem uma perspectiva

38 Compõem a RMSP os seguintes municípios: Arujá, Barueri, Biritiba-Mirim, Caieiras, Cajamar, Carapicuíba, Cotia, Diadema, Embu, Embu-Guaçu, Ferraz de Vasconcelos, Francisco Morato, Franco da Rocha, Guararema, Guarulhos, Itapecerica da Serra, Itapevi, Itaquaquecetuba, Jandira, Juquitiba, Mairiporã, Mauá, Mogi das Cruzes, Osasco, Pirapora do Bom Jesus, Poá, Ribeirão Pires, Rio Grande da Serra, Salesópolis, Santa Isabel, Santana de Parnaíba, Santo André, São Bernardo do Campo, São Caetano do Sul, São Lourenço da Serra, Suzano, Taboão da Serra e Vargem Grande Paulista.

que parte da concepção de que a industrialização amplia o mercado imobiliário, forçando os trabalhadores a se alocarem em locais mais acessíveis, as periferias, que seriam, portanto, consequências diretas do modo de desenvolvimento econômico da sociedade brasileira a qual, ao possibilitar altas taxas de exploração de trabalho, concebe formas espoliativas de existência da classe trabalhadora nas cidades.

Em relação às periferias, Maricato (2000) destaca que, apesar dos municípios centrais crescerem em média 3,1% ao longo dos anos 1990, os municípios mais limítrofes das metrópoles cresceram acima de 14%, destacando que em São Paulo esse crescimento se deu na casa dos 16,3%. Para Marques (2005), entre as concepções sobre o que é periferia, destacou-se na sociologia urbana brasileira a concepção desses locais como constituintes de uma determinada homogeneidade, com problemas advindos do tratamento recebido pelo Estado e da exploração ligada ao modo de produção e forma de desenvolvimento econômico. Ao longo do tempo, porém, a ideia de uma periferia paulista foi substituída por estudos de diversos autores, pela de periferias ou quebradas, a partir da perspectiva da heterogeneidade e do complexo de relações que se estabelecem em cada espaço. Uma forma comum dos moradores das periferias se referirem aos seus locais de moradia e vivência se dá pelo uso do termo "quebrada". Para Malvasi (2013), o uso do termo "quebrada" deve-se ao modo como moradores do interior de São Paulo e Minas Gerais explicavam como chegar em suas casas.

> [...] Para explicar para alguém de fora como chegar a determinado endereço (quando o sujeito possuía um), os moradores utilizavam a expressão "quebrar às esquerdas", "quebrar às direitas", comum na linguagem dos moradores do interior dos estados de São Paulo e de Minas Gerais. Esse modo de caracterizar a circulação pelos bairros tornou-se referência para uma construção simbólica dos bairros e favelas das periferias de São Paulo, que passaram, então, a ser identificados pelas novas gerações, a partir dos anos 80, pela palavra "quebrada" (Malvasi, 2013, p. 06).

Se o termo "quebrada" se expande entre moradores das periferias a partir de formas populares de explicar uma localização residencial, Biondi (2018, p. 35-36) trata de como esse termo indica locais de residência (atuais ou não), mas não somente, pois a "quebrada" seria o local com os quais se mantém algum vínculo, seja afetivo ou financeiro. Esse termo possui ampla circulação social entre moradores das periferias de São Paulo e designa não somente as residências, mas também bairros, ruas, praças, entre outras territorialidades denominando tanto locais de permanência quanto de passagem cotidiana. Estudos como de Feltran (2010); Hirata (2010); Telles (2011); D'Andrea (2013) e Biondi (2018) trazem a perspectiva de perscrutar as periferias a partir das singularidades que as compõem, olhando para além de uma origem histórica e de uma estruturação urbana, observando, dentro desses territórios, as ilegalidades e modos de sobrevivência, as trajetórias familiares e, dentro dessas trajetórias as tênues demarcações entre mundo do trabalho e mundo do crime. D'Andrea (2013) debate o surgimento de um engajamento em coletivos culturais periféricos, que com o surgimento do lulismo[39], dos Racionais MC's e, o entendimento de "proceder"[40], provindo do

39 Para D'Andrea (2013, p. 18) o lulismo se caracterizou pelo fenômeno político centrado na forma de governar de Lula, que foi pautado em políticas sociais e aumento de consumo para as classes populares, e nos territórios periféricos. O lulismo auxiliou os sujeitos desses territórios a exprimirem um orgulho periférico.

40 Sobre o termo "proceder", muito utilizado tanto no universo prisional, quanto no dito mundo do crime e, também nas periferias, Marques (2009), com um aprofundado estudo sobre o termo, expõe que, como substantivo, o mesmo se refere a modos de conduta, de respeito, de atitude e que, como adjetivo, diz sobre atributos do próprio sujeito, que o permite uma boa convivência. Assim, um homem com proceder, tem, como expõe Biondi (2018), noções de disciplina e ética próprias daquele espaço e relações. O proceder garante, entre outras coisas, como coloca Biondi (2018), o "andar pelo certo", ou seja, uma conduta ou ideias que condizem com o que é considerado justo em cada situação em específico.

Primeiro Comando da Capital (PCC)[41] gerou uma noção de representatividade nesses grupos periféricos.

Para Telles (2011) entre os anos 1990 e 2000, há um processo de ampliação de infraestrutura urbana que atinge as periferias, trazendo redes de saneamento urbano e eletricidade que cobrem grande parte dos espaços, há também a construção de equipamentos de saúde e de educação, além de aparatos próprios da sociedade de consumo e de novas conexões e atrelamentos entre o legal e o ilegal nesses locais. Esse processo se amplia no período entre 2000 e 2010, mas não sana a histórica segregação urbana existente em São Paulo e RMSP (Caldeira, 2000; Bonduki; Kowarick, 1994).

Embora não caiba destrinchar nesta pesquisa a historicidade da segregação urbana, cabe explicitar que temos que entender que a segregação urbana passa por explicações das formas de dominação social que geram as desigualdades, assim como aponta Villaça (2011, p. 40). A segregação urbana enquanto um processo social que aparta espacialmente as classes sociais (Villaça, 2011), pode ser explicitada e analisada através de diversos prismas, seja pela mobilidade ou imobilidade das classes sociais no urbano (Oliveira, 2013), pelos enclaves fortificados (Caldeira, 2000), pelos territórios de mortes (Adão, 2017), pelos lugares de moradia da população branca e da população negra (França, 2017), entre outros. Interessa-me aqui entender como, a partir da segregação que cria as periferias, se estabelece padrões de militarização desses espaços, em que o que chamamos comumente de segurança pública, se manifesta enquanto um controle social e uma violência letal que atinge os moradores dessas periferias.

41 Aprofundarei o debate sobre o PCC, seu surgimento e alterações provocadas nas políticas de segurança pública paulista e nas periferias no Capítulo 3.

1.4. Violência letal na cidade enquanto exceção permanente da Segurança Pública

Na discussão sobre a segregação urbana, os enclaves fortificados seriam, para Caldeira: "[...] espaços privatizados, fechados e monitorados para residência, consumo e trabalho" (2000, p. 211) e o medo do crime seria a principal motivação para a existência dos enclaves fortificados. Para Rolnik (2019, p. 274), esses enclaves fortificados são espaços de contraposição às periferias e favelas, estes, vistos enquanto lugares em que a violência está. A violência policial, nesse sentido, aparece enquanto um elemento histórico nesses espaços, sendo que a conduta da Polícia Militar, uma das instituições responsáveis pela segurança pública, é realizada de modo arbitrário[42], com uso de torturas, execuções e outras violências contra as pessoas desses locais (Rolnik, 2019, p. 274).

Lima, Bueno e Mingardi destacam que o termo "segurança pública" aparece pela primeira vez no Brasil na Constituição Federal (CF) de 1937, sendo substituído em 1967 por segurança interna ou nacional e resgatado posteriormente na CF de 1988. Ainda de acordo com os autores, o que se considera por segurança pública não foi definido em 1937 e nem em 1988, sendo que essa última "[...] apenas delimita quais organizações pertencem a esse campo" (Lima; Bueno; Mingardi, 2016, p. 56). Desse modo, segurança pública é um conceito que, no Brasil, não é bem formulado e recepcionado na legislação brasileira. Não há um consenso sobre o que deveria ser segurança pública e as instituições que deveriam se amparar nesse conceito não se colocam através dele (Costa; Lima, 2014, p. 484). Cabe ressaltar que para Lima, Bueno e Mingardi (2016, p. 56), embora não exista

42 A arbitrariedade na ação policial pode ser geradora de violências assoladoras para determinados grupos populacionais, e as ações discricionárias e arbitrárias da polícia são seletivas em relação às populações negras, aos jovens e moradores das periferias (Sinhoretto; Schlittler; Silvestre, 2016).

uma explicitação do que seria segurança pública, há um avanço na CF de 1988, pois ao substituir segurança nacional por pública, cria condições democráticas de acesso à justiça e à garantia de direitos. O que questiono aqui é em que medida esse debate de acesso à justiça e à garantia de direitos na segurança pública foi redirecionado para um controle social das populações pobres e periféricas no Brasil, transformando-as em vidas matáveis sob a égide de bandido bom é bandido morto.

Já no período da redemocratização — após promulgação da Constituição de 1988 — Pinheiro (1991, p. 51) atentava como a transição democrática não conseguiu transmutar a violência ilegal existente nos aparelhos repressivos e, desse modo, as práticas de violência, como a tortura, são toleradas ao serem efetuadas contra as classes populares. Sobre essa questão, Marques (2018) chama a atenção para como os governos democráticos expandiram um controle social sobre a população através de uma expansão securitária[43], seja de efetivo repressivo nas cidades, seja via ampliação do encarceramento. O que temos, então, não é necessariamente a implantação de fato de uma perspectiva de segurança pública, mas sim de um gerenciamento democrático da segurança (Marques, 2018, p. 122).

Tratando das cidades brasileiras e o papel do subdesenvolvimento, Oliveira (2003; 2013), discorre como as cidades são os lugares por excelência das exceções, sendo o mercado aquele que exerce o papel do soberano que administra as exceções. O diálogo aberto por Oliveira (2003; 2013) toma por base o conceito de Estado de Exceção elaborado por Carl Schimitt em seu livro "Teologia Política", de 1922, no qual este autor expõe que, no Estado de Exceção, o Estado mantém supremacia em relação à lei, suspendendo o Direito para manutenção própria do Estado, sendo que quem decide pelo Estado de Exceção é o Soberano. (Schimitt, 2006). O Estado de Exceção é,

43 Marques (2018) compreende por *expansão securitária* a ampliação dos aparatos repressivos e punitivos do Estado sob a égide de ampliação da segurança pública.

portanto, o vazio da lei determinado pelo Soberano, não sendo regulamentado como em casos autoritários, como o Estado de Sítio ou as Ditaduras, sendo assim um espaço anômico em que há uma força da lei sem lei (Agamben, 2004, p. 61).

É a partir do que Benjamin (1996) explora sobre o Estado de Exceção em "Sobre o Conceito de História", se contrapondo a Schimitt e expondo que a "tradição dos oprimidos nos ensina que o 'estado de exceção' em que vivemos é na verdade a regra geral" (Benjamin, 1996, p. 226), que Oliveira (2003) vai construir o argumento de que as cidades seriam os lugares da exceção, tendo o mercado enquanto o Soberano que cria o vácuo jurídico. Avançando essa premissa, Oliveira (2013) trata o Estado de Exceção enquanto um princípio do ornitorrinco, entendendo por ornitorrinco esse país altamente urbanizado e que mesmo tendo pouca população no campo, é forte do ponto de vista do *agrobusiness* e ao mesmo tempo com alta pobreza e dívida externa. Nesse cenário, o ornitorrinco cria exceções permanentes, como a autoconstrução enquanto exceção da cidade e o trabalho informal enquanto exceção da mercadoria (Oliveira, 2003, p. 131).

Partindo dos pressupostos colocados por Oliveira (2003; 2013), e atrelando-os ao debate que trouxemos sobre como se configura a segurança pública brasileira, entendemos que as execuções[44],

44 Por execuções, tomo por referência a perspectiva adotada pela organização Justiça Global, em seu relatório "Execuções Sumárias, Arbitrárias ou Extrajudiciais", em que expõe que execução é "[...] todo e qualquer homicídio praticado por forças de segurança do estado (policiais, militares, agentes penitenciários, guardas municipais) ou similares (grupos de extermínio, justiceiros), sem que a vítima tenha tido a oportunidade de exercer o direito de defesa num processo legal regular, ou, embora respondendo a um processo legal, a vítima seja executada antes do seu julgamento ou com algum vício processual; ou, ainda, embora respondendo a um processo legal, a vítima seja executada sem que lhe tenha sido atribuída uma pena capital legal" (Lima Júnior *et al.*, 2001, p. 16).

a letalidade policial[45] e os homicídios que se estruturam nas cidades são a exceção permanente do que se difundiu enquanto segurança pública. Assim, cada vez que as autoridades políticas ou os controladores de crime colocam que determinado ato é uma *exceção*, seja ele de letalidade policial, de execuções, extermínios, massacres, chacinas e outros modos de violência letal na cidade, entendo que não se trata de um desvio ou mesmo um distanciamento do que se pressupõe enquanto segurança pública, mas que, enquanto exceção permanente, é um componente desse modo de construir a segurança pública do ornitorrinco. Essa exceção permanente não está em todos os lugares, mas é uma produtividade de morte gerida por agentes de segurança pública sobre determinados territórios e determinados grupos populacionais. Oliveira (2003, p. 13) vê a militarização urbana enquanto uma guerra civil mal disfarçada e como um dos elementos da morte da *pólis*.

Enquanto um dos aspectos da exceção permanente da segurança pública, temos a militarização dos espaços urbanos estabelecida através do uso de aparatos e técnicas de guerra como forma de gestão das ilegalidades e das populações no urbano. A militarização pode ser compreendida como a adoção dos modelos, doutrinas e procedimentos militares em atividades civis, como no caso da segurança pública (Zaverucha, 2005). Para Zaverucha:

45 Sobre a questão da letalidade policial, Bueno (2014) explicita que a ação policial pode ter como consequência um resultado letal, mas que esse resultado letal deve estar dentro do limite da legalidade e razoabilidade. Como modo de aferir se a letalidade de civis resultante da ação policial está excedendo uma plausibilidade legal, Bueno (2014, p. 514) levanta três critérios de análise dessa letalidade: 1) se o número de civis mortos é maior do que o de policiais, provavelmente há o abuso da força; 2) se em situações de normalidade o número de civis mortos ultrapassa o de civis feridos em ações policiais, possivelmente há o abuso da força; 3) quando o número de civis mortos em ações policiais perfaz um alto percentual no número total de homicídios daquele determinado território, presumivelmente, há o abuso da força.

> [...] A militarização é crescente quando os valores do Exército aproximam-se dos valores da sociedade. Consequentemente, quanto maior o grau de militarização, mais tais valores se superpõem. E isto influi no modo como as instituições coercitivas se organizam para produzir violência. A retórica vigente é a da "guerra" às drogas e de "combate" aos delinquentes, através do uso de "forças tarefas" (Zaverucha, 2005, p. 128).

Graham (2016), aponta para as transformações dos espaços urbanos através de um urbanismo militar, em campos de batalha de uma guerra interna, com uso de técnicas e tecnologias de repressão e guerra colonial urbana (Graham, 2016, p. 61). Fanon (1968) já atentava para como nas colônias a cidade era cindida em uma cidade do colono, sólida e saciada e a cidade do colonizado, faminta e ajoelhada, onde a fronteira desse mundo cindido são os quartéis e as delegacias de polícia (Fanon, 1968, p. 28-29). Tomando a perspectiva de Fanon, aliada a essa militarização que se dá através das tecnologias de guerra e se efetua hoje no urbano, como nos coloca Graham, pode-se atentar que na metrópole paulistana os conflitos são permeados pela metáfora da guerra[46] (Leite, 1997; 2012). Para entender do que se trata essa guerra que ocorre nas cidades, Grós (2009) defende que o que víamos enquanto, nas palavras do autor, como guerra clássica, com soldados se matando em oposição, ordenados por regulações específicas, deu lugar ao que ele chama de estados da violência, em que se reconhece somente a paisagem cultural da guerra, sendo que: "[...] Os estados de violência fazem aparecer uma multiplicidade de figuras novas: o terrorista, o chefe de facções, o mercenário, o soldado profissional, o engenheiro de informática, o responsável da segurança, etc." (Grós,

46 Para Leite (2012), em suas análises sobre o Rio de Janeiro, a metáfora da guerra aciona repertórios simbólicos em que existem lados inimigos: de um lado trabalhadores, cidadãos e, de outro, os inimigos, que estão na favela, sem diferenciar moradores de bandidos.

2009, p. 228). Assim como Graham (2016) compreende que a militarização se dá no urbano, Grós (2009) entende que não só o urbano, mas a cidade é o lugar dessa transmutação da guerra. A cidade desses estados de violência tratados por Grós (2009) não é a cidade fortificada, mas sim a cheia de transeuntes e espaços públicos, em que é organizada a distribuição contemporânea das formas de destruição (Grós, 2009, p. 228-232).

Ao pensar as violências, conflitos e crimes nas cidades de São Paulo e RMSP, tomo por base que o controle estatal desses é realizado através de uma lógica militarizada de guerra, tendo a contenção de um inimigo interno como uma premissa de ação, sendo organizada através de espaços defensivos, com barreiras físicas, sensores e cercas (Firmino, 2018), por operações especiais, como as que ocorrem na região conhecida como Cracolândia (Rui, 2013; Mallart *et al.*, 2017), pelas operações de dispersão de aglomerações em bailes funks nas periferias, como a que resultou na chacina do Baile da D17, em Paraisópolis (Silva, 2020), ou anterior a essa chacina, as chamadas Operações Saturação em Paraisópolis, denunciadas em 2013 pela Defensoria Pública de São Paulo, em que os moradores, segundo a Defensoria "[...] relatava abusos mais relacionados a um determinado contexto que dava conta de um uso excessivo desses armamentos, ditos menos letais, e também invasões a residências, toque de recolher, destruição de bares por parte de policiais"[47]. Além dessas ações, existem as que são mais cotidianas por parte dos agentes de segurança pública que resultam nas chamadas mortes por intervenção policial ou nas execuções e chacinas efetuadas por esses agentes fora do horário de serviço. Rolnik (2019), chama a atenção para o fato de que a chamada guerra contra o tráfico, também observada enquanto

47 Cf.: https://sao-paulo.estadao.com.br/noticias/geral,defensoria-cobra-providencias-para-denuncias-de-abuso-policial-em-paraisopolis,1006980.

uma guerra contra as favelas, é uma forma de dominação étnica e de classe nesses territórios[48].

A Secretaria de Segurança Pública de São Paulo, em documento próprio sobre as formas de coleta e distribuição dos dados criminais referentes às mortes envolvendo agentes de segurança pública enquanto executores, diferencia as mortes decorrentes de intervenção policial em horário de trabalho, que são consideradas legítimas e as execuções e chacinas, praticadas fora de horário de trabalho e consideradas ilegítimas. Elas são categorizadas como homicídios dolosos. Desse modo, as mortes por decorrência de intervenção policial não são categorizadas como homicídios pela SSP/SP, assim como algumas mortes efetivadas com os agentes em folga, podem ser consideradas legítimas pela corporação.

Ao olhar para os dados criminais divulgados através de fontes governamentais, é necessário ter por pressuposto que a letalidade policial está relacionada às mortes decorrentes de intervenção policial, muitas vezes ocorridas em serviço, enquanto as execuções sumárias e chacinas efetuadas por policiais fora de serviço, são categorizadas como homicídios dolosos. Essas categorizações, porém, dependem de uma construção narrativa que elabora essas mortes e as legitimam encerrando-as em padrões do que se considera legal e ilegal. Essa construção se dá através de uma série de procedimentos administrativos e burocráticos que reconstituem aquela morte, tais como o laudo cadavérico, o boletim de ocorrência, as provas técnicas e testemunhais, entre outras. Farias (2015; 2020a) desvenda esses entremeios burocráticos de construção e legitimação de uma morte

48 Apontando sobre a Guerra às Drogas nos Estados Unidos, Alexander (2017) debate como o governo Reagan inicia uma Guerra às Drogas, durante os anos 1980, conduzindo uma grande campanha midiática sobre o assunto, em um momento em que o crack ainda não era um problema social e que as drogas ilegais estavam em declínio. Mesmo com esse contexto a guerra às drogas adentrou os bairros negros, aumentando vertiginosamente a prisão por delitos relacionados a drogas, fazendo com que ativistas negros norte-americanos chamassem essa política de genocida.

efetuada por agentes de segurança pública no Morro do Russo, Rio de Janeiro e, ao reconstruir as burocracias de Estado sobre a morte de Emanuel e as peregrinações dos familiares em diversas instâncias para tentar demonstrar que a morte foi ilegítima e, portanto, uma execução, Farias demonstra como entre a legalidade e a ilegalidade dessas mortes, ou entre uma categorização enquanto morte decorrente de intervenção policial ou homicídio doloso, há uma disputa política sobre os sentidos da morte.

Para exemplificar essas disputas, no caso de São Paulo, trago à baila a chamada Operação Castelinho, uma operação da Polícia Militar de São Paulo, em março de 2003, que interceptou carros com integrantes do PCC na praça do pedágio Rodovia José Ermírio de Moraes, a Castelinho, e resultou na morte de 12 integrantes. Nenhum PM se feriu[49]. Na disputa sobre os sentidos das mortes efetuadas na Operação Castelinho, movimentos sociais como as Mães de Maio denunciavam que a operação seria uma chacina ou um massacre, enquanto o sistema de justiça considerou uma operação legal, absolvendo os policiais envolvidos. Um dos jornalistas entrevistados para a pesquisa, trouxe a Operação Castelinho ao relembrar das chacinas que cobriu enquanto jornalista investigativo, inserindo esse caso no que ele considera enquanto uma declaração de guerra entre a polícia e o PCC. Nas palavras do jornalista: "[...] depois de um episódio chamado Operação Castelinho, a guerra entre o PCC e a polícia militar, ela ficou explícita mesmo, e aí começaram a ter execuções dos dois lados" (Jornalista 1).

Para Grillo (2019), a declaração de guerra ao crime tem como pressuposto a legitimação de práticas ilegais por parte dos agentes públicos de segurança, tais como as prisões ilegais e as torturas. No caso das ações de execuções e chacinas praticadas por agentes

49 Esse caso teve muita repercussão, além de muita controvérsia. Informações mais apuradas podem ser obtidas aqui: https://ponte.org/justica-absolve-pms-envolvidos-na-operacao-castelinho/.

do controle do crime, Silvestre (2016) chama a atenção para como esses agentes estatais, crendo em uma lógica militarizada de guerra, atuam nas regiões periféricas das cidades no extermínio de inimigos, gerando uma espiral de violência. Ao analisar essa lógica de execuções e chacinas na cidade do Rio de Janeiro, Hirata e Grillo (2019), destacam que quando praticadas por agentes estatais são efetuadas por uma espécie de vingança institucional.

Dentro dessa lógica militarizada de guerra e das possíveis vinganças institucionais, temos as chacinas e os homicídios praticados por agentes estatais. Embora tenham dinâmicas diferentes, essas práticas se inserem na violência letal. As chacinas estão, muitas vezes, inscritas nas práticas efetuadas por agentes estatais fora do horário de trabalho. Já, no debate sobre homicídios, atento para os homicídios perpetrados por policiais dentro das cidades, olhando para a chamada letalidade policial, visto que, ao tratar das chacinas, entendo que em São Paulo elas adquiriram nas últimas décadas o caráter de ligação com operações ilegais ligadas a agentes de segurança pública. Antes, porém, cabe debater como o crime de homicídio se insere na historicidade de conflitos de São Paulo e RMSP. Nesse sentido, Adorno e Nery (2019) destacam que desde meados do século XIX já se observava o medo do crime como expressão das mudanças urbanas.

Fausto (1984) chama atenção para o fato de que, entre os anos 1892 e 1916, as prisões por agressão em São Paulo representaram apenas 6% do total de prisões, levantando a hipótese de que os crimes por homicídios, nesse momento, representavam um índice bem abaixo do de agressões, além de se efetivarem em finais do século XIX, primordialmente, através do uso de armas brancas, sendo a arma de fogo introduzida e obtido predominância na cidade ao longo do século XX.

O crime de homicídio, no entanto, ganhou vulto na cidade de São Paulo no período decorrente aos anos 1960, com o crescimento e industrialização da cidade, alcançando índices elevados ao longo dos anos 1990 (Manso, 2012).

> [...] Entre os anos 1920 e 1960, a cidade que se industrializava manteve patamares mais baixos que 5 casos por 100 mil habitantes. Nesse período, a população de São Paulo se multiplicou por seis e passou de 580 mil habitantes para 3,8 milhões. Mesmo assim, apesar da violência sempre presente e descrita nas páginas dos jornais da época, os níveis de homicídios eram mantidos em controle. Entre 1960 e 1975, a grande cidade industrial já passava a assumir patamares mais elevados de violência, entre 5 a 10 casos por 100 mil habitantes, acelerando a partir de 1975, quando em 1999, segundo os mesmos dados, a cidade alcança 65 homicídios por 100 mil habitantes (Manso, 2012, p. 16).

Teixeira (2012), ao tratar sobre a gestão dos ilegalismos na cidade de São Paulo, explicita como entre os anos 1940 e 1960, as prisões estavam atreladas a um controle da desordem e de condutas, como agressões, alcoolismo, desobediência, insulto, jogos, entre outros. Os homicídios, nesse momento, não aparecem enquanto uma violência de vulto na cidade.

Ao passo em que, ao longo das décadas, a cidade de São Paulo e RMSP crescem, os índices de homicídios se ampliam, chegando, no final dos anos 1990 ao seu ápice, entrando, após os anos 2001, em uma decrescente dos índices de homicídios[50]. Para Beato (2012, p. 70) a urbanização desenvolve uma relação estreita com o crescimento da violência e dos homicídios, não só em São Paulo, como também no Brasil.

50 Cabe esclarecer que, conforme colocam Adorno e Nery (2019), os índices em São Paulo sobre a evolução dos homicídios variam de acordo com a fonte. Desse modo, dados provenientes de setores ligados à segurança pública são menores do que os advindos de fontes sanitárias, mas, de todo modo, como expõem os autores, todos os dados demonstram o mesmo movimento. Ao olhar mais atentamente para as chacinas, mais adiante, temos a mesma questão sobre os dados não demonstrarem fielmente o número das chacinas ao longo dos anos, mas demonstram o movimento ao longo do tempo nos territórios.

Ao analisar a mortalidade no município de São Paulo, por causas externas, ao longo das décadas, Gawryszewski e Jorge (2000) chamam atenção para o fato dos homicídios quase decuplicarem no período analisado, com aumento de 906,8%.

Tratando da dinâmica espacial da violência e, em especial, pensando nos conglomerados urbanos em relação aos homicídios, Beato (2012, p. 65-66) caracteriza — dentre 40 conglomerados no Brasil — quatro grupos, de acordo com suas características sociodemográficas e, dentre esses grupos, estabelece as zonas metropolitanas de violência urbana, compostas por 112 municípios arregimentados por 05 capitais. Em um desses conglomerados, estariam as cidades ligadas à RMSP e, de acordo com o autor, esse conglomerado teria por características:

> [...] cidades com graus de desenvolvimento mais elevados, bem como aquelas com indicadores altos de homicídios. Situadas em zonas metropolitanas ou áreas próximas a elas, temos os municípios onde se concentram fenômenos ligados às gangues de jovens e ligados ao narcotráfico. [...] Via de regra, os crimes contra o patrimônio situam-se ao redor das áreas comerciais, e transeuntes são seus alvos específicos. Já os crimes contra as pessoas e os homicídios tendem a concentrar-se nas áreas mais pobres dessas cidades (Beato, 2012, p. 66).

Adorno e Nery (2019, p. 175) ao tratarem dos homicídios em São Paulo e RMSP, expõem que, no final da década de 1990, eles figuravam como as localidades mais violentas do país, com taxas superiores a 80 mortos por grupo de 100 mil habitantes. Sobre esse aumento dos homicídios ao longo das décadas, Manso (2012) expôs esse aumento como uma epidemia, um momento em que se matava para não morrer. A despeito das análises de Manso (2012) acerca da escolha homicida e da epidemia de homicídios nos anos 1990 em São Paulo, em minhas análises, parto do entendimento de que, de modo mais amplo, a violência letal está intrinsecamente ligada a uma acumulação social da violência (Misse, 2008) ou, nas palavras de Adorno e Nery (2019):

> Em São Paulo, durante as décadas de 1980 e 1990, os homicídios e os crimes contra o patrimônio conheceram acentuado crescimento, especialmente nos bairros com elevada concentração de trabalhadores de baixa renda, precárias condições de infraestrutura urbana e de serviços públicos. Distintas situações com desfechos fatais, tais como mortes praticadas por justiceiros e grupos de extermínio, aquelas relacionadas a cobranças por dívidas de drogas ou decorrentes de disputas no domínio territorial do narcotráfico, caracterizavam, em grande medida, a dinâmica local da violência (Adorno; Nery, 2019, p. 173).

Ao tratar dos locais onde ocorrem os homicídios, temos as periferias como territórios em que essa violência letal é mais incidente. Embora se tenha a percepção de que a violência letal atinja mais assertivamente as periferias, Adorno e Nery (2019), ao mapearem a cidade de São Paulo demonstrando onde ocorrem com mais frequência os homicídios, evidenciam altos graus de homicídios também em alguns bairros centrais. Assim, a dinâmica dos homicídios está relacionada à dinâmica dos conflitos naquela localidade e naquele determinado período, não sendo o local do mapa em que o bairro está localizado o determinante, mas sim uma série de inter-relações mais complexas.

Os anos que se seguiram posteriormente a 2001 registraram declínio das taxas de homicídios em São Paulo e RMSP. Não há consenso sobre as causas da queda dos homicídios (Peres *et al.*, 2011), temos análises que, de um lado, atribuem a queda dos homicídios em São Paulo à emergência do PCC com consequente estabelecimento de regulação moral e das mortes nas quebradas através dos debates[51] (Feltran, 2010a; Biondi, 2018), ou mesmo como consequência do

51 Os debates do PCC (ou do crime), também chamados de Tribunais do Crime na esfera estatal e pela mídia são, como explora Biondi (2018), instâncias onde se confrontam ideias a partir de determinadas situações e que geram um arranjo ou um rearranjo que pode gerar uma outra situação, um desenlace de algo. No entanto, diferentemente dos tribunais do júri, esses debates não condizem com a busca de uma verdade, mas sim de confrontos e consensos de ideias sobre determinada situação e que geram um efeito sobre ela. Discorro mais sobre os debates no Capítulo 4.

crescimento expoente das décadas anteriores (Manso, 2012) assim como temos análises que, de outro lado, atribuem o descenso dos homicídios às políticas de segurança pública, como o desarmamento da população e o encarceramento em massa erigido no estado de São Paulo ao longo dos anos 1990 (Nadanovsky, 2009). Um dos delegados da Divisão de Homicídios do Departamento Estadual de Homicídios e de Proteção à Pessoa (DHPP), ao relatar sobre a redução dos homicídios, destacou como, no final dos anos 1990, algumas estratégias como monitoramento dos territórios, facilitando o encarceramento, seriam responsáveis pela diminuição dos homicídios em São Paulo:

> Aí desenvolveram o InfoCrim Georreferenciado; a Polícia Militar e nós passamos a ter a leitura eletrônica da incidência criminal por metro quadrado; facilitou à PM o planejamento setorial do policiamento ostensivo — o que é muito importante! Se não der pra prevenir, pelo menos estando perto chega bem depressa ao local do fato, é uma pronta resposta super necessária — esse é o mérito deles, e o nosso, o empenho e dedicação no esclarecimento desses crimes. Então nós tiramos da rua muitos homicidas. Alguns estão presos até hoje. Há mais de vinte anos (Delegado 2).

Todas essas discussões acerca das possibilidades da queda dos homicídios formam um quadro complexo tanto das alterações dos conflitos nos territórios a partir das mudanças do mundo do crime, assim como das modificações nas políticas de segurança pública que alteraram a partir dos anos 2001 a dinâmica dos homicídios em São Paulo e RMSP.

Os dados de 2017, publicados em 2019 pelo Fórum Brasileiro de Segurança Pública (FBSP, 2019) demonstram que, no intervalo entre os anos 2007 e 2017, os homicídios vêm em uma crescente, chegando ao total de 65.602 homicídios em 2017 no território brasileiro, com taxa de 31,6 mortes para cada 100 mil habitantes e, destoando desse aumento, o estado de São Paulo, no geral, teve em 2017, uma taxa de 10,3 mortes para cada 100 mil habitantes.

Ao passo em que as taxas de homicídios diminuíram, a letalidade policial aumentou em São Paulo, sendo que, dentre as características que compuseram o quadro de violência letal e suas alterações, em São Paulo e RMSP, encontra-se a ação de agentes de segurança pública. Cabe ressaltar que há uma historicidade acerca da letalidade policial que provém de décadas anteriores ao aumento e/ou diminuição dos homicídios. A emergência dos Esquadrões da Morte e suas relações com as polícias civil e militar, no Rio de Janeiro, nos anos 1950, foi vista por Misse (2008) como correlacionada ao momento em que começa a existir na cidade do Rio de Janeiro a acumulação social da violência. Em São Paulo, o Esquadrão da Morte[52] (Costa, 1998) surgiu no final da década de 1960, também ligado de forma extralegal a agentes de segurança pública. A Polícia Militar paulista assumiu o papel de limpeza social através de execuções a partir da criação das Rondas Ostensivas Tobias de Aguiar (ROTA), como abordado por Barcellos (1992), em seu livro "Rota 66 — A história da polícia que mata" e por Manso (2012), em sua tese de doutorado sobre o crescimento e a queda dos homicídios em São Paulo entre 1960 e 2010.

Ao tratar da questão da letalidade policial paulista, Dias (2011), expôs que as taxas dessa letalidade eram afetadas por uma profusão de questões tanto estruturais quanto conjunturais. Nos anos 1990, as taxas de letalidade policial deram um salto em São Paulo e, conforme Dias (2011, p. 94): "[...] o salto ocorrido entre 1990 e 1991 é revelador da profunda mudança de paradigma da segurança pública, ou do retorno a velhos paradigmas, com a eficiência policial voltando a estar acoplada ao número de cadáveres que a instituição produz". O número de civis mortos pela polícia em 1990, em São Paulo, foi de 585, mas em 1991 atingiu um total de 1.140 pessoas, indo em uma crescente e chegando a 1.470 mortes em 1992, mas decaindo nos anos posteriores e chegando a 253 mortes de civis em 1996 (DIAS, 2011).

52 A historicidade do Esquadrão da Morte paulista e sua relação com as chacinas será abordada no Capítulo 2.

Para além do aumento e diminuição da letalidade policial paulista ao longo dos anos 1990, no ano de 2006, houve um momento de inflexão no que tange a essa letalidade, com os chamados Crimes de Maio de 2006, onde cerca de 564 pessoas foram mortas entre 12 e 21 de maio de 2006, sendo que 505 eram civis e 59 agentes públicos. Ainda segundo o Relatório sobre os Crimes de Maio de 2006 (2012, p. 02), a partir de ataques perpetrados pelo PCC contra agentes de segurança pública: "A polícia então promoveu uma 'onda de resposta' a esses ataques. Este 'revide', perpetrado por agentes estatais e grupos de extermínio, foi marcado pela violência exacerbada, execuções sumárias, chacinas, centenas de homicídios e diversos desaparecimentos". O saldo de mortes foi de 17,5 civis assassinados para cada agente estatal.

Após 2006, houve uma baixa de homicídios, mas a partir de 2011, no entanto, existiu um aumento expressivo da letalidade policial, que se manteve ao longo dos anos, ganhando ascensão expressiva a partir de 2014. Conforme relatório da Ouvidoria das Polícias de São Paulo (São Paulo, 2018) o número de civis mortos por policiais em 2017 foi menor somente ao número de civis mortos por policiais em 1992. Em 2018, o número de civis mortos por agentes de segurança pública alcançou a cifra de 851 mortos, sendo 655 assassinados por policiais em serviço e 196 por policiais fora de serviço (FBSP, 2019, p. 56). Já em 2019, o número de civis mortos foi de 867, sendo 733 mortos por policiais em serviço e 134 por policiais fora de serviço (FBSP, 2021, p. 57). Em 2020, 814 civis foram mortos em decorrência de intervenção policial, sendo 680 atingidos por policiais em serviço e 134 por policiais fora de serviço (FBSP, 2022, p. 74). No ano de 2021, de acordo com o Anuário Brasileiro de Segurança Pública (FBSP, 2022, p. 74) o número de civis mortos por intervenção policial reduziu para 570, sendo 440 mortos por policiais em serviço e 130 por policiais fora de serviço. Os dados demonstram que há um crescimento no número de mortos por intervenção policial, com pico em 2017, diminuindo nos anos posteriores, mas a queda mais acentuada se deu em 2021, quando os números ficaram próximos ao do ano de 2011.

GRÁFICO 1. CIVIS MORTOS POR INTERVENÇÃO POLICIAL NO ESTADO DE SÃO PAULO (2011-2021)

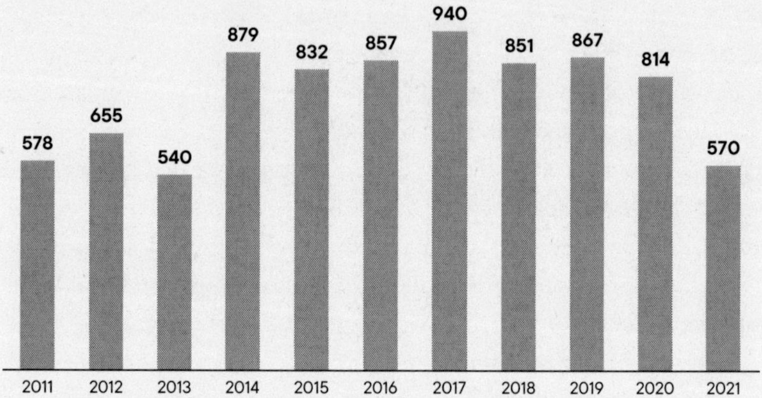

FONTE: Elaboração própria a partir de: FBSP (2019; 2021; 2022) e São Paulo (2018, p. 12).

GRÁFICO 2. VARIAÇÃO DO NÚMERO DE CIVIS MORTOS POR POLICIAIS MILITARES EM SÃO PAULO (2001-2020)

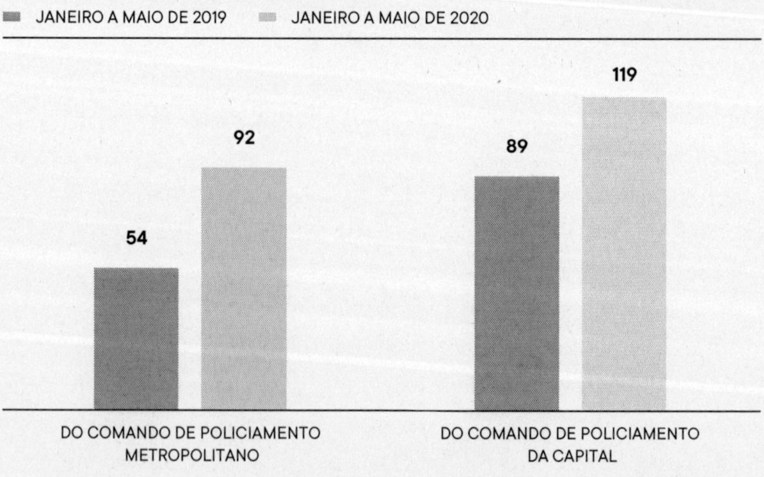

FONTE: Elaboração própria a partir de dados da Corregedoria da PM, disponibilizados em: Acayaba e Arcoverde (2020).

Sobre esse aumento da letalidade policial em 2020, a Secretaria de Segurança Pública de São Paulo, lançou uma nota em que colocava que:

> [...] O confronto não é objetivo das polícias, razão pela qual todas as ocorrências de morte decorrente de intervenção policial são analisadas pelas instituições, rigorosamente investigadas e comunicadas ao Ministério Público. Permanentemente, são avaliadas e implementadas medidas reduzir (*sic*) a letalidade policial. O compromisso das forças de segurança é com a vida e não com o erro. De janeiro a maio deste ano, 80 policiais civis e militares foram demitidos ou expulsos por desvios de conduta (Acayaba; Arcoverde, 2020).

Esse aumento das mortes por intervenção policial em 2020 não representa, no entanto, uma exceção, mas é um processo histórico de aumento da letalidade policial proveniente da exceção permanente da segurança pública paulista, inserida nessa lógica militarizada de guerra. Em 2012, por exemplo, ano em que ocorreram 655 mortes de civis por intervenção policial no estado, o processo dessas mortes foi chamado por Dias *et al.* (2015) de crise de 2012. As autoras retrataram os conflitos que existiram naquele ano entre agentes de segurança pública de um lado e PCC de outro, atingindo nesse meio, outras pessoas, civis que não participavam do chamado mundo do crime.

Dados sobre homicídios dolosos na cidade de São Paulo, incluindo os homicídios praticados por agentes de segurança pública e por civis, da Secretaria de Segurança Pública de São Paulo, demandam que, em 2012, a taxa que vinha em uma queda desde 2001, voltou a subir, entrando em decréscimo novamente nos anos posteriores, chegando ao menor número histórico em 2019 e um pequeno aumento em 2020. Já em relação à RMSP, os homicídios dolosos também diminuíram drasticamente ao longo dos anos, chegando também à menor taxa em 2019, com um acréscimo em 2020.

QUADRO 1. TAXA DE HOMICÍDIOS DOLOSOS NA CIDADE DE SÃO PAULO, PERÍODO ENTRE 2001-2020

ANO	TAXA POR 100 MIL OCORRÊNCIAS DE HOMICÍDIOS DOLOSOS	TAXA POR 100 MIL VÍTIMAS DE HOMICÍDIOS DOLOSOS	DIFERENÇA: TAXA DE VÍTIMAS MENOS TAXA DE OCORRÊNCIAS
2001	49,16	51,90	2,75
2002	43,63	45,90	2,27
2003	39,97	42,08	2,11
2004	31,18	33,27	2,09
2005	22,71	24,70	1,99
2006	18,10	20,00	1,90
2007	13,96	14,96	1,00
2008	11,38	11,92	0,53
2009	11,05	11,62	0,57
2010	10,63	11,23	0,60
2011	9,01	9,45	0,44
2012	12,02	13,16	1,13
2013	10,27	10,96	0,70
2014	9,82	10,40	0,57
2015	8,56	9,13	0,57
2016	7,25	7,62	0,37
2017	6,10	6,64	0,55
2018	5,72	6,15	0,43
2019	5,50	5,80	0,30
2020	5,55	5,97	0,42
Fev./2020 a Jan./2021	5,51	5,91	0,40

FONTE: Elaboração própria, a partir dos dados elaborados no site da Secretaria de Segurança Pública de São Paulo pela Coordenadoria de Análise e Planejamento (CAP) (2021).

QUADRO 2. TAXA DE HOMICÍDIOS DOLOSOS NA RMSP, PERÍODO ENTRE 2001-2020

ANO	TAXA POR 100 MIL OCORRÊNCIAS DE HOMICÍDIOS DOLOSOS	TAXA POR 100 MIL VÍTIMAS DE HOMICÍDIOS DOLOSOS	DIFERENÇA: TAXA DE VÍTIMAS MENOS TAXA DE OCORRÊNCIAS
2001	45,31	47,58	2,27
2002	43,38	46,37	3,00
2003	39,06	41,54	2,48
2004	27,88	31,28	3,40
2005	23,98	26,47	2,49
2006	21,18	23,65	2,47
2007	17,13	18,35	1,22
2008	16,37	17,85	1,48
2009	14,45	15,52	1,07
2010	12,23	12,99	0,76
2011	12,64	13,41	0,78
2012	13,75	15,12	1,36
2013	12,51	13,74	1,23
2014	12,13	13,07	0,93
2015	10,15	10,98	0,84
2016	8,46	8,87	0,41
2017	9,02	9,54	0,52
2018	7,35	7,84	0,49
2019	6,16	6,48	0,32
2020	6,93	7,27	0,35
Fev/2020 a Jan/2021	6,81	7,18	0,36

Fonte: Elaboração própria, a partir dos dados elaborados no site da Secretaria de Segurança Pública de São Paulo pela Coordenadoria de Análise e Planejamento (CAP) (2021).

A tendência de queda para a cidade de São Paulo é similar à que ocorre no estado de São Paulo, como já demonstrado. De todo modo, ao passo em que há uma queda dos homicídios dolosos, há um aumento da letalidade policial. Dos 940 civis mortos por intervenção policial no Estado de São Paulo em 2017, a Ouvidoria conseguiu realizar uma análise sobre 756 vítimas fatais que estavam reunidas em 639 ocorrências[53]. Os dados representam uma análise de 80% do total de vítimas (São Paulo, 2018).

Dessas 756 vítimas, 49, 34% possuíam entre 18 e 25 anos e 99, 48% eram do sexo masculino, além disso, 65% dessas vítimas eram de cor negra. Esses dados apontam que existe na sociedade brasileira um genocídio da juventude negra, como indicado por análises que tratam da letalidade policial paulista na atualidade. De acordo com a pesquisa: "[...] a principal vítima de letalidade por intervenção policial é o jovem homem negro de até 25 anos" (São Paulo, 2018, p. 28). Kowarick (2000, p. 54), ao tratar do que seria o mundo da ordem e o da desordem diz como pessoas negras, jovens, residentes nas periferias ou em cortiços nas áreas centrais das cidades, são os mais propensos a serem vistos como os que carregam determinadas degenerescências, de serem portadores de periculosidade, que: "[...] formam o majoritário resíduo que mais frequentemente é humilhado, maltratado, espancado, torturado ou assassinado pela polícia" (Kowarick, 2000, p. 55).

Adão (2017), ao tratar das inter-relações entre homicídios, raça e vulnerabilidade na cidade de São Paulo, chama atenção para como as periferias contêm uma composição racial pautada em uma urbanização que, historicamente, designou os bairros periféricos como

53 Um dado importante desse Relatório da Ouvidoria das Polícias diz sobre as testemunhas das ocorrências. Em 67% das ocorrências, não haviam testemunhas civis, sendo levados para as ocorrências somente os relatos dos policiais envolvidos (São Paulo, 2018).

territórios negros[54]. Assim, ao fazer uma análise da distribuição racial nos distritos da cidade de São Paulo, Adão (2017, p. 37) traz que bairros considerados periféricos, como São Miguel Paulista, Capela do Socorro, Cidade Ademar, Itaim Paulista, Guaianazes, Cidade Tiradentes, M'Boi Mirim e Parelheiros, são compostos por entre 50 e 57% de população negra, de acordo com o Censo de 2010 do IBGE. A autora, pensando na morte dos jovens negros das periferias, destaca que: "A produção das mortes, na realidade das periferias brasileiras está inscrita nas diversas vulnerabilidades construídas em torno da população negra" (Adão, 2017, p. 51).

Os números da ouvidoria revelam ainda que 66,14% dos homicídios ocorreram na cidade de São Paulo e RMSP, tendo por expoentes na letalidade, batalhões de polícia da zona leste de São Paulo e da cidade de Santo André (São Paulo, 2018). Já no primeiro semestre de 2020, a letalidade policial ligada aos batalhões de polícia, aumentou em 70% na RMSP e em 34% na cidade de São Paulo, em relação a 2019. Desse modo, a lógica militarizada de guerra, que se perfaz na legalidade e na ilegalidade, se mostra também pelos dados de aumento da letalidade policial paulista.

54 Embora não seja tema central da pesquisa, considero importante trazer as análises sobre territórios negros em São Paulo visto a relação entre homicídios e raça/cor que temos no Brasil.

QUADRO 3. DEPARTAMENTOS POLICIAIS COM MAIOR NÚMERO DE LETALIDADE POLICIAL NO ANO DE 2017[55]

DEPARTAMENTO	SECCIONAIS	VÍTIMAS
DECAP/CPC	Capital — 5ª del. seccional — leste	99
	Capital — 2ª del. seccional — sul	54
	Capital — 3ª del. seccional — oeste	52
	Capital — 4ª del. seccional — norte	52
	Capital — 1ª del. seccional — centro	19
	TOTAL	**276**
DEMACRO/CPM	Santo André	49
	Guarulhos	35
	Mogi das Cruzes	30
	Carapicuíba	26
	São Bernardo	22
	Osasco	22
	Diadema	16
	Taboão da Serra	14
	Franco da Rocha	10
	TOTAL	224

FONTE: São Paulo (2018, p. 34).

55 Departamento de Polícia Judiciária da Capital (Decap), é o órgão que tem por competência a investigação dos crimes ocorridos na cidade de São Paulo. ao Decap estão submetidas várias delegacias da capital paulista. Departamento de Polícia Judiciária da Macro São Paulo (Demacro), é o órgão destinado a investigar os crimes ocorridos nos municípios da RMSP. Ao Demacro estão subordinadas as delegacias da região metropolitana. Para maiores informações, cf.: Decap: **https://abrir.link/ZoYLy** e Demacro: **https://abrir.link/KTFsL**.

GRÁFICO 3. AUMENTO NA LETALIDADE POLICIAL NOS BATALHÕES DE POLÍCIA ENTRE 2019 E 2020

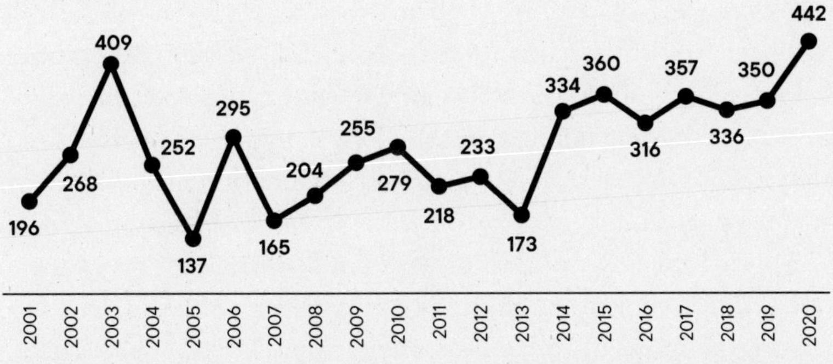

FONTE: Elaboração própria, a partir de dados da Corregedoria da PM disponibilizados em: Acayaba e Arcoverde (2020).

Para além da letalidade policial estar muitas vezes ligada a batalhões, podemos ter as chacinas também ligadas à existência de batalhões no território em que ocorrem. O delegado da 3ª Delegacia de Homicídios de São Paulo, ao relatar sobre os locais onde mais ocorrem chacinas na capital e RMSP, trouxe o alto índice de chacinas na Zona Norte de São Paulo, explicitando que "A Zona Norte tem um histórico de batalhão" (Delegado 1). As chacinas podem ou não envolver agentes de segurança pública enquanto executores. E será sobre as questões mais específicas referentes às chacinas que tratarei no próximo capítulo.

1.5. Entre massacres e chacinas: as zonas cinzentas das violências letais

O que podemos considerar enquanto chacinas e quais as diferenças entre uma chacina e um massacre? O número de corpos? As condições das mortes e as impossibilidades de defesa das vítimas frente aos seus agressores? O local da morte? De acordo com o Dicionário Unesp do português contemporâneo, "chacina" é entendido como matança, assassinato e massacre é posto como um morticínio cruel; matança; carnificina (Borba, 2011, p. 268-892). Embora os termos tragam semelhanças de significados, o termo massacre aparece contendo a crueldade enquanto elemento de significado. Ressalto, porém, que muitas vezes um mesmo acontecimento é denominado a partir dos dois termos, como no caso do Massacre do Carandiru, também retratado como chacina. Em novembro de 2000, por exemplo, a notícia de que o Coronel Ubiratan seria levado a júri pelo Massacre do Carandiru foi publicada na capa do jornal O Estado de São Paulo como chacina e, nessa mesma edição do jornal, no caderno "Cidades", o ocorrido no Carandiru era chamado de massacre.

O ESTADO DE S. PAULO

TERÇA-FEIRA

Prefeitos querem adiar punição a crime fiscal

Na chegada, diminui a vantagem de Bush

Viagem

Greve de ônibus prejudica 600 mil pessoas em SP

Insatisfeito, Bicudo abre primeira crise política de Marta

Coronel da chacina do Carandiru vai a júri este mês

Para FHC, taxa de desemprego pode cair a 6% este ano

FIGURA 1. Capa do jornal O Estado de São Paulo, 07 de novembro de 2000.
FONTE: Acervo Estadão (destaque nosso).

O ESTADO DE S. PAULO

Cidades

Greve nos terminais

Choro na rua

TERÇA-FEIRA, 7 DE NOVEMBRO DE 2000

Coronel Ubiratan, do Carandiru, vai a júri dia 29

Outros 84 policiais militares serão julgados pelo massacre de 111 presos em 1992

Réu diz que polícia tentou negociação

FIGURA 2. Caderno Cidades do jornal O Estado de São Paulo, 07 de novembro de 2000. FONTE: Acervo Estadão (destaque nosso).

Não somente o caso do Carandiru, mas também outros eventos contendo muitas mortes são retratados pela imprensa a partir dos termos massacre e chacina, como sinônimos, assim como o recente caso das mortes na prisão de Alcaçuz[56], Rio Grande do Norte, retratado pelo mesmo jornalista, que em duas matérias distintas, uma em janeiro de 2017 e outra em novembro de 2019, trazem em seus títulos, respectivamente, o termo chacina e o termo massacre para relatar o mesmo acontecimento. As chamadas das matérias tiveram os seguintes títulos: "Palco de chacina, pavilhão de Alcaçuz tem celas sem grades e buracos no muro; veja vídeo" (27/01/2017) e; "Quase três anos após massacre de Alcaçuz, Polícia do RN indicia 74 presos" (29/10/2019).

56 Ressalto que existem diferenças entre as chacinas realizadas nas ruas das cidades e as realizadas em presídios. De todo modo, utilizo as mobilizações do termo chacina em diversos eventos para análise de como essas associações são articuladas pelos diversos sujeitos que trazem esse termo à baila.

Tanto os massacres, quanto as chacinas, são nomeações para a brutalidade de uma violência letal que acomete grupos populacionais de modo profundamente perverso. O uso de um termo ou de outro pode variar de acordo com o interlocutor, assim como o não uso desses termos para relatar uma violência letal que deixa rastros de crueldade e diversos corpos, também demonstra uma posição sobre o fato. Gato (2020), debate esse uso político e da memória do termo massacre ao tratar do chamado Massacre dos Libertos e, segundo o autor: "Um massacre não é feito apenas da quantidade de corpos que abandona ao relento, mas também de palavras, de rumores, e, sobretudo de memória" (Gato, 2020, p. 128).

Ao narrar a morte de moradores de rua no centro de São Paulo no ano de 2004, em dois ataques, um vitimando seis pessoas e outro uma, com golpes de porrete, De Lucca (2016) destaca como após grande repercussão do caso, manifestantes e mídia começam a utilizar diversos termos para descrever as execuções, consolidando o termo massacre para tratar da morte dos moradores de ruas.

> [...] o evento fora comparado à "chacina da Candelária" no Rio de janeiro, dado o fato das vítimas "serem de rua", terem sido mortas numa localidade central da cidade, o possível envolvimento policial no crime e, claro, a escala de exposição que atingira. Entre outros termos como "chacina", "extermínio" e "assassinato", "massacre" havia sido uma palavra que permanecia corrente na narrativa dos manifestantes e da mídia, e com o tempo terminou por se estabilizar como um descritor adequado ao acontecimento (De Lucca, 2016, p. 26).

Nas zonas cinzentas do dizer e da memória, não há uma fronteira estabelecida que define o que é massacre e o que é chacina e as diferenciações entre ambos. Esse não é um aspecto técnico, mas sim uma mobilização do termo a partir de quem o toma para referenciar um acontecimento com esse grau de crueldade. Assim, o que se tem são usos dos termos a partir de contextos sociais e disputas políticas para representação da crueldade das execuções.

As mortes múltiplas causadas pelos massacres e chacinas não possuem tipificação penal específica, assim como não correspondem a um conceito determinado. Embora ambos os termos possam ser mobilizados para o mesmo evento, trabalho a partir das "chacinas", termo muito utilizado para descrever homicídios múltiplos efetuados em locais públicos e em contextos urbanos. O termo "chacina" é muito utilizado em São Paulo para descrever mortes de grupos de pessoas nas ruas ou espaços públicos das cidades. Minha pesquisa enveredou pelos eventos de execuções chamados por diversos grupos de chacinas e é a partir desse termo que esmiúço essas práticas. Ao olhar para as chacinas, tomo por pressuposto que se tratam de homicídios em larga escala, em que o termo "chacina" é tratado como uma categoria êmica, de uso nativo, que é mobilizada por diversos sujeitos, sejam ativistas, operadores do direito, agentes de segurança pública, familiares de vítimas, jornalistas, acadêmicos e etc., a partir de entendimentos e significados que cada grupo atribui a essa forma de execução (Vedovello, 2017). Lacerda (2014) ao analisar os meninos emasculados na cidade de Altamira, no estado do Pará, e tratar das relações, memórias e documentos relacionados a esse caso de violência apoia suas análises em categorias êmicas, ou seja, nos significados que os grupos dão a essas violências. Assim, também trabalho a partir de como são mobilizadas as chacinas e dos significados atribuídos ao que se é chamado de chacina e por quem a chama. Silva, Santos e Ramos ao tratarem da cotidianidade das chacinas, trazem que:

> [...] a execução seriada de várias pessoas como forma de intimidação ou retaliação é um recurso tão comumente utilizado entre nós que até temos um nome específico para designar esse tipo de morte: chacina. Como quase sempre acontece, a escolha da palavra não é aleatória, pelo contrário, é uma chave preciosa para o entendimento do próprio fenômeno (Silva; Santos; Ramos, 2019, p. 13).

Telles (2010) coloca que sob a categoria chacina, aparecem uma série de conflitos distintos, encerrando como ligação — a partir de relatórios policiais — a ideia de mortes múltiplas, e escapando a uma normatização tanto jurídica quanto conceitual. Assim, as chacinas aparecem na linguagem cotidiana, nos noticiários, no mundo social, como uma expressão que determina uma forma de letalidade com múltiplas vítimas. Sinhoretto e Marques (2019) chamam atenção para o fato do termo chacina estar relacionado ao abate de grandes quantidades de porcos ou gado para alimentação, estendendo essa definição para um grande número de pessoas, sendo assim, uma forma exacerbada de violência em um país já violento. Essa correlação do termo chacina relacionada ao abate de animais, também apareceu na fala do Delegado da 3ª Delegacia de Homicídios Múltiplos de São Paulo e, em relação a isso e ao grau de crueldade existente em uma chacina, o mesmo citou:

> É matança de porco, é pela quantidade de sangue, talvez, porque a chacina, você vê, um exemplo, vai, não vou, não é o caso, mas nas fotos você acaba vendo aqui, né, nesse caso específico as fotos são coloridas, então você vai ver o quê? A quantidade de sangue que você vai ver no local, tudo vermelho. Pode ser meio opaco ou não, mas você vê o sangue que vai para tudo quanto é lugar, que pega lugar vital, a cabeça, isso e aquilo e o sangue vai esvaindo, então você acaba, de certa forma, pô, a matança de porco para quem foi no interior e viu, chega a ser cruel pelo sofrimento que o bicho passa, né, que vem também outra informação aqui, a informação que a gente fala, conforme a sede da lesão. Por que a sede da lesão? O pé-de-pato era pápápápápá, atirava, pegou na cabeça, pegou onde pegou, não, o agente público não, ele vai o quê, ele é cirúrgico, então a gente sabe, se foi dois na cabeça e um no peito, ou um na cabeça, a gente fala a região mata porco, que é a região lateral, região que se você atirou, você vai matar com certeza e a outra informação, como se mata um porco sem sofrimento? Levanta a pata dele e dá a facada o quê? Para pegar o coração, ele não vai sofrer muito, vai sangrar bastante e acaba morrendo. Aqui um tiro no mata-porco é sinal de que você vai ter eliminação dele, mesmo (Delegado 1).

Nas similaridades descritas entre a matança de porcos e o assassinato de diversas pessoas, o delegado descreve uma cena de ampla violência e demonstra como é traçada uma desumanização das pessoas assassinadas ao tomar uma palavra que descreve a morte de porcos para demonstrar a violência letal contra seres humanos. Além disso, sua fala traz uma relação com um *modus operandi* que parte do pressuposto da efetivação da morte através de técnicas de execução. Essa execução é explorada pelo delegado a partir de prováveis participações de agentes de segurança pública. Além disso, o Delegado da 3ª Delegacia de Homicídios Múltiplos de São Paulo, ao tratar do termo "chacina" e do que ele corresponde, traz como esse termo foi apropriado por jornalistas a partir da literatura:

> [...] você pega o termo chacina, quando fala em chacina, principalmente o jornalista, ele pensa, até pela questão do jornalismo, da faculdade, ele pensa no livro, na tradução [...] na década de 80 no A Sangue Frio, que é do Truman Capote. Então toda faculdade de jornalismo que você vai, quando você fala em crime, ou em fator de investigação ou em fator de jornalismo o cara vai e joga o A Sangue Frio do Truman Capote, o cara lê o cara que matou vai, uma família, quatro pessoas da família, então o cara fica com aquilo lá, mas ele para nós seria mais um psicopata, o autor né, que é um caso verídico, que ele escreveu o livro a partir do acompanhamento jornalístico que ele fez, né, e isso daí começou ganhar, então "ah, quatro...chacina, chacina". Chacina, isso é influência da literatura e veio para dentro, não só do jornalismo (Delegado 1).

Desse modo, para o referido delegado, o termo chacina se expande pelo mundo social através de uma influência literária norte americana, o livro "A Sangue Frio" (1967), do jornalista Truman Capote, que relata a chacina de uma família. De forma técnica, as chacinas são denominadas como homicídios múltiplos pelos órgãos governamentais, pois são diversas pessoas — a partir de três vítimas fatais, diferenciando de duplo homicídio — assassinadas em um determinado território, ou próximos, pelo mesmo ou mesmos executores, agindo de modo simultâneo ou em conjunto, com uma motivação específica. Um dos delegados ligado à Divisão de Homicídios do DHPP, ao tratar do que é chacina, liga esse termo à ideia de uma militarização das relações sociais:

> Para nós, mais de três é chacina. Mas por que isso? [...] Na linguagem militar — chacina é linguagem militar, né? — seria o efeito secundário não desejado, né? Quando você vê os crimes contra a humanidade, as execuções aí nas guerras, guerrilhas, tudo, atribuída aos grupos militares, né? Estado Islâmico, etc., entre os coitados que não tem nada a ver, são os primeiros a morrer. Os primeiros a morrer (Delegado 2).

O que está posto pela fala do delegado é uma relação entre as chacinas e a guerra, assim, a linguagem da guerra e do militarismo se faz presente quando o delegado me explica o que é chacina para ele, expressando desse modo os vínculos das chacinas com a militarização urbana. A chacinas seriam uma manifestação do que Oliveira (2003, p. 13) chama de guerra civil mal disfarçada. Ao tratar sobre a guerra civil, Foucault (2020, p. 21-40) traz como a política é a continuação da guerra civil e não a expulsão dessa guerra, como posto por Hobbes e que, a construção do delinquente, faz com que esse seja visto como um inimigo social, a ser combatido. As chacinas se mostram enquanto um dos elementos dessa guerra civil mal disfarçada em que ocorre a morte na e da *pólis* (Oliveira, 2003), e se efetivam na identificação de locais em que estão e habitam aqueles que são produzidos enquanto inimigos sociais (Foucault, 2020), sendo que os corpos dos sujeitos que são exterminados nas chacinas têm visibilidade da população local. São os corpos tombados dessa metaforização quase infinita da guerra (Graham, 2016, p. 76). Debatendo o que são as chacinas para os movimentos de familiares de vítimas, Débora Silva elabora uma relação entre as execuções e um projeto de embranquecimento da população, reelaborando os genocídios coloniais, nessa guerra civil mal disfarçada. Nas palavras de Débora Silva:

> Uma chacina, chacinas né... a gente tem que colocar no plural também, não no singular, para as mães é um projeto feito pelo Estado para dizimar a raça negra porque o estado, ele não faz e não quer fazer a reparação da escravatura, então embranquecer o país é um projeto. É esse projeto em curso que o Brasil aceitou para o seu desenvolvimento: o extermínio. Isso foi pontuado pela mestra Sueli Carneiro, então eu coloquei isso na nossa ideologia de luta e, chacina para nós é essa diminuição dessa população porque veja bem, ela é praticada dentro das favelas, das periferias, onde a negação do direito é visível e também a presença muito forte do estado na violação de direitos humanos. O estado é muito presente, quem diz que o estado não é presente dentro das favelas e das periferias... é presente porque para nós, periferia, favela ela é a senzala, é onde eles jogam as pessoas e marginalizam. Eles colocam rótulos como que se favela e periferia fosse um problema, e nós sabemos que a favela e a periferia é dormitório do trabalhador empobrecido. Então a chacina, ela geralmente não acontece nos bairros nobres, nunca aconteceu no bairro nobre, porque o estado, ele foi montado... esse sistema para ser um zelador do patrimônio privado, mas não o patrimônio do, entre aspas, do cidadão porque a nossa cidadania ela sempre foi negada mesmo que tendo uma constituinte (Débora Silva).

As chacinas, perfazendo essa guerra civil mal disfarçada, não escondem os corpos dos chacinados, ao contrário, esses ficam expostos nas ruas, becos, praças, vielas públicas. As chacinas trazem a exposição do corpo do outro, aniquilado, para demonstração de força pública, para exemplificação do que se pode fazer com quem passa ou pertence a esses locais por aqueles que pretendem ter poder sobre aquele território. Esses corpos ao relento, expostos aos olhares da população, às câmeras de vídeos da imprensa e aos celulares de curiosos — que rapidamente fazem circular pelas redes sociais as imagens desse sofrimento — servem de aviso do poder, do domínio ou da intenção de domínio desse território.

Se já debati, ainda que moderadamente, as aproximações e distinções entre massacres e chacinas, também trago algumas aproximações e distinções entre chacinas e linchamentos, partindo dos estudos de Martins (2015) sobre linchamentos no Brasil. Para analisar os linchamentos brasileiros, Martins (2015, p. 23) olha para como ocorrem os linchamentos em outros países, como o caso dos Estados Unidos, onde ao longo do final do século XIX e início do XX, havia uma prática de linchamento de pessoas negras por pessoas brancas, tendo como legitimação dessa violência racial, um estigma de que homens negros seriam violentadores sexuais de mulheres brancas. O linchamento norte-americano estava, portanto, muito ligado ao racismo, assim como no Brasil, visto que no final do século XIX, eram registrados nos jornais brasileiros muitos linchamentos contra pessoas negras e contra pessoas brancas que protegiam a população negra (Martins, 2015).

O linchamento se dá no Brasil a partir do que Martins (2015) chama de *mob lynching*, na qual uma multidão resolve de modo súbito praticar justiçamento, através da violência física contra portadores de um estigma físico que pode ser sua cor ou origem étnica ou algum desvio de caráter, como práticas de algum crime (Martins, 2015). Se, de um lado, os linchamentos são "[...] um tipo de justiçamento cuja lógica está subjacente ao acontecimento em si e raramente pode ser explicado de modo racional pelos participantes" (Martins, 2015, p. 25), as chacinas, ainda segundo o autor, se caracterizariam por um vigilantismo que seria uma vigilância moral sobre a sociedade e seus grupos, ou a grupos sociais específicos, onde práticas sociais consideradas desviantes das condutas desejadas passam a ser passíveis de punição. Nesse sentido é que, para Martins (2015), as chacinas se diferenciam dos linchamentos, visto que as punições perpetradas sobre os linchamentos acabam tendo características de automatismo levadas pela emoção da população frente ao ato de um ou poucos indivíduos em relação à sociedade, assim seria a vingança de muitos contra um ou poucos, enquanto as chacinas possuem características de premeditação da ação e se voltam para determinado grupo social, muitas vezes de forma territorializada, podendo demonstrar conflitos entre grupos, assim como vinganças ou formas de extermínio de grupos considerados perigosos e passíveis de condutas desviantes, como as populações negras e periféricas.

Tratando da multiplicidade de práticas que Telles (2010) expõe e que envolve as chacinas, trazemos o caso de Matupá, tratado por Martins (2015) enquanto um linchamento, demonstrando assim, como o termo chacina, por ser uma categoria êmica, muitas vezes escapa de uma determinação fechada, havendo diversos casos com singularidades entre si, sendo socialmente tratados do mesmo modo.

Em 1990, na cidade de Matupá, no estado de Mato Grosso, três homens que assaltaram um banco foram surpreendidos pela população da cidade, que os lincharam com requintes de crueldade. Martins (2015) analisa esse caso e coloca que ele se enquadra na prática de linchamentos, embora jornais tenham noticiado o linchamento enquanto uma chacina. Já em 2011, 21 anos após esse linchamento, o jornal Folha de São Paulo trouxe uma notícia delimitando o caso como chacina, em matéria com o título "Mais cinco são julgados por chacina em Matupá (MT)". Nas zonas cinzas dos crimes de morte, Matupá acaba por ser entendida de um lado com um linchamento pelas características das agressões durante as execuções e, de outro como chacina, pelo número de mortos. De todo modo, o destaque dado aqui para esse caso é feito para demonstrar como há uma mobilização social dos termos, seja ele o massacre, o linchamento ou a chacina e, muitas vezes, esses termos se misturam e se sobrepõem nas descrições das violências letais e execuções que vivenciamos no Brasil.

Diante de todas as discussões aqui elencadas, temos que chacinas são práticas homicidas, que possuem uma letalidade expandida, pela possibilidade de vitimização pois, sempre que o número de vítimas fatais for a partir de três, o termo chacina pode ser utilizado, seja por jornalistas, representantes do Estado ou população. As chacinas demonstram uma gramática de conflitos nos territórios, visto que se elaboram a partir de diversos elementos, que vão adquirindo muitos significados, dependendo dos agentes executores, das vítimas e das razões das mortes, constituindo, de modo geral, o que entendo por uma polissemia dos conflitos nos territórios, tendo em vista multiplicidade de fatores e sentidos que podem ser geradores ou multiplicadores das chacinas nos territórios onde ocorrem. Não se pode determinar uma tipologia para essa forma de conflito que se encerre em uma listagem fechada, visto que as chacinas compreendem mercados, expressões de violência, formas de vendeta, entre outras gramáticas próprias das relações estabelecidas, seja entre a população do território e/ou entre essa população e o Estado e seus representantes, como os agentes estatais de segurança.

Desse modo, os conflitos geradores de chacinas, essa polissemia dos conflitos, que causam essa letalidade expandida, podem corresponder às dinâmicas, arranjos e rearranjos de mercados criminais, muitas vezes em conjunto com uma gestão diferencial de ilegalismos, que corresponderia a modos de interpretação e jogos com as leis e jurisprudências, de maneira a interpretar determinadas ilegalidades como crime ou não, de acordo com o agente que a pratica (Foucault, 2002). Além disso, os conflitos geradores das chacinas podem estar ligados às disputas de domínios de territórios por grupos criminais, assim como podem demonstrar formas contemporâneas de vendetas entre grupos criminais ou entre grupos criminais e aparato policial estatal, através das chamadas mercadorias políticas, que se constituem por:

> [...] um conjunto de diferentes bens ou serviços compostos por recursos "políticos" (não necessariamente bens ou serviços políticos públicos ou de base estatal) que podem ser constituídos como objeto privado de apropriação para troca (livre ou compulsória, legal ou ilegal, criminal ou não) por outras

> mercadorias, utilidades ou dinheiro. O que tradicionalmente se chama de "corrupção" é um dos tipos principais de "mercadoria política" ilícita ou criminal (Misse, 2011a, p. 180).

As mercadorias políticas são formas de gestão diferencial dos ilegalismos (Foucault, 2002), em que para além dos jogos com a lei em relação a como determinadas práticas podem ou não ser incriminadas de acordo com a posição de quem pratica a ilegalidade, são postos valores para que essas ilegalidades não sejam incriminadas. As mercadorias políticas estão muitas vezes ligadas a agentes estatais que mercantilizam seus recursos políticos para operar essas gestões diferenciais dos ilegalismos.

Um dos exemplos de como execuções e chacinas podem se originar a partir de retaliações a transações de mercadorias políticas sem êxito, foram os Crimes de Maio de 2006, em que os chamados achaques[57] foram as razões dos princípios dos confrontos, como esclareceu o relatório "São Paulo Sob Achaque", da Justiça Global e *International Human Rights Clinic* (2011, p. 32). E, para além desses achaques, temos a prática de propinas em troca de proteção de pontos de tráfico enquanto uma mercadoria política dos agentes de segurança pública, sendo que desconcertos nos arranjos mercantis das ditas caixinhas[58] podem ser o estopim gerador de um conflito que pode se transformar em execuções e chacinas. As execuções ou chacinas, porém, não são necessariamente causadas pelo insucesso de negociações de mercadorias políticas, mas podem ser elementos integrantes dessa própria negociação, como uma demonstração pública de força e domínio do território em que essas mercadorias estão sendo negociadas. Ainda no relatório "São Paulo Sob Achaque", há um levantamento de exemplos de mercadorias políticas em que observamos de modo mais evidente como essas negociações se organizam.

57 Por achaque, entende-se as práticas de extorsões.

58 Como são chamadas as práticas de pagamentos de propinas.

> [...] A descoberta no início de 2010 de "A Firma", um grupo de matadores de aluguel compostos por PMs e ex-PMs contratados por donos de máquinas de caça-níqueis, e o escândalo no final de 2010 com a divulgação de um vídeo mostrando oficiais da ROTA aparentemente preparando cocaína apreendida para revenda, demonstram a gravidade da corrupção nessa corporação [...]
>
> No sistema penitenciário, além de escândalos envolvendo vendas de fugas, irregularidades em obras e o tráfico milionário de drogas dentro do sistema, tivemos acesso a um ofício do Departamento Penitenciário Nacional (DEPEN), listando mais de 500 aparelhos celulares detectados em fevereiro de 2009 nas unidades prisionais reservadas para abrigar os supostos líderes do PCC (Avaré I, Presidente Venceslau II) (Justiça Global; *International Human Rights Clinic*, 2011, p. 10).

Os exemplos elencados demonstram como as mercadorias políticas negociadas por agentes de segurança pública, através de uma gestão diferencial de ilegalismos que os mesmos exercem, estão atreladas à facilitação de fugas no sistema penitenciário, até à prática de execuções e chacinas fora de serviço, sendo a prática de assassinatos um dos elementos que pode perfazer a polissemia dos conflitos nos territórios que erige as chacinas. Para além disso, nessa polissemia dos conflitos nos territórios, em que configuram as chacinas, há também razões ligadas a um vigilantismo moral. Mas, além dessas gramáticas exploradas acima, as chacinas podem ser geradas por vinganças pessoais, assim como por crimes de ódio e por preconceitos enraizados nas sociedades, como machismo, racismo, xenofobia, entre outros.

As razões de uma chacina podem ser diversas e variam ao longo do tempo e nos territórios e demonstram o grau de conflito daquele local naquela determinada época. Determinações da política estatal também podem aumentar e/ou gerar chacinas. Incentivo à letalidade policial ou negligência ao combate de milícias ou ao tráfico de armas, assim como incentivo ao armamento da população civil, interferem na gramática das chacinas.

Nery (2016), ao tratar das taxas de homicídios dolosos em São Paulo, debatendo suas variações de acordo com as mudanças espaciais e temporais, traz as chacinas enquanto um fator importante para as análises sobre os homicídios, visto que essa categoria interfere nas taxas de modo rápido e expressivo, assim, a existência de chacinas em determinado território, em determinado período, amplia as taxas gerais de homicídios e, na medida em que as taxas de homicídios decrescem, as chacinas também se tornam menos frequentes.

As chacinas interferem nas taxas gerais de homicídios dolosos, mas, em se tratando de eventos muitos específicos e que podem ter uma motivação extremamente singular que não necessariamente se insere em um quadro geral das mortes violentas do território, a existência das chacinas deve ser analisada de modo a entender se as motivações estão associadas a conflitos latentes do local ou se estão relacionadas a alguma questão extremamente particular, mas que interfere nas taxas gerais de homicídios. Acerca dessa questão, Nery (2016) expõe que:

> [...] um ou dois casos a mais ou a menos em uma localidade podem causar variações substanciais nas taxas; e se esses casos são gerados por um fator específico e identificável, ele deve ser tratado com cuidado, analisado pelo tipo de informação que pode gerar ou, ainda, como um *outlier*, isto é, um evento atípico, extremo ou excepcional em sua combinação (Nery, 2016, p. 133-134).

Um exemplo de chacina que se pode considerar como caso isolado, como *outlier*, que não se demonstra, de fato, inserida na polissemia dos conflitos nos territórios, foi a ocorrida em Campinas (São Paulo), em 2018, onde um homem adentrou a catedral da cidade, atirou contra oito pessoas, matando quatro e se suicidando em seguida. Esse caso pode escapar às análises que inserem as chacinas nas relações dos homicídios dolosos, como a da gestão dos ilegalismos, letalidade policial e conflitos entre grupos criminais e/ou entre esses e as polícias, visto que, o inquérito policial, já encerrado, aponta que o referido atirador agiu completamente sozinho e suas ações foram derivadas de transtornos psicológicos[59]. Como exemplo de outro caso de chacina, há a ocorrida em Campinas, no *réveillon* de 2017, em que 12 pessoas foram assassinadas pelo ex-marido de uma das vítimas, motivado pela não aceitação da separação por parte do atirador[60].

Em que pese a existência de casos isolados, dentro da perspectiva de uma polissemia dos conflitos nos territórios, há a possibilidade de pensar as chacinas inseridas em determinadas tipologias sociais. Silva (2008), ao pensar os processos de homicídios dolosos, em Minas Gerais, diz que as tipologias:

> [...] podem ser entendidas como construções de categorias sociológicas baseadas em aspectos individuais e estruturais do fenômeno. Entende-se por tipificações sociais o ato de nomear as coisas do mundo factual. As tipificações penais são aquelas codificadas nos livros jurídicos, nos Códigos, construídas socialmente pelos legisladores. Já as tipificações profissionais constituem a maneira pela qual os operadores do sistema de justiça (ex: policiais e promotores) classificam determinados padrões e comportamentos de certos indivíduos que permitem submetê-los às tipificações jurídicas, penais (Silva, 2008, p. 02).

59 Maiores informações sobre o caso podem ser encontradas em jornais de grande circulação. Cf.: https://g1.globo.com/sp/campinas-regiao/noticia/2019/02/19/ataque-na-catedral-policia-civil-encerra-inquerito-sem-identificar-a-numeracao-raspada-da-arma.ghtml.

60 Sobre essa chacina, cf.: http://g1.globo.com/sp/campinas-regiao/noticia/2017/01/familia-e-morta-em-chacina-durante-festa-de-reveillon-em-campinas.html. Um ano após o episódio, mulheres ligadas a movimentos feministas da cidade conseguiram modificar a tipificação do caso de homicídio qualificado para feminicídio. Cf.: https://revistaforum.com.br/mulher/2017/12/16/conquista-das-mulheres-um-ano-depois-chacina-de-campinas-com-12-mortes-tipificada-como-feminicidio-24732.html.

Assim, ao tratar das chacinas — em especial, as que são recorrentes e não as consideradas *outliers* — Silva, Santos e Ramos (2019), em pesquisa desenvolvida pela Perseu Abramo sobre as chacinas no Brasil, tipificaram contextos conflitivos em que essas aparecem com frequência na atualidade. A tipologia tratada pelos autores expõem que as chacinas têm quatro tipos recorrentes, a saber:

> [...] 1) disputas oriundas das dinâmicas criminais organizadas, especialmente as que envolvem facções criminais de origem prisional; 2) ações de represália e contenção por parte das polícias (principalmente policiais descaracterizados, mas também operações policiais em alguns contextos); 3) rebeliões em presídios; e 4) conflitos no campo (terra e trabalho) (Silva; Santos; Ramos, 2019, p. 15).

Embora a tipologia das chacinas expostas por Silva, Santos e Ramos (2019) seja relevante, há de se considerar que essa tipologia representa como tem se configurado a polissemia dos conflitos nos territórios no nosso contexto social recente e que podem se alterar dependendo da historicidade e do território tratado.

Ao tratar da questão da terra, temos como caso simbólico o chamado Massacre de Carajás, ocorrido em abril de 1996, em que 19 integrantes do Movimento Sem Terra foram assassinados por policiais, em uma estrada no sul do Pará, que estava sendo bloqueada pelo movimento. Barreira (2000) ao tratar desse massacre, explora a ideia de que nos conflitos agrários nos quais ocorrem execuções ou chacinas são crimes de mando, onde justiceiros e pistoleiros são contratados para tal e que, muitas vezes, a própria polícia local age nas ações por ordem dos mandatários. De acordo com o autor:

> A participação e a ação da Polícia Militar no Massacre de Eldorado dos Carajás não é um caso isolado e único, fazendo já parte do lado cruel e pitoresco da nossa história. No meio rural, no início deste século, as milícias privadas dos grandes proprietários de terra, formadas por jagunços e pistoleiros,

> se confundiam sistematicamente com as polícias locais: nas ações e nas ordens. As ordens eram emitidas indiscriminadamente pelos chefes políticos, pelos coronéis-proprietários de terra, ou pelos comandos das polícias locais (Barreira, 2000, p. 175).

As chacinas ligadas aos conflitos no campo trazem muitas vezes em seu bojo uma relação entre os donos de terra e o governo local, incluindo aí, agentes de segurança pública, como as polícias. Esses conflitos têm raízes nas discussões que aqui já empreendemos que dizem respeito a como a sociedade moderna brasileira foi edificada, a partir de massacres de grupos populacionais, como apontou Davis (2002).

Já sobre as chacinas oriundas das rebeliões em presídios, destaco os conflitos que ocorreram em janeiro de 2017, com a eclosão de três chacinas dentro de prisões brasileiras — Boa Vista (Roraima), Manaus (Amazonas) e Natal (Rio Grande do Norte) — resultando em 133 mortes. Nesses casos, as mortes ocorreram por disputas entre os grupos prisionais[61], dentro de contextos de superlotação, condições degradantes de aprisionamento e grande quantidade de presos provisórios, como nos traz Crozera (2017, p. 10).

Ao tratar do Massacre de Alcaçuz, ocorrido em janeiro de 2017, na cidade de Natal, Melo e Rodrigues (2017, p. 51) trazem que, embora a chacina tenha sido protagonizada pelos presos, ela foi construída e legitimada social e institucionalmente, resultando em um número oficial de 26 detentos mortos naquela unidade prisional[62].

61 Entre os grupos prisionais envolvidos nesses conflitos, destaco o Sindicato do Crime (RN), Família do Norte (AM), PCC (originado em SP e espalhado em diversos estados) e CV (originário do RJ e espalhado entre diversos estados).

62 Para Dias (2017) em artigo escrito para o jornal Folha de São Paulo, os conflitos nos presídios das regiões Norte e Nordeste no início de 2017 estavam relacionados ao processo denominado de pacificação do PCC que, em termos gerais, é determinado pelo domínio e hegemonia desse grupo nos territórios.

Sobre as disputas entre grupos criminais, que se denominam ou não enquanto facções[63], trazemos o da chamada Chacina do Benfica, ocorrida na cidade de Fortaleza (Ceará), em que 07 pessoas foram mortas em março de 2018, em três lugares do bairro Benfica e que, de acordo com Lins e Silva (2018), ocorreram em meio às disputas e novas dinâmicas de fazer o crime mobilizadas por grupos criminais como PCC, Comando Vermelho (CV), Guardiões do Estado (GDE) e Família do Norte (FDN). O grupo GDE assumiu participação na Chacina do Benfica, assim como assumiu a autoria da Chacina das Cajazeiras, ocorrida em uma casa noturna em Fortaleza, em janeiro de 2018, culminando com a morte de 14 pessoas. No que tange a essa tipologia de chacina, temos que elas se inscrevem nas disputas de mercados ilegais, assim como de territórios e que, no caso da Chacina do Benfica, em específico, um dos suspeitos de engendrar a ação, pertencente ao GDE, relatou que durante a ação assassinou 4 jovens que pertenciam ao CV no estado do Ceará.

Além desses casos descritos acima, tivemos em 2011, 2019 e 2021 chacinas ocorridas em escolas nas quais foram executados funcionários e alunos. Em 2011, a chamada Chacina de Realengo ou Massacre de Realengo, no Rio de Janeiro, chamou a atenção após um homem executar treze pessoas dentro de uma unidade escolar. Em 2019, dois jovens, um aluno e um ex-aluno entraram em uma escola pública da cidade de Suzano, na RMSP, e assassinaram 7 pessoas[64] e, em 2021, um homem invadiu uma creche na cidade de Saudade (Santa Catarina), matando cinco pessoas, dentre elas três bebês.

63 Muniz e Dias (2022, p. 137) trazem que o termo facção, assim como comandos, milícias, firmas e famílias são mobilizados para domínios armados e as formas de governabilidade nas localidades. São categorias nativas e que constituem as generalidades do que se convencionou chamar de crime organizado.

64 Maiores informações sobre o caso de Suzano, cf.: http://flacso.org.br/?p=23046.

Neste livro não intento esmiuçar todos os eventos postos como chacinas e/ou massacres, que descrevi, mas demonstrar como dentro desse termo nativo "chacina", tão cotidiano em uma sociedade permeada por violências e execuções desde sua invenção enquanto país, cabem inúmeros conflitos das mais variadas possibilidades de disputas e conflitos, configurando assim uma polissemia de conflitos nos territórios, ou seja, uma multiplicidade de sentidos que originam os conflitos em um espaço socialmente construído a partir de relações sociais que se configuram em relações de poder pelos mais diversos sujeitos e grupos que os constroem (Raffestin, 1993).

Como meu olhar nesta pesquisa se detém sobre as chacinas ocorridas no urbano, mais especificamente na cidade de São Paulo e nas cidades que formam a RMSP, observo a partir de agora como essa polissemia de conflitos nos territórios que operam as chacinas se construiu nesses locais, ao longo das décadas, através de uma análise socioespacial e da composição social das mesmas. Começo analisando o que considero enquanto o momento em que as chacinas se colocam de modo mais cotidiano na cidade de São Paulo e RMSP: a emergência do Esquadrão da Morte paulista.

CAPÍTULO 2

As chacinas em São Paulo e RMSP

2.1. O Esquadrão da Morte paulista: do extermínio do subversivo ao extermínio do bandido comum

A história das violências e letalidade dos agentes de segurança pública, sejam eles policiais, guardas civis, não é recente na sociedade brasileira. Em que pese esse trabalho não ser sobre a polícia, temos a instituição policial como um dos elementos da construção da pesquisa, visto que os autores da chacina da Torcida Organizada Pavilhão Nove, assim como os autores de muitas chacinas são policiais e/ou agentes ligados a outras instituições de segurança pública. Cabe colocar que não há a intenção de discutir temas que tratam da "cultura policial" e/ou que os tangenciam, visto que o interesse nesse estudo é o de discutir as formas de atuação da polícia em relação às populações nos territórios, assim como sua letalidade.

Sobre os modos de policiamento e a finalidade dessa instituição, Monjardet (2012) define a polícia como encarregada de dispor e mobilizar as forças necessárias para garantir poder ou domínio e regulação do uso da força nas relações sociais internas dos territórios. A partir dessa definição, entendo que a polícia tem modos e organizações diversas, dependendo de onde estão e como foram erigidas. Assim, por mais que existam modelos ocidentais de polícias, há singularidades nas formações policiais e modos de policiamento de cada Estado.

A polícia tem uma natureza política que se revela através de sua atuação enquanto um "[...] instrumento legal e legítimo de respaldo pela força dos termos do contrato social de uma determinada polity[65]" (Muniz; Proença Júnior, 2014, p. 494). Desse modo, as polícias são instrumentos de políticas de Estado que são demonstradas através do chamado mandato policial, manifestados pela ação legal das polícias.

> [...] A polícia se interpõe, e se espera que ela se interponha, entre vontades em oposição ou interesses em conflito, em qualquer situação que ameace certo estado de coisas, certo status quo: a paz social, direitos e garantias, as leis. Seu mandato resulta da confluência de delegações, harmoniosas ou não, concedidas pela sociedade e seu governo. A polícia é um instrumento de poder, cuja intervenção produz obediência pelo uso apropriado de força sempre que necessário, nos termos e formas das pactuações sociais em suas expressões políticas e legais (Muniz; Proença Júnior, 2014, p. 494).

No Brasil, a constituição das polícias está relacionada, como coloca Bretas (1997, p. 36-37) a uma modernização do Estado, orientado por um cientificismo positivista, pautado em nomes como Lombroso, Ferri, Bertillon e Vucetich, e entendendo que a defesa da sociedade, ou uma regulação da vida privada deveria ser realizada por meio do Estado.

A concepção da força policial brasileira foi inspirada no modelo lisboense de polícia, conforme Bretas e Rosemberg (2013), tendo por objetivo a proteção do Estado e manutenção da ordem, estando, desse modo, muito ligada a uma concepção positivista de sociedade. Essa força policial se constituiu de maneira muito fragmentada, visto que cada estado brasileiro organizava sua própria força policial.

65 Destaque do texto original.

Um período importante no que tange à estruturação das polícias brasileiras se deu, como expõe Bueno (2018), durante o período varguista, em que foram adotadas diversas medidas para garantir um poder do governo federal frente às polícias estaduais. Além disso, em se tratando de uma polícia que tem por seu mandato ações que se pautem na premissa da defesa do Estado, a polícia brasileira teve como pontos históricos de organização e reorganização de sua atuação, as mudanças derivadas durante a Ditadura Civil-Militar.

Através do Decreto-Lei n° 317, de 1967, promulgado pelo então ditador Castello Branco, foram instituídas as polícias militares brasileiras, consideradas forças auxiliares do Exército que teriam por função, conforme seu Art. 2°, manter a ordem pública e a segurança interna nos Estados, territórios e Distrito Federal, sendo um dos seus encargos reprimir "perturbações da ordem" e "graves subversões", se antecipando, inclusive à ação das Forças Armadas. Esse Decreto-Lei foi, no entanto, substituído pelo Decreto-Lei n° 667, de 1969, adaptado à Doutrina de Segurança Nacional, ocasião em que as guardas fardadas estaduais foram extintas e originaram-se as polícias militares, controladas pelo Exército, e contando com a exclusividade do policiamento ostensivo fardado (Rocha, 2013).

Nesse momento histórico, como coloca Bueno (2018), o Ato Institucional n° 5 (AI-5) foi importante para organizar um padrão de trabalho das polícias militares, pois alinhou as polícias ao padrão de violência política estabelecido à época, ou como colocou a autora:

> [...] serviu de lastro jurídico para que a tortura e a prática sistemática de homicídios fossem disseminadas como instrumentos dogmáticos de controle social e de combate à ameaça "terrorista" representada por grupos opositores, genericamente rotulados pelos agentes do regime como comunistas (Bueno, 2018, p. 20).

Com a reorganização das polícias em torno da Doutrina de Segurança Nacional e subordinada ao Exército, durante o período da Ditadura Civil-Militar brasileira, as práticas de combate contra a população, aplicadas, como vimos anteriormente, pelas forças públicas, já desde ao menos o início da República, como em Canudos, passam a uma nova etapa, visto que as polícias, que recebem o encargo de fazer as rondas ostensivas nas cidades brasileiras, veem na população local os possíveis suspeitos ou inimigos de Estado.

Nesse sentido, Teixeira (2012, p. 119) nos chama atenção para o fato de que "[...] a violência policial não é evidentemente inaugurada no final dos anos 1950 e início dos 1960, sendo sua emergência, contudo, percebida no contexto da violência urbana nesse período". Assim, o momento histórico que coaduna com uma intensa urbanização e o regime ditatorial dos anos 1960, engendra modificações nas práticas que podem ser consideradas violentas, tanto entre civis, quanto relacionadas a agentes de segurança pública. Desse modo, entendo que as práticas de violência nas cidades encontram reverberação no que Misse (2008) chamou de acumulação social da violência.

Nos anos 1950, uma década antes do golpe que viria instalar o regime ditatorial dos anos 1960, surgiu no Rio de Janeiro, o chamado Esquadrão da Morte, uma organização ligada a agentes de segurança pública. Para Misse (2008) o momento de surgimento dessa organização não é gerador, mas coincide com o início dessa acumulação social da violência, que é o momento, em meados dos anos 1950, em que a violência nas cidades começa a ganhar novos contornos.

> Um novo e persistente fantasma aparecerá na década de cinquenta, usando revólver e fazendo assaltos à mão-armada: o marginal. Com ele, aparece também a quadrilha ou gang, que substitui os bandos de origem rural no imaginário popular ou os ajuntamentos de malandros e capoeiras do início da República (Misse, 1999, p. 185).

Ao mesmo tempo em que surgiu na sociedade carioca a figura do marginal — que utilizava da arma de fogo — se sobrepondo à imagem do malandro, houve também o surgimento de uma outra representação de polícia, ligada ao uso intenso da força e da letalidade, sendo o detetive Le Cocq, responsável pela emergência do Esquadrão da Morte no Rio de Janeiro, um símbolo dessa nova polícia (Misse, 1999).

O Esquadrão da Morte carioca emergiu nesse contexto com a criação, primeiramente, de um agrupamento chamado de Grupo de Diligências Especiais, que era comandado pelo investigador Le Cocq, sendo os policiais desse grupo recrutados no Esquadrão Motorizado e, por isso, utilizando as insígnias EM com um símbolo de caveira e duas tíbias cruzadas. Por suas ações de extermínio dos chamados bandidos, esse Grupo de Diligências Especiais começou a ser conhecido por Esquadrão da Morte. Após a morte de Le Cocq, em 1964, em uma troca de tiros com Cara de Cavalo, conhecido assaltante ligado ao jogo do bicho, policiais formaram de modo para-policial um grupo chamado *Scuderie Le Cocq* que, fora do horário de trabalho, exterminava suspeitos e bandidos pela cidade do Rio de Janeiro (Misse, 2008). O que se percebe, nesse momento, é que a acumulação social da violência, no Rio de Janeiro, vai engendrar ações ligadas à letalidade policial dentro da cidade.

No caso de São Paulo, foi a partir do final dos anos 1960 que o Esquadrão da Morte se estabeleceu (Costa, 1998). Sendo composto por policiais, esse grupo atuou em conjunto com o Estado na execução dos considerados suspeitos e bandidos. Foi, no entanto, com a formação das Rondas Ostensivas Tobias de Aguiar (ROTA), que a Polícia Militar do estado de São Paulo assumiu o papel de executora de grupos populacionais, como modo de limpar a sociedade (Barcellos, 1992; Manso, 2012).

A formação do Esquadrão da Morte paulista estava ligada ao contexto político da Ditadura Civil-Militar, mas não somente, visto que as execuções realizadas por esse grupo estavam relacionadas ao tráfico de drogas e a uma rede de proteção que esse grupo dispunha para grupos criminais ligados ao tráfico de drogas. Desse modo, o Esquadrão da Morte paulista, que existiu entre 1968 e 1971, nasceu atrelado a uma gestão diferencial dos ilegalismos em São Paulo (Teixeira, 2012, p. 126-127). Para além do tráfico de drogas, Bicudo (1976, p.

15) relata outras atividades do Esquadrão da Morte relacionadas com uma gestão diferencial dos ilegalismos, tais como proteção de grupos que atuavam em jogos ilegais.

O momento da emergência do Esquadrão da Morte paulista, no final dos anos 1960, é marcado também por alterações urbanas importantes em São Paulo e RMSP, com uma desconcentração das moradias dos trabalhadores, que se espraiaram para diversos locais de São Paulo e Região Metropolitana, originando o que Kowarick (2000, p. 26) chamou de padrão periférico de ocupação urbana. O avanço da industrialização desigual e expansão das redes ferroviária e, posteriormente, rodoviária, favoreceram o aparecimento das casas autoconstruídas nas periferias ao passo que o centro da cidade começa a ter os chamados vazios urbanos, em decorrência da especulação imobiliária (Kowarick, 2000, p. 26-27).

Todas essas transformações urbanas não foram seguidas por políticas estruturadas de segurança pública para atender os locais que estavam sendo densamente habitados. Desse modo, a segurança pública paulista não conseguiu acompanhar as modificações urbanas, de forma que as periferias que estavam se constituindo não entravam nas rotinas de patrulhamento policial, que historicamente estavam atreladas às regiões centrais e, fora da região central, as localidades que tinham atendimento em relação à segurança pública eram a Vila Matilde, Santo Amaro e São Miguel Paulista (Manso, 2012, p. 104-105).

> [...] Em 1959, foram criadas mais 10 circunscrições — três delas estavam voltadas para repartir o lado leste (Belenzinho, Vila Carrão e Itaquera) e três para o sul (Vila Prudente, Congonhas e Sacomã). As periferias, no entanto, vão continuar desassistidas pelos policiais civis e militares ao longo dos anos 1960 e 1970 (Manso, 2012, p. 105).

Para além de desassistidas, no que concerne um entendimento sobre segurança pública enquanto proteção das pessoas, as periferias foram postas enquanto locais onde as violações de direitos e as violências e letalidades policiais eram e são realizadas. Essas violências não só são toleradas, como são aceitas por parcelas da população, através da construção no imaginário social de que as periferias seriam locais onde habitariam os "bandidos". Esse processo de criminalização em relação aos moradores das periferias auxiliou as execuções e chacinas operadas pelo Esquadrão da Morte paulista.

Um exemplo dessas violências perpetradas pelas instituições de segurança pública, contra moradores das periferias paulistanas, que enxergavam esses moradores pela ótica da criminalização, pode ser demonstrado através de uma fala do então Secretário de Segurança Pública do Estado de São Paulo, o coronel Erasmo Dias, ao jornal Última Hora, em 1976, em que explicava como se distinguiam marginais de cidadãos comuns, publicada por Kowarick:

> [...] "pode ser feito com o uso do bom senso. Mesmo porque o bandido tupiniquim, o nosso bandidão [...] tem tipologia definida, está abaixo da média. É subnutrido, malvestido, subempregado, enfim tem psicossomática definida. A aparência geral dos bandidos é idêntica"[66](Kowarick, 2000, p. 55).

Esse entendimento de que os trabalhadores empobrecidos, moradores das periferias paulistas teriam a tipologia dos bandidos tupiniquins, como na fala do então secretário, dá o tom de como o *modus operandi* não só das polícias, mas também do Esquadrão da Morte paulista, atuava para construir dados que marcassem uma efetividade no combate aos bandidos. Os relatos de Bicudo (1976) — que atuou como Procurador da Justiça do Estado de São Paulo, para combater o Esquadrão da Morte — trazem que esse grupo se originou a partir de grupos de policiais civis que, em uma disputa com a polícia que estava sendo militarizada, instituiu uma Ofensa contra o crime e, para garantir dados estatísticos de combate à criminalidade, começou

66 Aspas mantidas da publicação original no livro "Escritos Urbanos" (2000), de Lúcio Kowarick.

a executar os sujeitos que considerava bandidos. Essas execuções eram apoiadas pelo Estado, como coloca Bicudo:

> Alguns policiais, no desejo de manter o prestígio da Polícia Civil, resolveram, sem medir consequências, dar corpo às estatísticas de eficiência através da eliminação pura e simples de marginais, contando para isso com o apoio da cúpula da instituição e até mesmo do Governador do Estado (Bicudo, 1976, p. 24-25).

Dentre os integrantes do Esquadrão da Morte paulista, o delegado do DEIC, Sérgio Paranhos Fleury era uma figura de destaque que atrelava as ações desse grupo às formas de repressão do DOI-CODI, visto sua atuação nos órgãos de repressão. As ligações entre o Esquadrão da Morte e a repressão, através da liderança de Fleury, colocam o Esquadrão enquanto um grupo de extermínio institucionalizado pelo Estado, além de transformarem as execuções em formas de controle social geridas por agentes de segurança pública (Teixeira, 2012; Manso, 2012).

Nos anos 1970, a revista Veja trouxe em uma de suas edições uma pesquisa de opinião que demonstrava que havia um apoio popular às ações dos Esquadrões da Morte paulista, em que 60% dos entrevistados em São Paulo eram a favor do Esquadrão da Morte e 49% tinham que os bandidos executados eram irrecuperáveis (Nascimento, 2020).

Em 1987, Maria Cláudia de Sousa Fóz, escreveu um depoimento a partir de sua memória enquanto Promotora Pública no julgamento contra o Esquadrão da Morte, ocorrido cerca de dez anos antes. Nesse depoimento, a promotora chamou atenção para o fato de que o apoio popular dado ao Esquadrão, chamado por ela de grupos policiais de chacina, era insuflado pela mídia que corroborava as ações do Esquadrão, alimentando sentimento de vingança na população que não enxergava essas ações como crimes cometidos por grupos que tinham a morte enquanto uma moeda de troca em suas negociatas (Bicudo, 1988, p. 32). Essa população que apoiava as ações do Esquadrão da Morte estava inserida em um rol de mudanças sociais e urbanas que precarizava suas vidas como já descritas aqui e, dentre essas modificações, a violência se colocava de modo mais presente no cotidiano das cidades.

A atuação do Esquadrão da Morte se dava em execuções contra presos que se encontravam encarcerados no Presídio Tiradentes e também em execuções de supostos bandidos que poderiam atrapalhar grupos ligados ao tráfico de drogas a quem o Esquadrão conferia proteção. As execuções também se convertiam em chacinas e os corpos dos executados eram deixados em locais periféricos de São Paulo e da RMSP, sendo que os encarcerados do Presídio Tiradentes eram retirados da prisão para serem executados nas periferias de São Paulo e RMSP (Bicudo, 1976). Assim, ao relatar um *modus operandi* do Esquadrão da Morte, Bicudo (1976, p. 76-77) relata como a morte de um agente de segurança instaurou uma lógica de vingança institucional que:

> [...] despertou nova onda de histeria na Secretaria da Segurança Pública, de tal modo que voltou a soar a promessa de que, a cada investigador morto, dez marginais pelo menos deviam pagar o crime com a própria vida (Bicudo, 1976, p. 77).

O *modus operandi* do Esquadrão da Morte paulista se organizava a partir de quatro eixos: 1) Instauração de medo por meio de tortura dos executados, que eram posteriormente batizados de "presuntos"; 2) Impacto da opinião pública através de letreiros nos cadáveres com as siglas EM indicando ação do Esquadrão da Morte, além do trabalho de um relações públicas, chamado de Lírio Branco que acionava os jornais indicando a localidade dos corpos; 3) O assassinato sistemático de pessoas encarceradas no Presídio Tiradentes, trazendo a lógica de que bandidos eram sujeitos irrecuperáveis e, portanto, só lhes cabia a morte; 4) A métrica de que para cada policial morto, dez pessoas deveriam ser executadas como vingança (Bicudo, 1988, p. 83). Manso (2012) descreve esse *modus operandi* de execuções de detentos do Presídio Tiradentes por parte de integrantes do Esquadrão da Morte:

> [...] Pessoas eram retiradas de dentro dos presídios para serem executadas nas estradas. Esses indivíduos eram pinçados de uma lista de presos, a partir da informação dos colegas detidos. As ações eram sempre praticadas por policiais civis, que não viviam a adrenalina diária dos confrontos do patrulhamento ostensivo. Os critérios para as escolhas estavam muitas vezes relacionados a possíveis benefícios no mercado criminal que a morte da vítima podia garantir ao policial (Manso, 2012, p. 128).

Havia, por parte do Esquadrão da Morte, ações que engendravam controle social das populações, gestão diferencial dos ilegalismos e formas de vingança institucional, e todas essas facetas de suas execuções e chacinas desencadearam um processo maior de militarização urbana, trazendo a lógica militarizada de guerra para o policiamento urbano e inaugurando com apoio popular e da imprensa as execuções e chacinas enquanto a exceção permanente da segurança pública. As práticas de execução do Esquadrão da Morte paulista, que tinham entre seus quadros policiais civis que atuavam nas torturas e execuções de pessoas consideradas subversivas, trouxeram para as práticas de segurança pública uma violência e letalidade policial, ora praticadas dentro das possibilidades da ação policial de modo legal, ora praticadas de modo ilegal por grupos de extermínio e policiais "chacineiros". Para além disso, essa prática de execuções e chacinas se expandirá para a população instigada pela ótica do controle social através da execução de bandidos, com a emergência dos chamados justiceiros.

2.2. Dos anos 1980 aos anos 2008: os dados do NEV, a emergência das chacinas enquanto problema de segurança pública e sua diminuição

Dentre as tantas possibilidades de ações que se efetivam em chacinas, em São Paulo as chacinas já estiveram ligadas a disputas próprias de grupos criminais, de sujeitos que operavam o mundo do crime, isso de modo mais específico, ao longo dos anos 1990. Manso (2012, p. 158) explorou como a partir dos anos 1980 e adentrando os 1990, alguns habitantes dos territórios periféricos atuaram como justiceiros, assassinando quem era considerado bandido ou vagabundo, tendo como mote do justiçamento a defesa dos trabalhadores. Esses justiceiros tiveram o apoio ou eram estimulados por policiais, mas além disso, alguns policiais também se tornaram justiceiros locais e, em alguns casos, policiais e justiceiros entraram em conflito por domínio dos territórios. Ao final dos anos 1980, justiceiros começaram a praticar chacinas. O número crescente de justiceiros, assim como o número crescente de homicídios e de chacinas fez com que a polícia se retraísse no apoio a esses sujeitos e começasse a prendê-los entre o final dos anos 1980 e meados dos anos 1990 (Manso, 2012, p. 161-179).

Esses justiceiros eram também conhecidos como pés-de-pato e, segundo um dos delegados entrevistados, esse codinome era utilizado para se referir aos justiceiros que atuavam principalmente na Zona Sul de São Paulo e utilizavam chaveiros em formato de pé-de-pato. Ao relatar sobre a atuação dos justiceiros, o delegado destaca a participação do policial conhecido como Cabo Bruno enquanto um dos nomes de destaque nos justiçamentos.

> [...] década de oitenta, as chacinas ou os homicídios, algumas chacinas pipocavam, no período dos pés-de-pato, né, Rivinha, Cabo Bruno e por aí vai e morria também muito inocente naquela situação. Com a prisão desse pessoal, né, que é o

> que surte efeito na queda de homicídios. Identificar, investigar a autoria e ter a certeza da prisão e tirar esse no caso, né, os homicidas do convívio da sociedade. Naquela época nós tínhamos o C.O.C, né que era o Centro de Observação Criminológica[67], que todo condenado passava, antes de ir para a detenção. Você não podia misturar, no caso, né, como não se deve, ou no caso, né, os matadores, ou seja, os chacineiros, digamos assim, mesmo os pés-de-pato como são conhecidos, né, porque iria cair lá e você iria condenar o cara à morte, então você tinha que preservar e colocar no C.O.C, enquanto não forem mandados para outros distritos em áreas de segurança em São Paulo, tipo Tremembé (Delegado 1).

Outro delegado, ao se referir aos pés-de-pato e suas ações de execuções e chacinas, trouxe em sua fala elementos já apontados por Caldeira (2000) quando, ao tratar da fala do crime, expôs como moradores antigos de bairros como a Mooca e Jaguaré, traziam durante as entrevistas realizadas pela autora entre 1989 e 1990, que o crime estava relacionado aos de fora, aos imigrantes nordestinos que estavam se estabelecendo nos bairros e, também, aos moradores de favelas e cortiços. Pendendo para essa mesma perspectiva dos entrevistados por Caldeira (2000), esse delegado relatou, durante entrevista concedida em 2019, que os justiçamentos eram ações que tinham em seu alicerce a cultura nordestina.

> [...] tiveram quando a gente tinha os chamados justiceiros, os pés-de-pato... né? Que é a cultura nordestina; é aquele comerciantezinho que cansou de ser assaltado e quer o bairro tranquilo; morador que quer o bairro tranquilo... eles se juntam e pagam um matador conhecido para identificar e matar os bandidinhos da área. Então o famoso cabo Bruno

67 O Centro de Observação Criminológica, funcionava naquela época como um local de triagem dos presos para posterior alocação, como nos explicou o Delegado 1.

> nosso, na região da Pedreira, Zona Sul; o Índio no Parque Eraíva no Campo Limpo; Chico Pé-de-Pato em Guaianazes; Favela Funerária aqui na Vila Maria, Rivinha e Zé Magrela — entraram pra crônica policial. Zé Magrela fui buscá-lo em Salgueiro, Pernambuco. Trouxe pra cá e no avião falei: Zé, quantos você matou? Doutor, eu contei até cento e sessenta e oito, depois eu parei (Delegado 2).

Em sua entrevista, o delegado citou uma série de justiceiros que atuavam em distintas regiões da cidade. Cada justiceiro, ou pé-de-pato, agia em um território determinado. Havia, como expôs Daniel Hirata, em entrevista para a Revista do Instituto Humanitas Unisinos (Santos, 2018, p. 25), uma trinca, formada pelos justiceiros, policiais e comerciantes locais que atuavam nos homicídios dos chamados bandidos ou vagabundos que perturbavam a ordem do território. Manso (2012, p. 191) traçou a década de 1990 como um momento onde houve uma popularização dos homicídios em São Paulo, sendo que os jovens da periferia se envolveram nos assassinatos e chacinas enquanto autores e vítimas. Mas, para além dessa popularização dos homicídios e chacinas, os agentes de segurança pública continuaram atuando nessas execuções. Ao trazer suas memórias sobre a cobertura de chacinas em jornais investigativos, um dos jornalistas que entrevistei rememorou:

> [...] o rapaz, ele morava lá em um bairro em Guarulhos e um menininho furtou um pacote de salgadinho no valor de R$1,00, no mercadinho e quem fazia a segurança no mercadinho era um PM. À noite, esse policial aí do mercadinho, foi com uns amigos lá e matou, matou a turma desse menininho aí e teve um rapaz que tomou treze tiros e não morreu, sobreviveu e ficou cego. Essa chacina também me marcou muito, em Guarulhos (Jornalista 1).

Ainda sobre memórias das chacinas a partir das coberturas investigativas da imprensa, um outro jornalista relatou que:

> Quando eu comecei a cobrir chacina, era crime de bandido, eram os bandidos que praticavam as chacinas, era pessoas dos bairros que matavam os seus rivais e não se importavam muito de matar outras pessoas que estavam junto para resolver as suas contendas, as suas disputas (Jornalista 2).

Durante o início dos anos 1980, as chacinas apareceram nos jornais de forma ainda pouco expressiva, sendo 1 na cidade de São Paulo em 1980, 1 em Osasco em 1982, 2 em São Paulo em 1983, 1 em Guarulhos em 1984. Em 1985, no entanto, os números de chacinas que apareceram nos jornais sobem para 6, sendo 1 em Guarulhos, 1 em Itapecerica da Serra, 1 em Osasco e 3 em São Paulo. As chacinas começaram a aparecer em maior número ao final dos anos 1980, aumentando durante os anos 1990, chegando ao ápice do número de chacinas entre o final dos anos 1990 e início dos 2000. Entre os anos de 1980 e 2008, foram registradas pelo Banco de Dados da Imprensa sobre as Graves Violações de Direitos Humanos, do NEV/USP[68], dentre as chacinas ocorridas e pautadas pelos jornais de grande circulação nacional, cerca de 395 chacinas na cidade de São Paulo. As chacinas foram aumentando progressivamente até chegarem ao seu pico em 1998, com um total de 54 chacinas somente na capital, adentrando os anos 2000, chegando a 57 chacinas em São Paulo nesse ano, mas diminuindo progressivamente ao longo dessa década, chegando ao número de 9 chacinas na capital em 2008.

Os dados demonstraram que, ao longo das décadas, o aumento e o declínio das chacinas em São Paulo fizeram o mesmo movimento do aumento e diminuição dos homicídios em geral. Teixeira (2012, p. 220) chamou atenção para o fato de as chacinas no período de alta dos homicídios em São Paulo denotarem uma tendência do contexto

68 Nos dados obtidos através do Banco de Dados da Imprensa sobre as Graves Violações de Direitos Humanos, não constavam as localizações exatas das chacinas e, devido a isso, as análises nesse subitem não são realizadas através de georreferenciamentos.

da violência naquele momento, atingindo sobretudo as periferias e demonstrando o drama da alta letalidade que gerou entre os moradores da região no período, em específico, sobre os homens jovens.

GRÁFICO 4. OCORRÊNCIA DE CHACINAS NO ESTADO DE SÃO PAULO, CIDADE DE SÃO PAULO E RMSP, PERÍODO 1980-2008

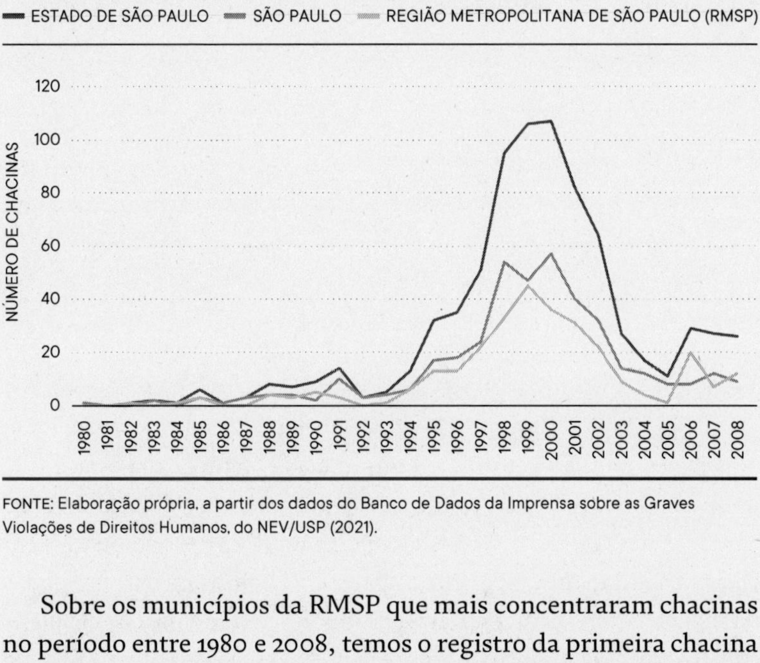

FONTE: Elaboração própria, a partir dos dados do Banco de Dados da Imprensa sobre as Graves Violações de Direitos Humanos, do NEV/USP (2021).

Sobre os municípios da RMSP que mais concentraram chacinas no período entre 1980 e 2008, temos o registro da primeira chacina em Osasco, no ano 1982, mas até o ano de 1988, elas ocorrem de modo esporádico, mas ano após ano, as chacinas começam a aparecer, em Guarulhos, região Leste da RMSP e na região Sudeste, nos municípios do ABC paulista, como Diadema, São Bernardo e Santo André.

Para uma melhor visualização das ocorrências das chacinas ao longo dos anos 1980 a 2008 nas cidades da RMSP, elaborei os gráficos: 05, 06, 07, 08 e 09, divididos por regiões, de modo a propiciar uma melhor análise dos territórios em que as chacinas ocorreram em maior frequência e dos momentos de picos das chacinas.

GRÁFICO 5. OCORRÊNCIA DE CHACINAS NAS CIDADES DA REGIÃO OESTE DA RMSP, PERÍODO 1980-2008

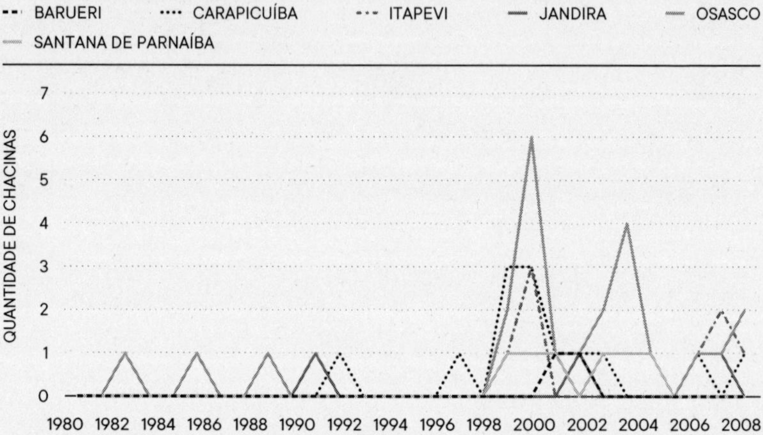

FONTE: Elaboração própria, a partir dos dados do Banco de Dados da Imprensa sobre as Graves Violações de Direitos Humanos, do NEV/USP (2021).

O Gráfico 05, referente à Região Oeste, traz em destaque a cidade de Osasco enquanto um local em que as chacinas apareceram já no início dos anos 1980, sendo que, durante toda a década de 1980 somente nessa cidade da Região Oeste da RMSP é que ocorreram chacinas. Em 1990 começaram a aparecer chacinas em outras cidades da região, como Jandira e Carapicuíba. A partir de 1997 as chacinas começaram a ser mais frequentes e ocorrer em maior número. Osasco continuou sendo a cidade com maior número de chacinas, com pico de 6 no ano de 1999, com elevações e diminuições ao longo da década de 2000. Pirapora do Bom Jesus foi a única cidade da região que não apresentou chacinas entre 1980 e 2008.

A partir de meados dos anos 1990, temos uma disseminação das chacinas em todas as regiões da RMSP, sendo a região Norte a que tem menor índice de chacinas. Franco da Rocha e Francisco Morato foram os municípios que possuíram mais chacinas entre os seis municípios que integram a região, concentrando os registros entre 1996 e 2001.

O que se observa, a partir do Gráfico 06, é que as chacinas na Região Norte da RMSP começaram a aparecer em 1994, tendo seu pico entre 1999 e 2000 na cidade de Francisco Morato. Já a cidade de Caieiras não registrou nenhuma chacina durante esse período histórico.

GRÁFICO 6. OCORRÊNCIA DE CHACINAS NAS CIDADES DA REGIÃO NORTE DA RMSP, PERÍODO 1980-2008

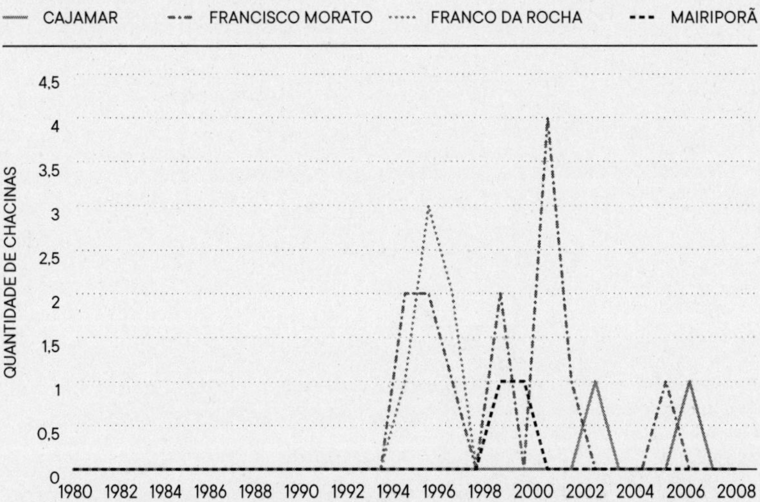

FONTE: Elaboração própria, a partir dos dados do Banco de Dados da Imprensa sobre as Graves Violações de Direitos Humanos, do NEV/USP (2021).

Nas cidades da Região Sudoeste da RMSP (Gráfico 07), se observa que as chacinas aparecem com maior frequência a partir do ano de 1993. Embu, Taboão da Serra e Itapecerica foram os municípios em que as chacinas ocorreram com maior frequência no período, sendo que o pico das ocorrências das chacinas se deu entre 2000 e 2003 em Itapecerica e Embu, chegando a cinco chacinas em 2001 em Itapecerica e quatro em 2002 na cidade de Embu. As cidades de Juquitiba, Vargem Grande Paulista e São Lourenço da Serra não apresentaram registros de chacinas durante esse período.

GRÁFICO 7. OCORRÊNCIA DE CHACINAS NAS CIDADES DA REGIÃO SUDOESTE DA RMSP, PERÍODO 1980-2008

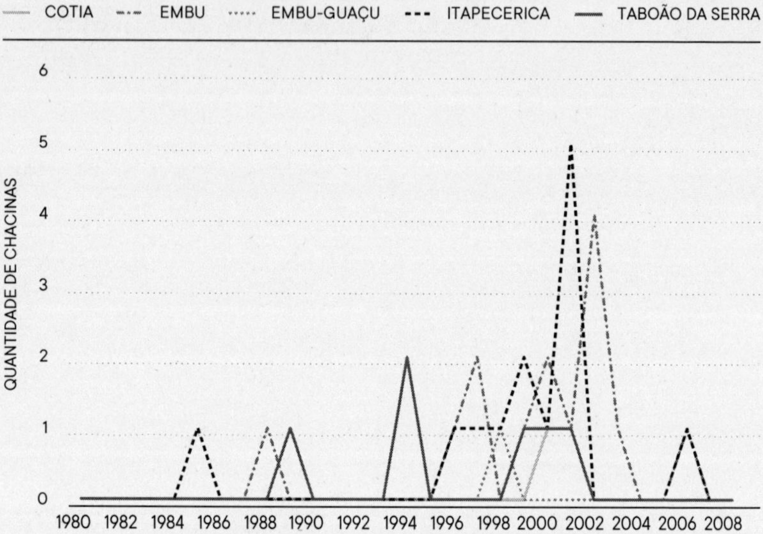

FONTE: Elaboração própria, a partir dos dados do Banco de Dados da Imprensa sobre as Graves Violações de Direitos Humanos, do NEV/USP (2021).

Já sobre os maiores registros de chacinas, temos as regiões Leste (Gráfico 08) e Sudeste (Gráfico 09) da RMSP, com destaque para cerca de 69 chacinas registradas em Guarulhos entre 1980 e 2008, chegando ao número de 12 chacinas somente no ano 2000. Em Guarulhos, as chacinas começaram a aparecer de modo intermitente a partir de 1984. Em Itaquaquecetuba, outro município da região, as chacinas aparecem a partir de 1989 e se expandem para outros municípios da Região Leste a partir de 1995, com pico de 16 chacinas na Região Leste da RMSP em 2000 e diminuição nos índices até 2006, quando essa Região registrou 9 chacinas, sendo 7 em Guarulhos e 2 em Suzano. Nos municípios de Biritiba-Mirim, Guararema, Poá e Salesópolis, pertencentes a essa região, não houve registros de chacinas nesse período histórico.

GRÁFICO 8. OCORRÊNCIA DE CHACINAS NAS CIDADES DA REGIÃO LESTE DA RMSP, PERÍODO 1980-2008

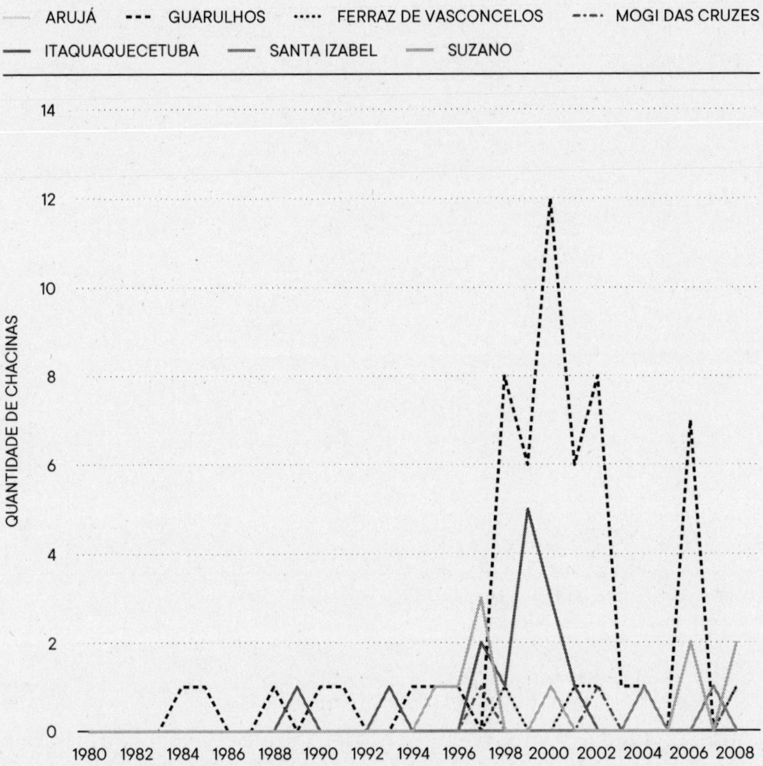

FONTE: Elaboração própria, a partir dos dados do Banco de Dados da Imprensa sobre as Graves Violações de Direitos Humanos, do NEV/USP (2021).

Nas cidades da Região Sudeste da RMSP (Gráfico 09), onde se encontra o ABC paulista, as chacinas começaram a aparecer em 1988 em Santo André, aparecendo em números mais expressivos a partir de 1995, tendo seu pico em 1999, com cerca de 16 chacinas na região. São Bernardo do Campo apareceu enquanto a cidade com mais chacinas, acompanhada das cidades de Diadema e Mauá. Somente a cidade de Rio Grande da Serra não registrou chacinas no período.

GRÁFICO 9. OCORRÊNCIA DE CHACINAS NAS CIDADES DA REGIÃO SUDESTE DA RMSP, PERÍODO 1980-2008

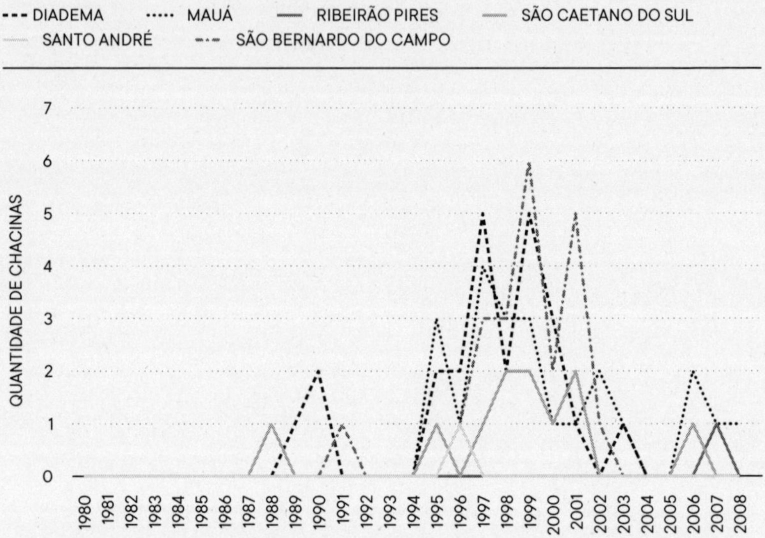

FONTE: Elaboração própria, a partir dos dados do Banco de Dados da Imprensa sobre as Graves Violações de Direitos Humanos, do NEV/USP (2021).

Os gráficos que elaborei a partir dos dados do NEV, destacam algumas cidades da RMSP enquanto locais que concentraram maior número de chacinas entre 1980 e 2008, sendo elas: Osasco, Francisco Morato, Itapecerica da Serra, Embu, Guarulhos, Itaquaquecetuba, São Bernardo do Campo, Diadema e Mauá. A concentração de chacinas nessas cidades corresponde às análises que Beato (2012, p. 64-66) realizou sobre taxas de homicídios em conglomerados urbanos. Em suas análises, o autor dividiu o Brasil em quarenta conglomerados urbanos, organizados em quatro grupos a partir das taxas de homicídios e de suas variáveis sociodemográficas.

A grande parte das cidades que destaquei enquanto concentradoras de chacinas no período histórico entre 1980 e 2008, são colocadas por Beato (2012) no grupo (A) Zonas metropolitanas de violência urbana, que seriam cidades com altas taxas de homicídios e altos graus de desenvolvimento. Embora as análises do autor se debrucem a partir das taxas de homicídios em geral, em conjunto com crimes violentos contra o patrimônio, violência à mão armada e narcotráfico e minha análise esteja centrada no debate específico das chacinas, a correspondência entre os estudos alerta para o fato de que nesses locais homicídios simples, duplos homicídios e chacinas são mais frequentes[69]. Lembro aqui da análise de Nery (2016), sobre a importância das chacinas ao observar os homicídios em geral, pois elas alteram as taxas gerais de homicídios. Por óbvio, saliento que números altos de homicídios em determinado local não correspondem necessariamente a um número alto de chacinas, visto que as possíveis formas de execução são variadas.

Guarulhos e Osasco chamam a atenção pelo grande número de chacinas ocorridas nessas cidades no período histórico entre 1980 e 2008. Ao observar essas cidades da RMSP, destaca-se na configuração da formação dessas cidades as linhas férreas, como a Sorocabana em Osasco e a Tramway Cantareira, posteriormente incorporada pela Estrada de Ferro Sorocabana, no caso de Guarulhos. Ambas as cidades começam a se desenvolver industrialmente e a se urbanizarem já no início do século XX (Moreno, 2016; Nascimento, 2021).

De acordo com dados da Prefeitura da Cidade de São Paulo (2021), a população de Guarulhos, que era de 34.683 em 1950, passou para 532.726 em 1980, chegando a 1.221.979 em 2010. Já em Osasco, o incremento populacional foi menor ao longo das décadas. Assim, a população de Osasco era de 41.326 em 1950, aumentando para 474.543 em 1980 e chegando a 666.740 em 2010. A urbanização de ambas as

69 Cabe expor que, embora parte das cidades que identifiquei enquanto as que mais ocorreram chacinas sejam as mesmas identificadas por Beato (2012) com grandes taxas de homicídios, não há uma relação direta entre chacinas e alto grau de urbanização ou ampla densidade demográfica. Como já tratei neste livro, há uma polissemia de conflitos nos territórios que são geradores de chacinas e não uma determinação única.

cidades estava ligada às ferrovias, como já posto por Francisco de Oliveira em entrevista (Duarte; Barros, 2013, p. 10), ao tratar da urbanização das cidades interioranas de São Paulo. Não há como inferir que o número de habitantes, a urbanização ou a industrialização são fatores determinantes para o maior número de chacinas nessas cidades, mas assim como já havia destacado Beato (2012), nessas zonas metropolitanas há um maior índice de homicídios e, pelo que foi identificado ao longo da pesquisa, um maior índice de chacinas.

Das 39 cidades da RMSP, apenas 10 não tiveram ocorrências de chacinas noticiadas ao longo do período percorrido pela pesquisa, sendo elas: Pirapora do Bom Jesus; Caieiras; Juquitiba; Vargem Grande Paulista; São Lourenço da Serra; Biritiba-Mirim; Guararema; Poá; Salesópolis e Rio Grande da Serra. Dessas cidades, apenas Poá tinha mais de 100.000 habitantes em 2010 e chama atenção o fato de 7 dessas cidades estarem localizadas em áreas limítrofes da RMSP. Caldeira (2000) atentou para como se deu a expansão da área urbana em São Paulo durante o final dos anos 1940 e o ano de 1992. O que se observa é que essas cidades limítrofes, além de não terem um grande contingente de habitantes, também contam até 1992 com um grau menor de expansão urbana, em relação às demais cidades.

No que tange à cidade de São Paulo, em específico, encontrei a partir dos dados de chacinas do Banco de Dados da Imprensa sobre as Graves Violações de Direitos Humanos, cerca de 395 chacinas na cidade entre 1980 e 2008, como já apontei, e dessas, 160 não tinham localização exata. A capital é, assim, a cidade que mais teve casos de chacinas no período, sendo também o município com maior número de habitantes e maior urbanização.

GRÁFICO 10. OCORRÊNCIA DE CHACINAS NA CIDADE DE SÃO PAULO, PERÍODO 1980-2008

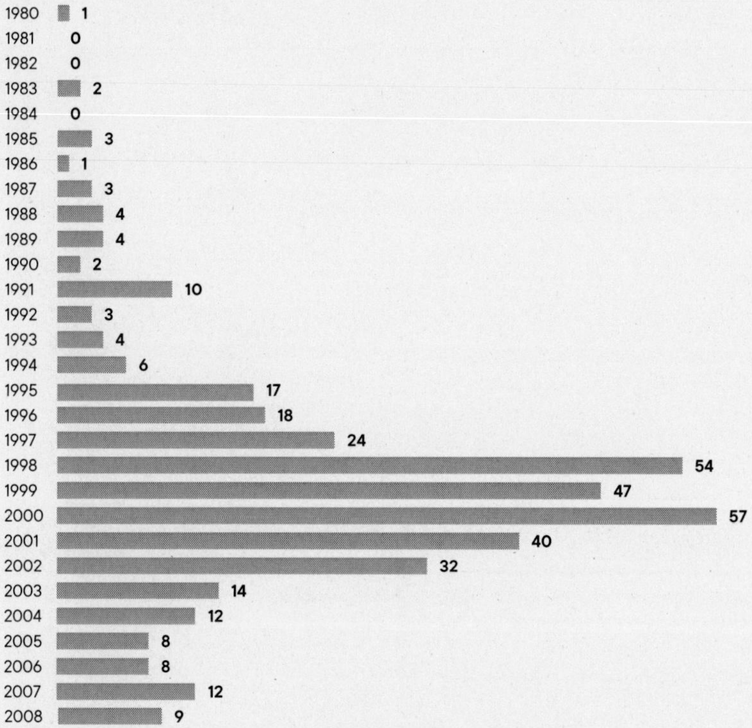

FONTE: Elaboração própria, a partir dos dados do Banco de Dados da Imprensa sobre as Graves Violações de Direitos Humanos, do NEV/USP (2021).

O aumento e a diminuição das chacinas na cidade de São Paulo seguem o mesmo padrão demonstrado nas cidades da RMSP, com algumas chacinas esporádicas até o início dos anos 1990, seguindo um aumento expressivo em 1998, decaindo após 2002. Esse mesmo padrão é observado ao olhar para as regiões da cidade. A disparidade se dá entre as regiões, sendo a Região Sul a que mais concentra chacinas, seguida pela Região Leste da capital e tendo na Região Oeste e Centro os locais com menor número de chacinas.

GRÁFICO 11. OCORRÊNCIA DE CHACINAS NAS ZONAS DA CIDADE DE SÃO PAULO, PERÍODO 1980-2008

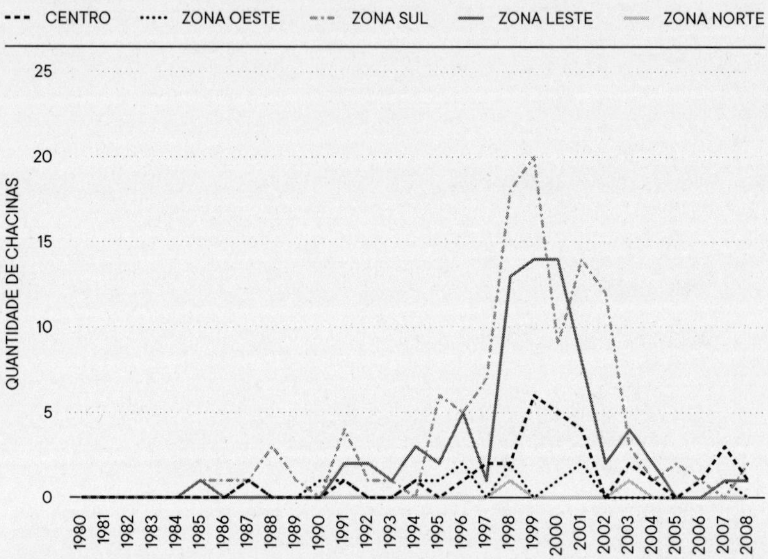

FONTE: Elaboração própria, a partir dos dados do Banco de Dados da Imprensa sobre as Graves Violações de Direitos Humanos, do NEV/USP (2021).

De acordo com os dados do Gráfico 11, a Zona Sul da cidade de São Paulo teve cerca de 113 chacinas e a Zona Leste 76 entre 1980 e 2008 e os bairros que concentraram maior número de chacinas nesse período histórico, na cidade de São Paulo foram: Capão Redondo, Parque Cocaia, Heliópolis, Cidade Tiradentes, Itaim Paulista, Cidade Ademar, Jardim Herculano, Sapopemba e Vila Prudente. A Zona Oeste e a Zona Norte, durante esse período histórico, contam com, respectivamente, 13 e 31 chacinas. Na Zona Oeste, o bairro que mais apresenta chacinas é o Morumbi, bairro da elite paulistana, administrado pela Subprefeitura do Butantã, mas que faz divisa com diversos bairros e favelas da Zona Sul, tais como a favela de Paraisópolis e o Real Parque e também sendo um bairro limítrofe de bairros de elite da Zona Oeste, tais como Pinheiros e o próprio bairro do Butantã.

Na região central constam duas chacinas no Brás, antigo bairro de tradição operária e que atualmente conta com ampla rede de comércio, tendo muitos comerciantes informais, como os camelôs.

Durante esse ínterim de tempo, de 28 anos, em que o NEV realizou o levantamento dessas chacinas, houve grandes alterações no mundo do crime, assim como nas políticas que se convencionou chamar de segurança pública. Já destaquei neste livro como o Esquadrão da Morte paulista traz as execuções dos suspeitos e bandidos para o cotidiano paulistano no final dos anos 1960. Durante os anos 1980, é observado o início de práticas de chacinas aparecendo nos jornais de levantamento do NEV, sendo os anos 1990 e 2000 o ápice dessa prática de execução e os dados não demonstram disparidades no tempo histórico, mas ressalto que determinados territórios foram mais atingidos pelas chacinas do que outros.

Durante os anos 1990, como já debati no início deste Capítulo 2 e aprofundarei no Capítulo 3, o Massacre do Carandiru foi um ponto de inflexão nas configurações do mundo do crime, nas políticas carcerárias, assim como nas políticas de policiamento das ruas, influenciando e modificando os modos de produzir a vida nas cidades paulistas[70], ao menos. Diversos autores já abordaram o Massacre do Carandiru sob diversos aspectos (Caldeira, 2000; Manso, 2012; Godoi, 2015; Dias, 2011; Biondi, 2009; Salla, 2006; Silvestre, 2016; Marques, 2018), demonstrando essas reconfigurações. Uma das questões que levanto é a de que o Massacre do Carandiru foi o ápice de uma política de execuções por agentes de segurança pública contra detentos que teve como um ponto de gênese as execuções ocorridas no Presídio Tiradentes pelos integrantes do Esquadrão da Morte Paulista. Não há, contudo, um descontínuo entre as execuções do Presídio Tiradentes e as do Carandiru, entre uma e outra, há um

70 Considero que os impactos do Massacre do Carandiru extrapolaram as fronteiras do estado de São Paulo, mas para este livro não expandi essa análise. No Capítulo 3 abordo algumas reconfigurações iniciadas após o Massacre do Carandiru.

continuum dessas execuções que ocorrem durante os anos 1980 e culminam no Massacre do Carandiru, em 1992.

Em 1983, um funcionário e seis detentos foram fuzilados por policiais militares quando os encarcerados tentaram fugir do Hospital de Custódia e Tratamento Psiquiátrico de Franco da Rocha. Em 1986, 14 detentos foram mortos a pauladas por policiais militares quando tentavam uma fuga da Penitenciária de Presidente Venceslau. Em 1987, 28 detentos e um funcionário morreram, executados por policiais militares que tentavam evitar uma rebelião na Penitenciária do Estado e em 1989, 18 detentos morreram asfixiados durante a tentativa de repressão a um motim ao serem colocados 50 presos em uma cela de 3 metros, sem ventilação, no 42º Distrito Policial do Parque São Lucas (Matsuda; Sellani; Rolemberg, 2015).

Durante toda a década de 1980, enquanto as execuções apareceram mais frequentemente nas prisões paulistas, as chacinas começaram a se apresentar no cotidiano, em uma crescente que tem seu ápice entre 1998 e 2001. Ao tratar dessas execuções ocorridas nessas prisões, destaco que são casos em que agentes de segurança pública foram os executores e, ao tratar das chacinas ocorridas nas ruas, vielas e demais espaços públicos da cidade de São Paulo e RMSP, estou falando de execuções que tiveram, historicamente, diversas possibilidades de executores e dentre essas possibilidades, também há os agentes de segurança pública. O que liga essas execuções, de um lado e de outro, são as modificações na urbanização e também na criminalidade das cidades ao longo dessas décadas. Kowarick (2000) já atentava para o fato de que, entre os anos de 1984 e 1989, a Polícia Militar havia matado 3.563 pessoas, chegando ao número de 1.190 pessoas executadas pela Polícia Militar em 1992, ano do Massacre do Carandiru. Feltran (2012) chama atenção para esse momento dos anos 1990, chamado de época das guerras:

> Os anos 1990 são marcados, portanto, pela renovação dos discursos de segurança pública nos escritórios de governo e pelo recrudescimento da sensação de insegurança nas cidades, alimentada pela explosão de homicídios de adolescentes e jovens nas periferias, quase sempre em cadeias de vendeta com pares ou policiais conhecidas como "acertos de conta" (Feltran, 2012, p. 238).

É durante essa época das guerras que os números de chacinas explodem em São Paulo e demais cidades da RMSP como demonstrado. Os dados que analisei sobre a ampliação das chacinas, assim como os elementos trazidos através dos autores sobre o número de execuções efetuadas pela Polícia Militar e demais agentes de segurança pública, no mesmo período, seja nas prisões ou nas ruas, corroboram para a argumentação de que existiu, em São Paulo, uma militarização dos espaços urbanos através da lógica da guerra e que as execuções — seja nos casos de chacinas efetuadas nos espaços públicos das cidades ou nas prisões — demonstram como se dá a exceção permanente da nossa segurança pública paulista.

A partir dos anos 2000 as chacinas entraram em queda e o fortalecimento do PCC dentro e fora das prisões pode ser observado enquanto um elemento importante na contribuição desse declínio. A primeira grande demonstração pública de força do PCC[71] ocorreu em 2001, com a chamada megarrebelião articulada de dentro das prisões (Dias, 2011, p. 165). No início dos anos 2000, Feltran (2012, p. 241), em suas incursões a Sapopemba para pesquisa, começou a escutar que "não pode mais matar". Essa frase vai definir um princípio que o PCC estabeleceu nas periferias paulistas e que incidiu nos índices de homicídios e, também, de chacinas. Esse "proceder" é parte integrante das intersecções entre presídio e rua que o PCC

71 O PCC surgiu em 1993, após o Massacre do Carandiru, e se expandiu pelo sistema carcerário paulista a partir de 1994, tendo sua influência percebida em 1995 (Dias, 2011).

estabeleceu, pois não há, como já observou Biondi (2018) desvinculações entre prisões e "quebradas". Ambas conversam entre si, e as prisões se fazem presentes nas quebradas e vice-versa. Se há uma pacificação e regulação da violência nas prisões a partir do PCC, nascida, como observou Dias "[...] dos escombros, do descaso, das arbitrariedades e da violência institucional que sempre estiveram presentes nas prisões brasileiras" (Dias, 2011, p. 171), há, também, a partir dos anos 2000 uma regulação da violência e dos homicídios nas periferias, através do estabelecimento dos debates (Biondi, 2018; Feltran, 2012; Silvestre, 2016), como modos de deliberação sobre as possibilidades de morte.

Em 2006, ocorreram os Crimes de Maio, revelando uma quebra das negociações das mercadorias políticas estabelecidas por agentes de segurança pública em relação aos integrantes do mundo do crime, através de uma lógica militarizada de guerra explícita e ostensiva ao longo do mês de maio daquele ano. Os dados do NEV revelam um total de 20 chacinas na RMSP e 8 na cidade de São Paulo, ano em que ocorrem os Crimes de Maio. Embora os números das chacinas em 2006 sejam menores do que os números de anos anteriores, como 2001, o número de pessoas mortas durante o mês de Maio de 2006 foi elevado, como abordei no subitem 1.4, do Capítulo 1. O alto número de vítimas em contraste com um número mais baixo de chacinas do que anos anteriores, pode demonstrar que o *modus operandi* das execuções não se concentrou em demonstração de força pelas chacinas, mas sim através de homicídios simples e duplos homicídios espalhados pela capital paulista, interior, RMSP e Baixada Santista.

O gatilho para essa ação engendrada por policiais e outros agentes de segurança pública contra a população civil de São Paulo, foi, de acordo com o relatório "São Paulo sob achaque", da Justiça Global e *International Human Rights Clinic* (2011), uma série de ataques realizados pelo PCC contra policiais de baixa patente, em sua maioria em horário de folga, além de rebeliões em grande parte dos presídios paulistas, de modo a demonstrar a força do grupo criminal, como forma do PCC se contrapor a uma série de extorsões que a polícia vinha praticando contra membros do PCC desde 2005 e, também, a um sequestro praticado por policiais contra um enteado de Marcola, um importante membro do PCC. Assim, a letalidade policial produzida em 2006 está intrinsecamente relacionada a como os policiais de São Paulo estavam negociando suas mercadorias políticas diante dos novos arranjos do crime que estavam se dando desde o Massacre do Carandiru.

Feltran (2012) traz como existiu de um lado um ritual de demonstração de força do PCC, e como a polícia empreendeu um grande massacre de outro lado, maior do que o ocorrido no Carandiru, mas atingindo, nesse 2006, as periferias. Diante desse cenário, levantou-se um armistício, entre governo e crime, que se seguiu até 2011, pois, de acordo com Feltran (2012, p. 248): "[...] havia a necessidade de reestabelecer acordos que possibilitassem alguma previsibilidade às vidas". A partir dessa constatação de Feltran (2012), analisarei no próximo subitem, como se deu a dinâmica das chacinas entre esse período de armistício, passando pela chamada crise de 2012, pelas grandes chacinas de 2015, chegando ao limiar dos anos 2020.

2.3. Dos anos 2009 aos anos 2020: a diminuição das chacinas, a crise de 2012, as grandes chacinas de 2015 e os agentes de segurança pública no domínio da cena

As análises das chacinas ocorridas na cidade de São Paulo e RMSP entre 2009 e 2020 foram realizadas a partir do instrumento de coleta de dados elaborado pela pesquisadora e através de mapas georreferenciados, como já descritos no subitem "Caminhos teórico-metodológicos da pesquisa", do Capítulo 1. As gramáticas dos conflitos nos territórios geradoras das chacinas foram se modificando ao longo dos anos, tendo em vista que no período entre 2009 e 2020, aconteceram muitas mudanças no que tange às políticas de segurança pública e também as relações entre o grupo criminal PCC, Estado e periferias. Temos a queda dos homicídios, a pacificação das quebradas (Biondi, 2018; Feltran, 2012; Dias *et al.*, 2015) e temos, dentre as mudanças, uma percepção de que ao longo dos anos, justiceiros, pés-de-pato e gangues que efetuavam chacinas vão saindo de cena, aparecendo as chacinas enquanto uma atividade ligada às ilegalidades e disputas entre PCC e polícia ou entre polícia e outros atores do mundo do crime, mas perpetradas, cada vez mais, por agentes de segurança pública. Salvadori (2018), ao tratar das chacinas em anos mais recentes, nos traz que:

> [...] Algumas evidências, contudo, apontam que os policiais podem ter adotado as chacinas como parte de uma política sistemática de vingança simbólica que se intensificou nos últimos anos, especialmente a partir de 2006 (Salvadori, 2018, s/p).

Para Silvestre (2016), agentes estatais paulistas têm se envolvido em grupos que praticam execuções e chacinas, atuando mais especificamente em regiões periféricas das grandes e médias cidades, como modo de combater o crime, gerando uma espiral de violência.

> A violência letal de uma chacina cometida por agentes estatais da segurança, motivada por uma espécie de vingança, deixa transparecer, entre outras questões, a descrença que os próprios agentes têm nos mecanismos institucionais de administração de conflitos. A crença na lógica militarizada da guerra, instruída pela ideia de extermínio do inimigo, prevalece sobre a crença na eficiência do sistema de justiça em dar respostas para o controle da criminalidade, e a Polícia Militar paulista protagoniza diversos episódios que corroboram com esta realidade (Silvestre, 2016, p. 21).

Atento que o estudo tem mostrado que, para além do chamado combate ao crime, as chacinas podem ser realizadas, inclusive, na disputa de território entre polícia e grupos criminais para domínio de mercados ilegais. Aponto, também que, as chacinas não são, na atualidade, tão somente um crime cometido por policiais, podendo ocorrer casos como já citados aqui, como o da escola de Suzano, da Catedral de Campinas, ou do *Réveillon* de 2017, também de Campinas. Contudo, parte das chacinas ocorridas nas periferias são ações orquestradas em São Paulo e RMSP por policiais, ex-policiais e outros agentes de segurança pública.

No Gráfico 12, elaborado a partir de levantamentos de notícias da imprensa sobre as chacinas ocorridas entre 2009 e 2020, pode-se observar dois momentos de picos das chacinas, ocorridos em 2012 e 2015, intercalando entre esses picos, momentos em que as chacinas entram em decréscimo.

GRÁFICO 12. OCORRÊNCIA DE CHACINAS EM SÃO PAULO E RMSP, PERÍODO 2009-2020

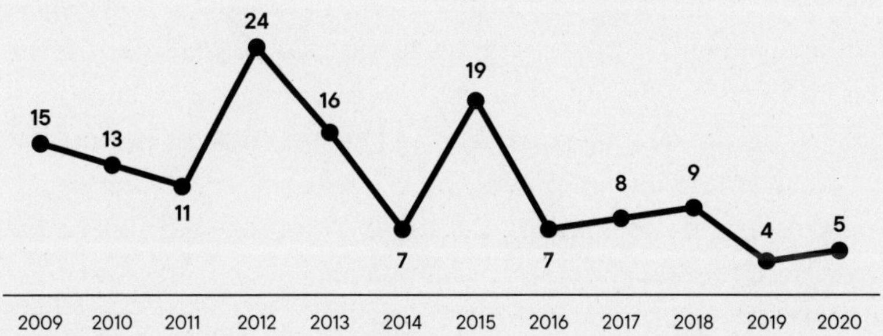

FONTE: Elaboração própria, a partir de base de dados coletados em notícias da imprensa (2021).

De acordo com os dados do NEV, em 2007 ocorreram 12 chacinas na capital paulista e 7 na RMSP e em 2008, 6 na capital e 12 na RMSP. Minhas buscas indicaram que em 2009 houveram 20 chacinas entre a capital e as demais cidades da RMSP. Encontrei detalhes, porém, de 15 dessas chacinas, que indicaram 8 chacinas na capital e 7 na RMSP. Os dados revelaram que dessas 15 chacinas resultaram 49 vítimas, sendo a Zona Norte de São Paulo a localidade que teve mais chacinas, com 5 e uma na cidade de Osasco, com o maior número de vítimas naquele ano, sendo 6 executados. Na maior parte das notícias não constam as possíveis causas das chacinas, mas dentre as que aparecem, há quatro que poderiam estar ligadas a disputas relacionadas ao tráfico, uma originada por roubo a um bar e outra como briga de bar. Na chacina com maior número de vítimas durante esse ano, em Osasco, consta que haveria duas possíveis causas: ou disputa por tráfico, ou execução realizada por policiais fora de serviço.

Em 30 de dezembro de 2010, ao noticiar sobre uma chacina em Praia Grande para a Folha de São Paulo, o repórter André Caramante escreveu que, naquele ano, haviam ocorrido 18 chacinas no Estado de São Paulo[72]. Referente ao ano de 2010, coletei dados de 13 chacinas ocorridas na capital e RMSP, com 48 vítimas fatais. A Zona Sul de São Paulo foi o local com maior número de chacinas naquele ano, contabilizando 3. As chacinas com maior número de vítimas ocorreram na cidade de São Bernardo e no bairro do Jaçanã, Zona Norte paulistana, com 6 vítimas fatais cada uma. Os locais de ocorrência das chacinas se concentraram em vias públicas e duas em bares e uma na frente de uma padaria. Não há em nenhuma notícia das chacinas de 2010 referências a agentes de segurança enquanto executores. A chacina com maior número de vítimas ocorreu no bairro do Jaçanã, na Zona Norte paulistana, com 6 vítimas que estavam embaixo de um viaduto quando foram executadas. Dois meses após essa chacina, ocorreu outra no Jaçanã, e os jornais começam naquele momento a levantar dados de aumento de 18,2% de assassinatos em relação ao ano de 2009.

72 Cf.: https://www1.folha.uol.com.br/fsp/cotidian/ff3012201010.htm.

Os mapas 02 e 03 demonstram os locais de ocorrência das chacinas em 2009 e 2010 e há uma dispersão maior das chacinas para as cidades da Região Oeste e Sudoeste da RMSP. Ainda em 2010, os jornais trazem notícias referentes aos chamados "Matadores do 18", grupo de extermínio organizado por policiais militares pertencentes ao 18º Batalhão de Polícia Militar Metropolitano, localizado na Freguesia do Ó, Zona Norte da Capital.

De acordo com Merlino (2012), os Matadores do 18 e um outro grupo de extermínio da Zona Leste de São Paulo foram acusados como agentes de mais de 150 execuções entre 2003 e 2010 na capital paulista. Esses dois grupos de extermínio que estavam atuando em São Paulo foram investigados pelo serviço de inteligência do DHPP em 2011, que apontou que: "[...] os assassinatos foram motivados

MAPA 2. LOCALIZAÇÃO DAS CHACINAS OCORRIDAS EM SÃO PAULO E NA REGIÃO METROPOLITANA DE SÃO PAULO (2009)

● LOCALIZAÇÃO DAS CHACINAS — LIMITE DOS MUNICÍPIOS DA RMSP

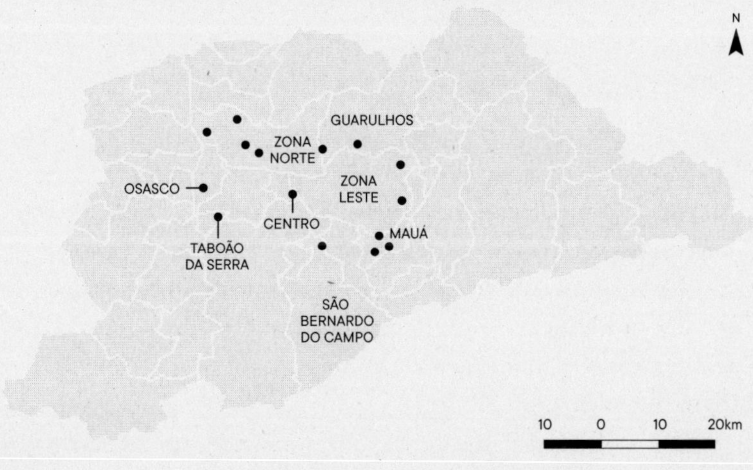

ELABORAÇÃO: Davidson Matheus Félix Pereira (2021)
ORGANIZAÇÃO: Camila de Lima Vedovello

DATUM: SIRGAS-2000
FONTE: Base de dados de VEDOVELLO, C. 1 (2021);

MAPA 3. LOCALIZAÇÃO DAS CHACINAS OCORRIDAS EM SÃO PAULO E NA REGIÃO METROPOLITANA DE SÃO PAULO (2010)

● LOCALIZAÇÃO DAS CHACINAS LIMITE DOS MUNICÍPIOS DA RMSP

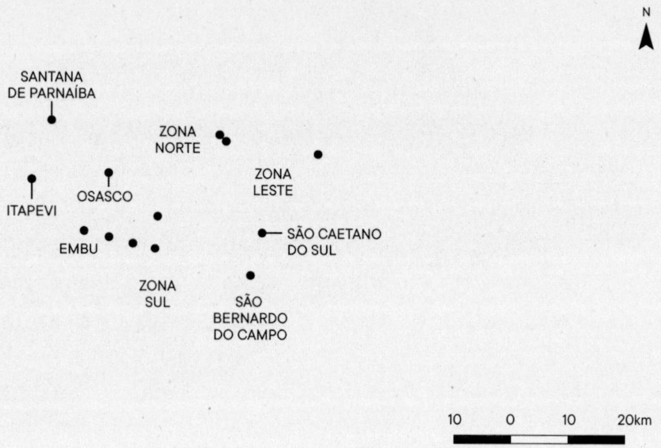

ELABORAÇÃO: Davidson Matheus Félix Pereira (2021)
ORGANIZAÇÃO: Camila de Lima Vedovello

DATUM: SIRGAS-2000
FONTE: Base de dados de VEDOVELLO, C. 1 (2021); IGC-SP (2016); Google Earth (2021)

por: vingança (20%); abuso de autoridade (13%); 'limpeza' (13%); cobranças ligadas ao tráfico (10%), e cobranças ligadas ao jogo (5%). Além disso, 39% das mortes não tiveram motivo aparente" (Merlino, 2012, p. 11). Assim, o que observamos é como esses grupos de extermínio estavam ligados nessa gramática de conflitos nesses territórios a uma gestão diferencial dos ilegalismos e a negociações de mercadorias políticas, sendo as execuções e chacinas a exacerbação e demonstração pública de poder, em que os corpos são elementos de demonstração desse poder.

A partir de 2010 e meados de 2012, começa a ocorrer, de um lado, um aumento das taxas de homicídios de civis, que estavam em declínio há dez anos e, de outro, começam a aparecer notícias de policiais assassinados, notabilizando uma desestabilização dos acordos de paz construídos entre PCC e a polícia que ocorria nos últimos anos (Dias *et al.*, 2015). Os gatilhos para essa desestabilização dos acordos de paz entre governo e crime se deram a partir de três chacinas perpetradas por policiais contra integrantes do PCC, entre 2011 e meados de 2012, e o desencadeamento dessa crise teve efeitos sobre um aumento expressivo dos homicídios e chacinas ocorridos naquele ano tanto na cidade de São Paulo como na RMSP, ou como colocou Dias *et al.* (2015):

> [...] produziu um elevado número de policiais militares assassinados (muitos dos quais com características claras de execução), o crescimento de chacinas e execuções sumárias no estado de São Paulo, sobretudo na capital e região metropolitana, e a reversão na diminuição das taxas de homicídio do estado, tendência que se apresentava há mais de dez anos (Dias *et al.*, 2015, p. 167).

Os dados de 2011 e 2012 mostram a existência de 11 chacinas em 2011 e 24 em 2012. No ano de 2011, o local com maior número de chacinas foi a Zona Sul da capital, com 3 chacinas, seguido da cidade de Guarulhos, com 2. Nenhuma das chacinas registradas durante o ano excederam 4 vítimas. Em 3 (Santo André, Campo Limpo/ZS, Embu) das 11 chacinas já apareciam evidências nas reportagens de que agentes de segurança pública poderiam ser executores das mesmas, pois os executores haviam afirmado que eram policiais durante as abordagens. Em uma dessas chacinas, ocorrida em um bar, no Campo Limpo, Zona Sul paulistana, testemunhas disseram ao jornal Agora São Paulo[73] que os executores se apresentaram enquanto policiais e que haveriam questionado se dentre as pessoas que se encontravam no bar, alguma teria passagem pela polícia.

73 Maiores informações, cf.: https://agora.folha.uol.com.br/saopaulo/ult10103u912885.shtml.

No ano de 2012 houve um aumento expressivo de chacinas, e também de execuções de policiais e de civis, além de queimas de ônibus. Os jornais chamaram esse momento de "onda de violência"[74], destacando muitas vezes ações do PCC de um lado e revide de agentes de segurança pública de outro, que culminaria em execuções de civis e chacinas. Ao menos seis das vinte e quatro chacinas do ano de 2012 aparecem nos jornais enquanto possivelmente engendradas por agentes de segurança pública. Dias *et al.* (2015) denominam esse momento como crise de 2012, na qual civis que não participavam do chamado mundo do crime foram atingidos durante os conflitos. Essa desestabilização nos acordos de paz construídos entre o PCC e a polícia resultou, de acordo com dados levantados por Dias *et al.* (2015), em cerca de 44 agentes de segurança pública mortos ao longo do ano com características de execução e 255 civis mortos e 151 feridos durante esse período. Já nos meus levantamentos sobre chacinas, temos que, nas vinte e quatro chacinas foram vitimados 115 civis, sendo 82 vítimas fatais e 33 feridos, o que expõe que cerca de 32% das vítimas fatais durante a crise ou ondas de violências de 2012 foram executadas em chacinas.

No que tange aos territórios da RMSP, das 10 cidades s quais ocorreram chacinas, o número de ocorrências as chacinas foi de 2 nas seguintes cidades: Itapecerica, Taboão da Serra, Itaquaquecetuba, Poá, Guarulhos, Osasco, Carapicuíba, Santo André, Diadema e Barueri. Já em São Paulo, as regiões atingidas por chacinas foram as Zonas Leste, Norte e Sul, sendo que nesta última ocorreu o maior número, chegando a quatro. O mapeamento a partir dos dados levantados mostra um cinturão de chacinas que percorrem cidades da RMSP que são fronteiriças com a cidade de São Paulo e as Zonas Sul, Leste e Norte da capital paulista.

74. Maiores informações, cf.: https://m.folha.uol.com.br/cotidiano/2012/06/1112350-onda-de-violencia-chega-ao-16-dia-em-sao-paulo.shtml; http://g1.globo.com/sao-paulo/noticia/2012/10/onda-de-violencia-em-sp-e-reacao-ao-combate-ao-crime-diz-policia.html; https://www1.folha.uol.com.br/fsp/cotidiano/51462-capao-redondo-tem-11-homicidios-desde-sexta-feira.shtml; https://www1.folha.uol.com.br/cotidiano/2012/06/1113078-assassinatos-triplicam-nos-fins-de-semana-em-sao-paulo.shtml.

MAPA 4. LOCALIZAÇÃO DAS CHACINAS OCORRIDAS EM SÃO PAULO E NA REGIÃO METROPOLITANA DE SÃO PAULO (2012)

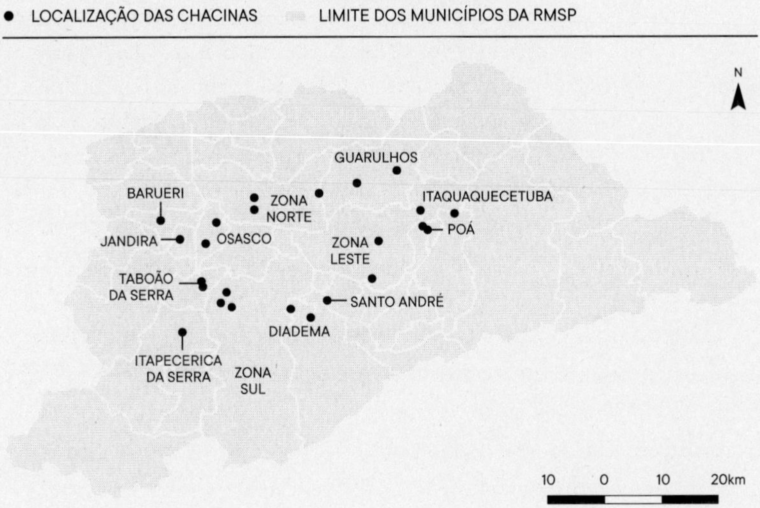

ELABORAÇÃO: Davidson Matheus Félix Pereira (2021)
ORGANIZAÇÃO: Camila de Lima Vedovello

DATUM: SIRGAS-2000
FONTE: Base de dados de VEDOVELLO, C. 1 (2021); IGC-SP (2016); Google Earth (2021)

Ao trazer suas memórias de investigação jornalística sobre chacinas em São Paulo e RMSP, um dos jornalistas entrevistados rememorou o ano de 2012 a partir de como ele observou o que ocorreu ao longo daquele ano. Segundo o jornalista, havia uma guerra velada entre polícia e PCC e as chacinas aumentaram significativamente com essa guerra.

> Em 2012, o outro secretário da segurança colocou a ROTA para investigar o crime organizado, deu carta branca para a ROTA. Não era o GRADI, mas sabe, só muda só os nomes, era o mesmo batalhão de choque que começou a fazer escuta telefônica [...] A ROTA começou a prender pessoas ligadas ao PCC, monitoravam eles e em vários casos, matavam esse

> pessoal, e aí o PCC saiu matando policial a esmo por aí [...] morreu muita gente do PCC também, então foi assim uma guerra mais ou menos que velada, não assim uma guerra assumida, mas dos dois lados assim, mas que deixou muitas baixas, tanto no crime organizado, quanto na polícia militar, sendo que inocentes morriam de todo jeito e aí, independente da ROTA ou não, o PCC matava um policial lá na Zona Norte, no outro dia tinha chacina lá. O número subiu assustadoramente, o número de chacinas lá esse ano, se você pesquisar você vai ver que foi uma coisa assustadora (Jornalista 1).

O relato do jornalista trouxe a perspectiva de uma guerra entre as forças policiais e o chamado crime organizado. Como posto por Muniz e Dias (2022), a categoria crime organizado, no entanto, não é produto de consenso científico e normativo, sendo muito mais percepções cumulativas de "[...] experiências sociais, políticas e institucionais em um dado contexto histórico" (Muniz; Dias, 2022, p. 131). Debaixo da nomenclatura de crime organizado, o que existe é uma gama variada de grupos que exercem domínios territoriais armados e que regulam mercados ilegais (Muniz; Dias, 2022). O PCC seria um desses grupos postos por jornalistas, operadores do direito e pesquisadores na categoria de crime organizado.

Essa guerra velada entre polícia e PCC, explicitada por esse jornalista foi também levantada por Dias *et al*. (2015) ao trazer que, de um lado haveria um planejamento da morte desses policiais, visto que:

> [...] A maioria dos policiais mortos foi executada fora do horário de trabalho, o que indica que quem os matou sabia os dias em que as vítimas estariam de folga. Em outras palavras, havia um alvo e uma estratégia para a execução (Dias *et al*., 2015, p. 164).

De outro lado, as chacinas ocorriam em locais próximos das execuções desses policiais. Segundo dois jornalistas entrevistados e, de acordo com o que Dias *et al.* (2015, p. 168-169) colocam, escutas telefônicas que foram transferidas da Polícia Civil para a Polícia Militar podem ter sido um elemento que desencadeou ao menos três operações da ROTA que culminaram em mortes múltiplas de pessoas consideradas suspeitas de pertencimento ao PCC.

Dentre as possibilidades de mortes múltiplas estão as que ocorrem em operações policiais. Tais mortes são chamadas pelas instituições de segurança pública paulistas de mortes decorrentes de intervenção policial. No entanto, a disputa sobre os sentidos de cada evento pode ser articulada por diversos atores, assim, um evento de morte múltipla denominado enquanto morte decorrente de intervenção policial pela Secretaria de Segurança Pública pode ser tomada e denominada enquanto chacina por jornalistas, integrantes de movimentos sociais e familiares de vítimas. Exemplificando essa tomada de sentidos sobre as chacinas, destaco como o Núcleo de Estudos dos Novos Ilegalismos (GENI-UFF), em um relatório de 2022 denominado Chacinas Policiais, destacou as operações policiais em favelas no Rio de Janeiro com resultado de mortes múltiplas como chacinas policiais (Hirata *et al.*, 2022).

No caso de São Paulo, durante essa crise ou onda de violência de 2012, Biondi (2018) estava indo a campo para realizar sua pesquisa de doutorado sobre como o PCC se insere nas quebradas a partir de movimentos e ideias e, ao chegar ao local, captou como estava o clima nas quebradas. A autora descreveu cenas sobre os acontecimentos, que demonstram que para além de uma homogeneidade, havia naquele momento uma série de ações pulverizadas que transmitiam disparidades sobre ataques a policiais e chacinas nas quebradas. Dentre as cenas descritas por Biondi (2018, p. 37-42) estavam: 1) mortes atribuídas a policiais que os interlocutores da pesquisadora deram a entender que não seriam causadas por agentes de segurança pública; 2) salves[75] chegando em determinadas quebradas que levou ao impedimento da pesquisadora de ir para o local; 3) irmãos[76] que sumiram de uma quebrada que, posteriormente, se noticiou a morte de um policial. Dentre as cenas, há a de um diálogo entre a pesquisadora e interlocutores que dizem que naquela quebrada não havia chegado nenhum salve.

Dentro dessa complexidade de ações que resultavam em execuções de agentes de segurança pública e execuções e chacinas de civis, há na memória de outro jornalista entrevistado a figura de um agente de extrema importância e que é a partir dele que a crise ou onda de violência de 2012 cessa. Esse agente é o Secretário de Segurança Pública. Para esse jornalista investigativo que cobre pautas referentes a violências nas cidades desde o final dos anos 1990, é a partir da troca do Secretário de Segurança Pública e de suas ações que há uma interdição da onda de violência.

> É um momento em que o Secretário de Segurança coloca a ROTA para combater o PCC, né, coloca a Polícia Civil de lado e isso gera um embate entre polícia e crime organizado que começa a se estruturar de forma parecida com uma guerra, né, com os dois lados se atacando e claro que os civis morrem muito mais do que policiais em uma hora dessas, mas vem essa dinâmica de ataques e chacinas, e só chega ao fim quando o Estado recua e isso é interessante. Quando que acaba? Quando o Fernando Grella assume no lugar do Ferreira Pinto e claramente ele pede para a polícia parar de matar e edita inclusive

75 Os salves são comunicados que circulam a partir dos membros do PCC. De acordo com Biondi (2018, p. 282), o termo salve pode ser utilizado para avisos, cumprimentos, chamados e recados, mas são, também, "[...] comunicados, orientações, recomendações e diretrizes que circulam entre aqueles que fecham com o PCC, que estão em sintonia com o Comando" (Biondi, 2018, p. 282). No caso da crise de 2012, os salves eram avisos para execuções de agentes de segurança pública.

76 Irmão é a denominação dada aos membros do PCC que passam pelo processo de batismo, que seria parte do processo de filiação ao grupo.

> uma daquelas normas que impede os policiais de fazerem resgate, né, quando a prática quando o policial resgatava ele estava levando o morto para o hospital e era um sinal claro de que a polícia a partir daquele momento tinha que parar de matar e com isso também o crime organizado para de matar policiais. Isso eu acho interessante porque mostra que parece que tudo gira em torno do Estado mesmo (Jornalista 2).

Novamente aparece nas falas desse outro jornalista a investida de uma guerra, dessa guerra civil mal disfarçada, em que corpos expostos são a demonstração do poder no território, perfazendo a metáfora da guerra, sendo que a interdição das ações mais explícitas e exemplares dessa crise se dá a partir de uma espécie de armistício que é erigido a partir do chefe dos agentes de segurança pública e, assim, os acordos de paz entre PCC e policiais retomaram uma nova estabilidade. Isso, porém, não quer dizer que chacinas pararam de ocorrer em São Paulo e RMSP.

No ano de 2013, na RMSP ocorreram 16 chacinas em 7 cidades, sendo 1 em Osasco, Carapicuíba, Cotia, Ferraz e Itapevi e 2 em Guarulhos e Diadema, totalizando 7 pessoas feridas e 61 vítimas fatais. Em São Paulo, por sua vez, 4 delas ocorreram na Zona Sul, 2 na Zona Norte e 1 na Zona Leste, tendo a maior parte ocorrido no primeiro semestre de 2013 (Mapa 5). Entre janeiro e julho ocorreram 11 e, a partir de agosto, cinco — uma delas ocorrida nesse mês, envolveu uma família de policiais da ROTA e dominou as pautas jornalísticas. Embora o número de 16 chacinas apresente uma redução em relação ao ano de 2012, é um número acima do número de chacinas ocorridas em anos anteriores e em 2014.

Logo em janeiro de 2013 uma chacina no Campo Limpo, Zona Sul, vitimou 7 pessoas e, vinte dias após a chacina, a Secretaria de Segurança Pública pediu a prisão provisória de seis PMs do 37°

MAPA 5. LOCALIZAÇÃO DAS CHACINAS OCORRIDAS EM SÃO PAULO E NA REGIÃO METROPOLITANA DE SÃO PAULO (2013)

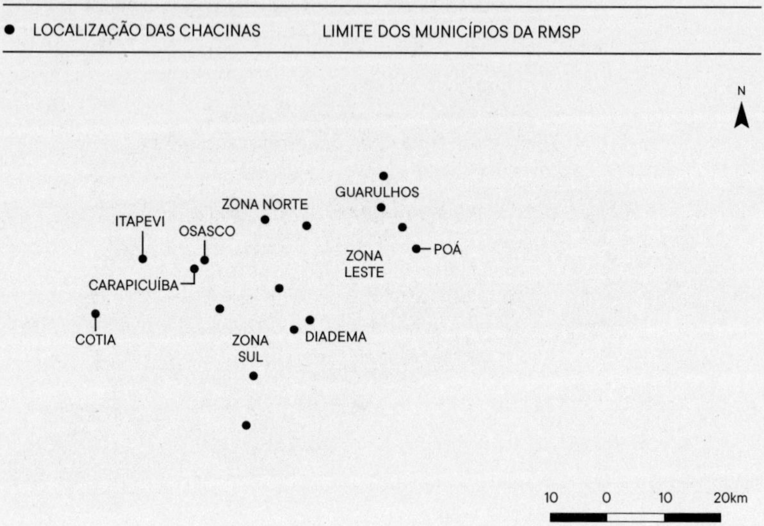

ELABORAÇÃO: Davidson Matheus Félix Pereira (2021)
ORGANIZAÇÃO: Camila de Lima Vedovello

DATUM: SIRGAS-2000
FONTE: Base de dados de VEDOVELLO, C. 1 (2021); IGC-SP (2016); Google Earth (2021)

Batalhão da Polícia Militar[77], localizado cerca de três quilômetros do local da chacina. Os policiais foram inocentados em 2014. Ainda em janeiro de 2013, o Secretário de Segurança Pública, Fernando Grella, assinou uma resolução que proibia que policiais socorressem vítimas de lesões corporais graves, tentativas de homicídios e violências correlatas. A Resolução 05/2013 da SSP/SP estabeleceu as seguintes diretrizes em relação ao socorro às vítimas:

77 Maiores informações, cf.: https://sao-paulo.estadao.com.br/noticias/geral,seis-policiais-militares-sao-presos-por-chacina-com-7-vitimas-no-campo-limpo,988439.

> Artigo 1º. Nas ocorrências policiais relativas a lesões corporais graves, homicídio, tentativa de homicídio, latrocínio e extorsão mediante sequestro com resultado morte, inclusive as decorrentes de intervenção policial, os policiais que primeiro atenderem a ocorrência, deverão:
>
> I. acionar, imediatamente, a equipe do resgate, SAMU ou serviço local de emergência, para o pronto e imediato socorro;
>
> II. comunicar, de pronto, ao COPOM ou CEPOL, conforme o caso;
>
> III. preservar o local até a chegada da perícia, isolando-o e zelando para que nada seja alterado, em especial, cadáver (es) e objeto (s) relacionados ao fato; ressalvada a intervenção da equipe do resgate, SAMU ou serviço local de emergência, por ocasião do socorro às vítimas (São Paulo, 2013).

Essa resolução, na prática, interferiu nos protocolos de atendimento a ocorrências nas quais as vítimas poderiam ter risco de morte, retirando os equipamentos de segurança do centro da ação e colocando os equipamentos de saúde, como o Serviço de Atendimento Médico de Urgência (SAMU), enquanto principais responsáveis pelo socorro às vítimas. Em reportagem da Folha de São Paulo, a cúpula da Secretaria de Segurança Pública descreve essa resolução e a orientação para que policiais não adentrem imóveis invadidos por ladrões e evitem confrontos enquanto responsáveis pela baixa de 38% das mortes resultantes de confronto com a polícia em 2013[78]. Embora essa resolução e a morte decorrentes de intervenção policial não estejam diretamente correlacionadas às chacinas, a crise ou onda de violência de 2012, demonstrou como essas questões podem convergir.

78 Maiores informações, cf.: https://www1.folha.uol.com.br/cotidiano/2013/06/1289961-mortes-em-confronto-com-a-policia-registram-queda-de-38-em-sp.shtml.

Em agosto de 2013, uma chacina que vitimou 5 pessoas na Brasilândia, Zona Norte paulistana, toma os jornais pelo fato de uma das vítimas ser da ROTA e outra ser integrante do 18° Batalhão da PM. A chacina ficou conhecida como Chacina da Família Pesseghini e diversas hipóteses foram levantadas para o caso, pois um coronel do 18° Batalhão informou em entrevista que a cabo da PM morta na chacina haveria denunciado o envolvimento de policiais a roubos de caixas eletrônicos. Esse coronel negou sua afirmação em outro momento, declarando que havia se confundido e a linha de investigação que se seguiu foi a de que o filho do integrante da ROTA e da Policial Militar havia chacinado a família e depois se suicidado[79].

Já em 2014, o número de chacinas diminuiu drasticamente para 7, sendo duas na capital paulista: uma na Zona Leste e uma na Zona Norte e 5 nas demais cidades da RMSP, com 2 em Carapicuíba, 1 em Jandira, 1 em Mogi das Cruzes e 1 em Guarulhos. Apesar do número menor de chacinas em relação a anos anteriores, em 5 das chacinas registradas aparecerem nas notícias uma possível participação de agentes de segurança pública nas execuções, sendo que uma em Sapopemba na Zona Leste e uma em Carapicuíba figurava enquanto provável causa das chacinas vingança por morte de policiais.

Ao longo do ano de 2014, a ação de policiais em chacinas começou a se destacar no debate público. Em reportagem do jornal Agora São Paulo[80], o delegado titular da Delegacia de Homicídio de Carapicuíba

79 Maiores informações sobre esse caso, cf.: https://www1.folha.uol.com.br/cotidiano/2013/08/1323530-delegado-geral-de-sp-se-diz-surpreso-com-declaracoes-de-comandante-da-pm.shtml; https://www1.folha.uol.com.br/cotidiano/2013/08/1323218-declaracao-de-comandante-sobre-denuncia-de-pm-morta-sera-investigada.shtml; https://www1.folha.uol.com.br/cotidiano/2013/08/1323003-delegado-descarta-outros-suspeitos-para-chacina-de-pms.shtml; https://www1.folha.uol.com.br/cotidiano/2013/08/1322827-para-policia-menino-de-13-anos-matou-a-familia-e-se-suicidou.shtml.

80 Maiores informações, cf.: https://agora.folha.uol.com.br/saopaulo/2014/07/1493163-pms-formaram-grupo-de-exterminio-diz-policia-civil.shtml.

afirmou que: "Nossa única certeza é a de que mais PMs estão envolvidos". A linha de investigação apontava que poderiam existir grupos de extermínio ligados a agentes de segurança pública na execução das chacinas.

Durante as entrevistas com jornalistas e com operadores da segurança pública paulista, explorei o debate sobre a existência de Grupos de Extermínio formados por agentes de segurança pública. Já tratei neste livro do grupo Matadores do 18, mas, para além desse grupo, em 2008, outro grupo ficou conhecido. Esse grupo eram *Os Highlanders*[81], menção a um filme pelo *modus operandi* dos executores, que se dava através de decapitação das vítimas, além de mutilação de mãos e pés. Um dos jornalistas entrevistados, ao relatar sobre casos que chamavam a atenção, trouxe em suas memórias o caso dos *Highlanders*, enquanto uma cobertura que marcou sua atuação.

> [...] outro caso que me chamou muito atenção foi quando eu estava no Jornal da Tarde, foi um novo grupo igual esse aí, de *Highlanders*. Esse segundo grupo de *Highlanders* que matava as pessoas, cortava as cabeças lá no extremo da Zona Sul e desovava as vítimas lá em Itapecerica da Serra, Embu, naquela região lá. Isso aí me marcou muito, esse caso (Jornalista 1).

Em que pese a atuação dos dois grupos acima elencados, não fica claro se existem organizações fixas de agentes de segurança pública para ações de extermínios e, dentre essas ações, as chacinas. O que aparece nas entrevistas é uma relação posta pelos operadores de segurança pública, sejam delegados, investigadores ou ouvidores, entre os Grupos de Extermínio e o Esquadrão da Morte paulista e, segundo

81 Maiores informações, cf.: https://www1.folha.uol.com.br/fsp/cotidian/ff2310200817.htm; https://sao-paulo.estadao.com.br/noticias/geral,pm-highlander-e-condenado-a-28-anos-de-prisao-em-itapecerica-imp-,773277; https://sao-paulo.estadao.com.br/noticias/geral,juri-absolve-2-pms-no-caso-do-grupo-de-exterminio-highlanders-imp-,694130; https://ponte.org/pms-acusados-de-decapitar-portador-de-transtorno-mental-sao-absolvidos/.

os entrevistados, os Grupos de Extermínio teriam uma atuação mais delimitada a partir de alvos específicos para as execuções.

> Grupo de Extermínio, seria mais ou menos o que a gente definiria como Esquadrão da Morte, que teve em São Paulo e teve no Espírito Santo. Quer dizer, eles elencam determinado tipo de criminoso, habitual, que eles vão lá para tirar ele da sociedade com aquele, que eles vão trabalhar para um bem social (Delegado 1).
>
> [...] o Grupo de Extermínio raramente praticava chacinas, né, era uma questão mais cirúrgica "é esse aqui que é o, é esse aqui que está dando trabalho, entre aspas, vai, esse aqui que está praticando esse crime, esse que está perturbando e é esse aqui que a gente vai matar", muito diferente da chacina né, que é a coisa generalizada (Investigador).
>
> Seria quase que um serviço avulso, esporádico, né? Para cumprir. Mas é possível um grupo organizado, vai, que por várias vezes tenha atuado junto. É possível. É possível. Tudo vai da motivação. Se a motivação for domínio do território, que é um termo também militar: limpar a área! Tornar a área segura pra eles, sem nenhum intruso. Vou identificando quem pode atrapalhar os planos, e vou eliminando! Quando esse é o motivo, que não é tão comum hoje mais (Delegado 2).

Tratando também das aproximações e distinções entre as ações de Grupos de Extermínio e as chacinas, um dos jornalistas entrevistados chama a atenção para o fato de que quando agentes de segurança pública efetuam chacinas, essas são realizadas a partir de organizações mais pulverizadas na qual esses agentes se juntam para a execução das chacinas, desfazendo o grupo logo após, não existindo assim, grupos organizacionais mais delimitados que efetuam essas execuções. Ao ser questionado sobre Grupos de Extermínio que que poderiam ser formados por agentes de segurança pública, esse jornalista respondeu:

> [...] pela quantidade de policiais que matam, pela quantidade de mortes que você tem em São Paulo, dá para dizer que você tem policiais matando bastante, o tempo todo. É uma pergunta meio difícil. Você tem batalhões que concentram mais policiais matadores, você tem grupo como a ROTA, que é praticamente um grupo de extermínio legalizado e você tem episódios em que os policiais se juntam para matar, então parece uma coisa mais esporádica (Jornalista 2).

Além da participação de agentes de segurança pública nas chacinas de Carapicuíba, atribuídas pelo delegado à ação de Grupo de Extermínio, outra chacina ocorrida no ano de 2014, na Brasilândia, foi alvo de debate público. Tendo ocorrido em uma praça chamada 7 Jovens, vitimou 5 pessoas, sendo 3 vítimas fatais e 2 feridos — a referida praça passou a ser assim chamada devido a uma chacina anterior ocorrida no mesmo local em 2007, vitimando 7 pessoas. O que temos é um local com reincidência de chacinas, e com possível ação policial nos dois momentos. Em 2007, como nos trouxe Cláudia Aguiar (2017, p. 48) os sete jovens foram abordados por quatro pessoas que desceram de um carro e gritaram "polícia, polícia, de costas na parede!" e os jovens foram alvejados. Seis deles faleceram e um ficou gravemente ferido, com cegueira de um olho e paralítico. Na tentativa de diminuir a violência na Brasilândia, após essa chacina, foi instaurada pelo governo estadual a chamada Operação Saturação, na qual cerca de 600 policiais começaram a realizar buscas, apreensões e abordagens cotidianas no bairro e, após a Operação Saturação foi instalada outra operação no local, denominada de Virada Social, em que a Polícia Militar montou tendas no bairro para ações sociais, tais como atendimento odontológico e palestras sobre gravidez precoce (Aguiar, C. 2017, p. 49). Assim, naquele momento a saída para as execuções foi a militarização do bairro e a promoção de ações sociais a partir do poder de polícia. O que se teve na Brasilândia foi uma gestão das populações a partir da militarização do território, na qual os agentes de segurança pública interferiram nas mortes, no controle social e nas questões sociais, inclusive, ligadas ao que se considera como bem-estar dos moradores.

Embora todas essas operações tenham ocorrido na Brasilândia em 2007 com uma justificativa estatal de dirimir as execuções e violências, fato é que a militarização do território da Brasilândia não só não interditou as violências, como não impediu que em 2014 uma nova chacina ocorresse no mesmo local dessa de 2007. Cláudia Aguiar (2017), ao pesquisar essas chacinas na Brasilândia, entrevistou moradores que demandavam sobre a ação policial na chacina de 2014.

> [...] a perícia foi feita na própria madrugada, ainda na escuridão, e o "rabecão" do Instituto Médico Legal também saiu na madrugada. Pela manhã, policiais militares dentro de viaturas passaram pelo local do crime [a Praça] "ameaçando os jovens que lá estavam, dizendo: já morreram 3 esta madrugada, não fiquem por aí, que vai sobrar pra vocês também..." (Manifesto contra a Chacina de Jovens) (Aguiar, C. 2017, p. 77-78).

> [(Sobre a chacina do dia 16 de abril de 2014) Na semana do carnaval, que todo mundo viajou, inclusive eu, roubaram a casa do policial. Teve uma suspeita que foram os "caras da praça". Como aqui é uma praça, um espaço público, vem gente de todo lugar. Assim como você tá sentada aqui, às vezes vem o cara lá do Jaraguá e senta aqui, entendeu? Na nossa visão foi vingança (Aguiar, C. 2017, p. 78).

Ainda em 2014, em razão das chacinas ocorridas e de execuções sumárias, diversos grupos e movimentos sociais, como: Uneafro-Brasil, MNU, Círculo Palmarino, Levante da Juventude, MTST, Mães de Maio, Quilombação, Núcleo de Consciência Negra da USP, Articulação Popular e Sindical de Mulheres Negras, Campanha Porque O Sr. Atirou em mim?, Campanha Racismo Mata, Campanha Eu Pareço Suspeito?, Instituto Nação Treme Terra, Centro Acadêmico

João Mendes Jr, Movimento Paraisópolis Exige Respeito, Associação Cultural Fábrica de Cinema, Associação Franciscana de Defesa de Direitos, Formação Popular Quilombo Raça e Classe, dentre outros, organizaram um protesto, no mês de dezembro, chamado Ferguson[82] é Aqui (Ramos, 2021, p. 280). Davis (2018, p. 29-31) traz que o que aconteceu em Ferguson tem um contexto global, que está conectado aos armamentos, tecnologia e treinamentos militares da polícia, aliados a uma ideia de combate, no caso dos Estados Unidos, de combate ao terror e a um racismo que se expressa em violência estatal. No caso do Brasil, esse protesto Ferguson é Aqui, evidenciou como determinadas violências, como as das chacinas são entendidas pelos movimentos sociais como expressões do genocídio negro que é visto como existente não só no caso brasileiro, mas também em países que passaram pela experiência da colonização e escravidão.

Se, em 2014, as chacinas trouxeram todo esse debate sobre atuação de policiais em Grupos de Extermínio e a atuação de agentes de segurança pública em chacinas, em 2015, houve um quadro mais expressivo no que tange à ação de agentes de segurança pública em chacinas. Foi em 2015 que ocorreu a chamada maior chacina do estado de São Paulo (Silva, 2021), a chacina de Osasco e Barueri e, além dessa, outras 18 chacinas, perfazendo um total de 19 chacinas, com 99 vítimas fatais e cerca de 22 feridos. Dessas 19 chacinas, 8 constavam nas reportagens que haveria agentes de segurança pública entre os suspeitos das execuções. Embora a chacina de Osasco e Barueri tenha sido a maior registrada durante 2015, outras chacinas tiveram número elevado de mortos. No Jardim São Luiz, Zona Sul, em março de 2015, 10 pessoas foram assassinadas em uma chacina. Em abril, 6 foram mortos em Parelheiros e um dia após, 8 foram executados na quadra da Torcida Organizada Pavilhão Nove. Das 19 chacinas, 8 apareceram nos jornais

82 Ferguson é uma cidade do Missouri, Estados Unidos, na qual em agosto de 2014, um policial branco atirou e matou o jovem negro de 18 anos, Michael Brown, gerando uma onda de protestos.

com possível ação de agentes de segurança pública nas execuções. Na RMSP as cidades de Mogi das Cruzes, Embu, Guarulhos, Itapevi, Osasco, Barueri, Mauá, Carapicuíba e Cotia registraram chacinas, sendo que a cidade de Mogi registrou o maior número de chacinas dentre todas, contando com 3. Já em relação à cidade de São Paulo, apenas o Centro da cidade não registrou chacinas.

MAPA 6. LOCALIZAÇÃO DAS CHACINAS OCORRIDAS EM SÃO PAULO E NA REGIÃO METROPOLITANA DE SÃO PAULO (2015)

● LOCALIZAÇÃO DAS CHACINAS — LIMITE DOS MUNICÍPIOS DA RMSP

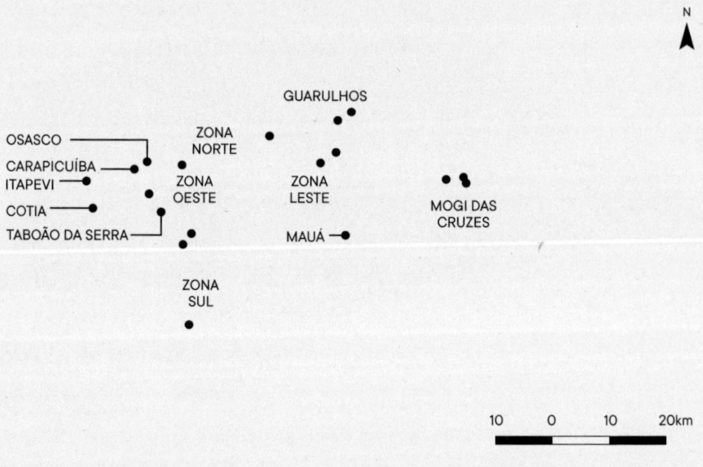

ELABORAÇÃO: Davidson Matheus Félix Pereira (2021)
ORGANIZAÇÃO: Camila de Lima Vedovello

DATUM: SIRGAS-2000
FONTE: Base de dados de VEDOVELLO, C. 1 (2021); IGC-SP (2016); Google Earth (2021)

Esse mapeamento das localizações das chacinas em 2015 (Mapa 6) mostra como há, ao longo dos anos, uma tendência de um cinturão de ocorrências em que as cidades que estão no limite da RMSP demonstram baixos índices de chacinas, e a área central e Zona Oeste de São Paulo também são territórios em que chacinas ocorrem eventualmente.

Entre a noite do dia 06 de março e madrugada do dia 07, uma chacina vitimou 10 pessoas em quatro ruas distintas do Jardim São Luiz, Zona Sul. Os dados sobre chacinas que levantamos a partir de 2009 nos jornais nos traziam chacinas com número máximo de 06 mortos até 2012. Esses dados começam a ser alterados em 2013, quando no Campo Limpo, Zona Sul da capital, 07 pessoas foram vitimadas no início daquele ano, mesma quantidade de vítimas em Carapicuíba, em 2014. A partir de 2013 há uma escalada no número de vítimas das chacinas, chegando à de Osasco e Barueri em 2015, com cerca de 19 mortos, sendo que o número inicial divulgado da chacina de Osasco e Barueri havia sido de 23 vítimas, mas ao longo do processo essas vítimas foram alocadas em inquéritos diferentes, diminuindo, assim, a contagem dos mortos para um único evento. O número de mais de vinte vítimas trazia a essa chacina ocorrida em cidades da RMSP comparações com a chamada Chacina de Vigário Geral, ocorrida em 1993 no Rio de Janeiro e à chacina da Baixada, que vitimou vinte e nove pessoas em 2005, em cidades da Baixada Fluminense.

Uma das questões importantes para pensar as chacinas está no registro das mesmas. Uma jornalista que me concedeu entrevista, tratou do registro para discutir o quanto se pode dizer que há diminuição ou não das chacinas. Para a jornalista, a decisão sobre como esse evento irá ser registrado determinará também sobre a exposição das mesmas, sobre número de ocorrências de chacinas.

> A questão do registro policial que é feita pela CAP[83] na Secretaria de Segurança Pública, ela é muito complexa, por que o que que é a chacina? A chacina, essa terminologia não existe, é homicídio múltiplo, então para você registrar algo como homicídio múltiplo, você tem que traçar um paralelo imediato de que aquelas mortes aconteceram pelo mesmo motivo e pelo mesmo autor e como esses casos chamam

83 A Coordenadoria de Análise e Planejamento (CAP) é o órgão responsável por organizar as estatísticas criminais no Estado de São Paulo.

> muito mais atenção do que homicídios simples, separados, me desculpe o termo, mas como se fosse, entre aspas, "no varejo", então a gente percebe que há uma tentativa das autoridades em não registrar os casos como homicídios múltiplos. Então, de repente você tem um homicídio no começo da rua, outro em outra rua, dois na outra rua e eles são registrados como homicídios separados e não como uma chacina, por isso eu acho difícil falar em diminuição de chacinas (Jornalista 3).

Desse modo, o que a jornalista questiona é como um evento de chacina pode ser desmembrado em mais de uma ocorrência de execução ou duplos homicídios. A desvinculação de algumas mortes que apareciam pertencentes à Chacina de Osasco e Barueri, fez com que essa chacina que contava primeiramente com 23 vítimas fosse diminuída para 19 vítimas fatais.

Ainda sobre as chacinas ocorridas em 2015, chama atenção as ocorridas em Mogi das Cruzes. Ao longo do ano, 3 chacinas ocorreram na cidade, sendo duas ocorridas no bairro Caputerra e uma no Jardim Universo. A primeira chacina ocorreu no final de janeiro daquele ano, vitimando 5 pessoas, outra em abril com 3 mortos e, por fim, outra em julho com, também, 3 vítimas fatais. Omura (2019) traz como essas chacinas de 2015 em Mogi, faziam parte de uma série de chacinas que começaram a ocorrer em 2013, vitimando ao longo desse tempo 26 pessoas na cidade.

> Entre novembro de 2013 e julho de 2015 — período de um ano e oito meses — ao menos 26 pessoas foram assassinadas por suposto grupo de extermínio formado por policiais. Até o momento, dois ex-policiais militares são acusados de participarem de partes dos assassinatos. Todas as vítimas eram jovens do sexo masculino e moradores de áreas periféricas e regiões afastadas do centro da cidade (Omura, 2019, p. 08).

Essa série de chacinas fez com que familiares de vítimas se organizassem, com o auxílio das Mães de Maio, originando assim as Mães

Mogianas e as Mães de Osasco, por exemplo. Sobre essa característica articuladora das Mães de Maio, em que acolhem outras mães e familiares de vítimas, ajudando-os a transformar o "luto em luta"[84], Almeida (2021, p. 275-276) destaca como há uma política de coalizão em que as mães se colocam na luta por todas e todos que foram vitimados pelo Estado, e a pluralidade das diversas possibilidades de maternidade se torna um elemento aglutinador. Se há um termo que se pode trazer para demonstrar como essas conexões ocorrem, esse termo é o da "dororidade", elaborado por Vilma Piedade (2017), que vem dessa dor constante das mulheres negras no seio de uma sociedade racista. A dororidade a partir da violência das execuções, é assim posta por Piedade:

> Tem uma dor constante que marca as Mulheres Pretas no cotidiano — a dor diante de uma perda. E, nesse jogo cruel do Racismo, quem perde mais? Quem está perdendo seus filhos e filhas? Todos Pretos. Todas Pretas. A resposta tá estampada nos dados oficiais sobre o aumento do Genocídio da Juventude Preta. Dororidade (Piedade, 2017, p. 18).

Ao saber de chacinas ocorridas, as Mães de Maio se deslocam até os territórios em que essas mães e familiares de vítimas residem para esse acolhimento construído através de dores conjuntas, da dororidade que as liga. Almeida, coloca que as Mães de Maio:

> Ao tratarem de seus mortos, tratam também das mortes de outros casos, e ao falarem das mortes de outros casos, falam também dos seus próprios mortos. Essa postura política aproxima as Mães de Maio de diversos outros territórios, bem como de diversas outras temporalidades (Almeida, 2021, p. 279-280).

84 "Do luto à luta", ou transformar o "luto em luta", são emblemas utilizados por essas mães e familiares de vítimas em suas ações em busca de esclarecimentos sobre os casos e de justiça.

As Mães de Maio ajudaram as Mães Mogianas e as Mães de Osasco a se articularem, assim como acolheram as mães, familiares e integrantes da Torcida Organizada Pavilhão Nove, devido à vitimização dos 8 torcedores dentro da quadra da torcida em 2015 — chacina de análise central nessa pesquisa, também tendo a participação de um ex-policial enquanto um dos executores, além de mais duas pessoas identificadas enquanto dois policiais e depois retiradas do processo, como veremos no Capítulo 4. Sobre o apoio oferecido para familiares de outras vítimas de execuções e chacinas, Débora Silva expõe:

> Esse levante foi fundamental para porque ele deu visibilidade… a gente tirou do anonimato várias mães, vários grupos de jovens, várias, inclusive instituições voltadas aos direitos humanos e começamos a ser muito convidadas para estar nesses locais, nos estados e não tinha como a gente não passar nossa experiência de aumentar a força do movimento das mães e colaborando com o fortalecimento territorial dessas outras vítimas ocultas que são as mães, são os familiares, e trazendo para luta mas a gente tinha uma cautela muito grande de deixar as pessoas serem protagonistas do seu território. Esse foi uma das maiores ideias que nós tivemos de fortalecer a luta cada um defendendo seu território com as trocas (Débora Silva).

Dentre as diversas mães e familiares de vítimas acolhidas pelas Mães de Maio, estão as Mães de Osasco. Em agosto de 2015 a Chacina de Osasco e Barueri estampou muitas páginas de jornais, haja visto o número de vítimas fatais, e também as abordagens com questionamentos sobre passagens[85] das vítimas antes das execuções. Uma dessas abordagens, em um bar, foi, inclusive, flagrada por câmeras de segurança. Silva (2021), ao debater as chacinas efetivadas por

85 A "passagem" é um modo de se referir ao registro de uma pessoa pelo sistema judiciário e penitenciário. Assim, uma pessoa com passagem ou passagem policial, é aquela que já teve Boletim de Ocorrência registrado, já respondeu a algum inquérito ou foi sentenciado.

agentes de segurança pública e perscrutar a Chacina de Osasco e Barueri, expõe que:

> O evento ficou conhecido na imprensa como a maior chacina ocorrida em 2015 e uma das maiores da história do estado de São Paulo. Os crimes foram cometidos por três grupos, formados por pelo menos 10 pessoas armadas e encapuzadas, e ocorreram em 10 pontos de Osasco e Barueri, entre as 20h30 e 23h10. Ao menos durante um dos crimes, os homens encapuzados enfileiraram as vítimas, perguntaram sobre seus antecedentes criminais e dispararam em seguida. Entre as vítimas, seis possuíam passagem pela polícia. As demais, não (Silva, 2021, p. 35).

Após essa chacina e sua repercussão na mídia, outras três ocorreram na RMSP: uma em Mauá, uma em Carapicuíba e uma em Cotia. Todas, no entanto, tiveram entre 3 e 4 vítimas, e na de Carapicuíba houve a suspeita de participação de agentes de segurança pública, que resultou na prisão de um policial militar em setembro de 2015, sob a suspeita de que haveria praticado a chacina para vingar o roubo da bolsa de sua esposa[86]. Esse policial foi solto em 2016 por falta de provas.

Em 2016, o número de chacinas relatadas nos jornais diminuiu drasticamente em relação ao ano anterior. Sete chacinas foram reportadas, sendo: uma em Guarulhos, uma em Embu, uma em Mogi das Cruzes, uma em Itaquaquecetuba, uma na Zona Leste paulistana e duas na Zona Norte, nos bairros do Jaçanã e Parque Edu Chaves. Dentre as chacinas ocorridas, duas constavam com a possível participação de agentes de segurança pública, sendo que uma delas ganhou destaque nos jornais devido ao modo como foi executada. O caso ficou conhecido como a Chacina dos 5 de Mogi ou Chacina dos 5 da Leste. O jornal Folha de São Paulo destacou o caso, que primeiramente

86 Maiores informações, cf.: https://sao-paulo.estadao.com.br/noticias/geral,pm-e-preso-por-suspeita-de-participacao-em-chacina-de-carapicuiba,1768233.

era tratado como desaparecimento dos jovens, visto que os mesmos haviam saído de carro rumo a uma festa e sumiram. Antes de sumirem, porém, um dos jovens enviou áudio para uma amiga relatando um enquadro policial[87].

O DESAPARECIMENTO

21.out
- Às 23h, os jovens saem da zona leste para ir a uma suposta festa em Ribeirão Pires. Foi a última vez em que foram vistos –após o desaparecimento, os perfis das meninas que os convidaram sumiram do Facebook

- Por volta da 0h30, César envia uma mensagem pedindo a um amigo que os buscasse, pois o carro havia quebrado. Não se sabe, porém, se o carro quebrou de verdade; esse amigo acredita era apenas uma forma de atraí-lo para a festa

- Um dos garotos manda um áudio a uma amiga dizendo que o grupo havia sido parado por PMs: "Ei, tio. Acabo de tomar um enquadro ali. Os polícia tá me esculachando [sic]", dizia a mensagem

23.out
- O carro é encontrado aberto no rodoanel; ele não estava quebrado e não havia sangue

- Durante as duas semanas seguintes, família e amigos fazem buscas por conta própria em cidades próximas, como São Paulo, Santo André, Mauá, Ribeirão Pires, Atibaia e Bragança Paulista

6.nov
- A polícia acha os corpos dos cinco jovens em um matagal na estrada Taquarussu, em Mogi das Cruzes

Fonte: Boletim de Ocorrência/Polícia Civil

FIGURA 3. Cronologia da Chacina dos 5 de Mogi/Chacina dos 5 da Leste.
FONTE: Pagnan (2016).

87 Maiores informações, cf.: https://www1.folha.uol.com.br/cotidiano/2016/11/1830037-corpos-encontrados-na-grande-sp-sao-de-jovens-desaparecidos-diz-ouvidor.shtml; https://www1.folha.uol.com.br/cotidiano/2016/11/1830296-suspeita-sobre-pms-cresce-em-caso-de-jovens-encontrados-mortos-em-sp.shtml; https://www1.folha.uol.com.br/cotidiano/2016/11/1831396-guarda-do-abc-e-preso-suspeito-de-ligacao-com-chacina-de-5-jovens-em-sp.shtml; https://www1.folha.uol.com.br/colunas/monicabergamo/2016/11/1830593-apos-chacina-ato-pede-intervencao-do-mp-sp-na-pm-e-denuncia-genocidio.shtml; https://www1.folha.uol.com.br/cotidiano/2016/12/1842380-promotor-denuncia-guarda-civil-por-chacina-de-jovens-da-zona-leste-de-sp.shtml.

O desaparecimento dos cinco jovens, que terminou com a descoberta de uma chacina, desvelou toda uma ação elaborada por agentes de segurança pública, dentre eles, um guarda municipal da cidade de Santo André. As investigações apontavam, na época, que os jovens teriam sido atraídos para uma emboscada através de perfis falsos criados pelo guarda municipal, que simulavam mulheres que estariam chamando esses jovens para uma festa. Os corpos dos jovens apresentavam sinais de tortura. Um dos jovens era suspeito de participação na morte de um policial. Além do guarda municipal, dois policiais militares foram ouvidos, pois haviam consultado as fichas criminais dos jovens antes da emboscada ser realizada. Diferente da maioria das chacinas em que as execuções se dão em locais públicos e os corpos deixados ao relento para demonstração de poder, nessa chacina, os jovens foram enterrados em uma mata. Após essa chacina, o grupo Mães de Maio e o Núcleo de Consciência Negra da USP convocaram um protesto contra o genocídio da população preta e periférica.

Entre 2016 e 2017, chacinas ocorridas no bairro do Jaçanã, Zona Norte paulistana, fizeram com que o local ficasse conhecido como bairro das chacinas. Em 2017, há registros de 8 chacinas na cidade de São Paulo e RMSP, sendo 3 na Zona Sul, 3 na Zona Norte, 1 em Osasco e 1 em Guarulhos, com um total de 32 vítimas fatais e, nas duas últimas chacinas desse ano, ocorridas na Zona Norte paulistana (Pirituba e Tremembé) constam indícios de participação de agentes de segurança pública.

A chacina ocorrida no Tremembé ganhou destaque em jornais, pelo fato de que uma das vítimas era uma mulher, loira e de origem da classe média paulistana. O jornal Folha de São Paulo trouxe uma reportagem de página inteira, em 14 de novembro de 2017, no caderno Cotidiano, com o título "A morte de Bruna"[88], em que traça a vida familiar, os gostos e a trajetória dessa mulher que foi vitimada nessa chacina no Tremembé,

88 Maiores informações, cf.: https://www1.folha.uol.com.br/cotidiano/2017/11/1935211-jovem-de-classe-media-se-envolve-com-drogas-sai-de-casa-e-morre-em-chacina.shtml?origin=folha.

trazendo uma prática incomum sobre as vítimas de chacinas, um obituário jornalístico[89]. Enquanto na maioria das reportagens não temos dados sobre a vida das vítimas, principalmente quando essas estão enquadradas na categoria de suspeitos, nessa reportagem há um destaque sobre a mulher loira, de classe média, que se envolveu com drogas e fugiu para viver com o namorado, como se a reportagem trouxesse o espanto sobre alguém que não era considerado enquanto vida matável (Agamben, 2007) ter sido atingida, em que o modo de reparar esse erro foi o de trazer um enquadramento que mostrasse publicamente que essa seria uma vida passível de luto (Butler, 2015).

MAPA 7. LOCALIZAÇÃO DAS CHACINAS OCORRIDAS EM SÃO PAULO E NA REGIÃO METROPOLITANA DE SÃO PAULO (2017)

● LOCALIZAÇÃO DAS CHACINAS — LIMITE DOS MUNICÍPIOS DA RMSP

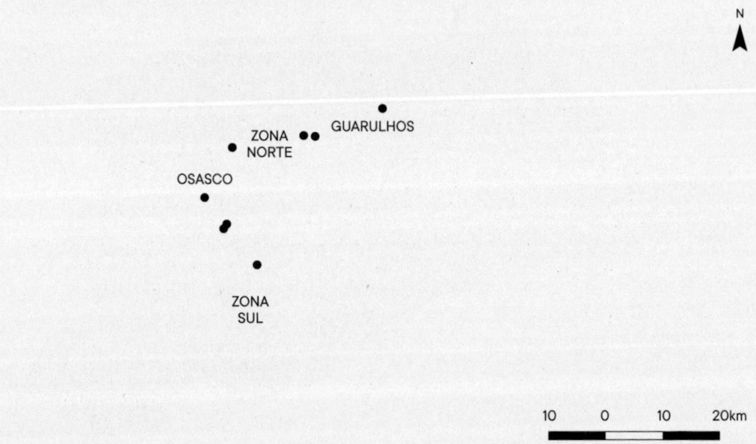

ELABORAÇÃO: Davidson Matheus Félix Pereira (2021)
ORGANIZAÇÃO: Camila de Lima Vedovello

DATUM: SIRGAS-2000
FONTE: Base de dados de VEDOVELLO, C. 1 (2021); IGC-SP (2016); Google Earth (2021)

89 Durante a pesquisa, observei que obituários sobre vítimas de chacinas são usuais em jornais quando o número de vítimas é elevado, como no caso de Osasco e Barueri ou da Torcida Organizada Pavilhão Nove. Fora esses casos, os relatos nos jornais sobre as chacinas não destacam as vítimas e suas histórias de vida.

MAPA 8. LOCALIZAÇÃO DAS CHACINAS OCORRIDAS EM SÃO PAULO E NA REGIÃO METROPOLITANA DE SÃO PAULO (2018)

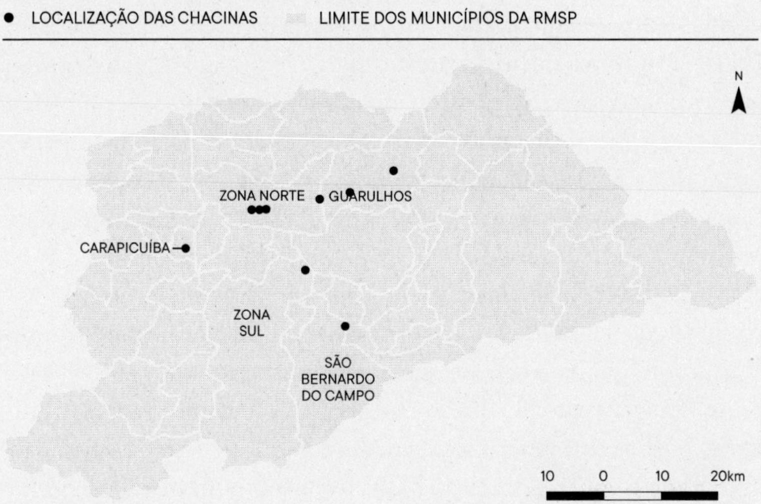

ELABORAÇÃO: Davidson Matheus Félix Pereira (2021)
ORGANIZAÇÃO: Camila de Lima Vedovello

DATUM: SIRGAS-2000
FONTE: Base de dados de VEDOVELLO, C. 1 (2021); IGC-SP (2016); Google Earth (2021)

Para além da cobertura sobre a morte de Bruna, no Tremembé, o que aparece nos dados é que, entre 2016 e 2018, o número de chacinas na Zona Norte de São Paulo teve um aumento. Se em 2015, no ano das grandes chacinas, ocorreu somente uma chacina na Zona Norte, atingindo o bairro do Jaçanã, em 2016 esse número sobe para 2, em 2017 para 3 e em 2018 para 4 chacinas, sendo 1 em Pirituba, 2 na Brasilândia e 1 no Jaçanã, sendo que em 2018, apenas 1 das chacinas aparecem com agentes de segurança pública enquanto suspeitos.

Os mapas das localizações das chacinas em 2017 e 2018 (Mapa 7 e Mapa 8) mostram uma quebra no cinturão metropolitano de chacinas que ocorriam até então. Começa a existir, a partir desse momento, uma retração da quantidade de chacinas, e os dados de 2019 e 2020 denotam ainda mais essa queda. Em 2019, 4 chacinas são registradas, sendo 1 em Suzano, 1 no Jardim Peri Alto (Zona Norte), 1 em

Sapopemba (Zona Leste) e 1 em Paraisópolis (Zona Sul), no chamado Baile da DZ7. A chacina de Suzano foi um ataque a uma escola pública estadual, em que um aluno e um ex-aluno da Escola Estadual Raul Brasil entraram na instituição, vitimando 8 pessoas e se suicidando em seguida. Esse fato foi chamado nas mídias de ataque, chacina e massacre[90]. Já nas chacinas de Sapopemba e de Paraisópolis, agentes de segurança pública aparecem enquanto suspeitos das execuções, sendo que em Paraisópolis as mortes não foram causadas por disparos de arma de fogo de modo direto, mas sim por asfixia mecânica indireta ocasionada pela tentativa de dispersão do Baile Funk pela PM paulista que justificou a ação relatando que havia uma perseguição contra dois homens armados que adentraram as ruas do baile em uma moto. Imagens da ação que culminou na chacina que foram divulgadas posteriormente na mídia demonstram, no entanto, policiais agredindo frequentadores do baile durante a tentativa de encerramento do mesmo[91].

Em 2019 ocorreram os julgamentos da Chacina de Osasco e Barueri, tratados por Silva (2021), além do julgamento da Chacina da Torcida Organizada Pavilhão Nove e de uma série de julgamentos do ex-policial identificado enquanto um dos réus das Chacinas de Mogi. Nesses julgamentos, em 2019, os réus foram sentenciados penas que ultrapassavam cem anos de detenção, o que considero que pode ter impactado, de fato, as execuções através das chacinas.

90 Maiores informações, cf.: https://www.correiobraziliense.com.br/app/noticia/brasil/2019/03/18/interna-brasil,743564/massacre-em-suzano-e-resultado-da-cultura-do-odio.shtml; https://www1.folha.uol.com.br/cotidiano/2019/03/ataque-em-suzano-gera-debate-sobre-a-tipificacao-do-crime.shtml.

91 Maiores informações, cf.: https://ponte.org/artigo-a-chacina-de-paraisopolis/?fbclid=IwAR3pqtE1V0Hab0TDP0BtaVkKQ-mh5mJ5j6yaQULATfGNFyIY0DeHIHq7Ow8; https://ponte.org/policiais-atuaram-em-47-das-chacinas-em-5-estados-aponta-levantamento/; https://diplomatique.org.br/quem-lembrara-dos-nove-de-paraisopolis/; https://g1.globo.com/sp/sao-paulo/noticia/2019/12/01/veja-quem-sao-os-mortos-do-tumulto-em-baile-funk-em-paraisopolis-em-sp.ghtml.

Ao tratar das mortes decorrentes de intervenção policial, os dados do Fórum Brasileiro de Segurança Pública entre os anos de 2017 e 2020 demonstram que há uma queda, principalmente entre os anos de 2019 e 2020 no estado de São Paulo. De acordo com os dados, as mortes decorrentes de intervenções policiais em serviço e fora de serviço vitimaram 940 pessoas em 2017, 851 em 2018, 867 em 2019 e 814 em 2020. Apesar dessa baixa no estado, os dados também trazem que em 2020 a cidade de São Paulo ocupou a segunda posição no *ranking* das 50 cidades brasileiras com maiores números absolutos de mortes decorrentes de intervenção policial, com 390 vítimas, em uma taxa de 3,2 vítimas fatais por 100 mil habitantes. Nesse mesmo *ranking*, a cidade de Guarulhos aparece em 24° lugar, com um total de 28 vítimas, em uma taxa de 2,0 vítimas fatais por 100 mil habitantes e Osasco aparece em 37° lugar, com 19 vítimas fatais e perfazendo uma taxa de 2,7 vítimas por 100 mil habitantes (FBSP, 2019, p. 51; FBSP, 2021, p. 58-65).

Em 2020, foram registrados nos veículos de imprensa 5 chacinas, sendo 2 na Zona Leste (Vila Jacuí e Sapopemba), 2 na Zona Sul (Capão Redondo e Chácara Santo Antônio) e 1 em Embu. As chacinas no Capão Redondo e Chácara Santo Antônio ocorreram entre final de janeiro e início de fevereiro de 2020, sendo que, de acordo com as notícias veiculadas na imprensa, na Chácara Santo Antônio havia suspeita de participação de policiais civis. Entre março e meados de junho houve um interregno em que nenhuma chacina foi registrada. Duas chacinas ocorreram em junho e, de julho a meados de setembro também não houve registros de chacinas, sendo que a última chacina de 2020 ocorreu em 16 de setembro, no bairro de Sapopemba. Não consigo afirmar, entretanto, que nesses meses que não houve registro de chacinas, que elas de fato não ocorreram ou se a imprensa não as noticiou devido à grande quantidade de informações recorrentes da pandemia de Covid-19 que levou parte da população mundial ao isolamento social durante o ano de 2020. Também não há elementos para afirmar, caso realmente exista de fato essa interrupção das chacinas, que isso tenha ocorrido por conta de um maior isolamento social.

2.4. Composições sociais das chacinas: territórios, vítimas, executores e possíveis causas

Entre os anos de 2009 e 2020, a partir dos dados coletados em jornais (vide subcapítulo 1.1), obtive o número de 138 chacinas ocorridas na cidade de São Paulo e RMSP. Essas chacinas foram distribuídas em uma tabela em que, a partir das informações constantes nas reportagens, levantei informações sobre vítimas, possíveis executores, localidades, horários, possíveis causas, dentre outras informações que trato nesse subitem.

QUADRO 4. NÚMERO DE CHACINAS E DE VÍTIMAS FATAIS NA CIDADE DE SÃO PAULO E RMSP (2009-2020)

ANO	CHACINAS	NÚMERO DE VÍTIMAS FATAIS
2009	15	49
2010	13	48
2011	11	38
2012	24	82
2013	16	61
2014	07	29
2015	19	99
2016	07	27
2017	08	32
2018	09	31
2019	04	24
2020	05	16

FONTE: Elaboração própria, a partir de base de dados coletados em notícias da imprensa (2021).

Ao longo da pesquisa, observei que determinados territórios foram atingidos com maior frequência em relação a outros. No que concerne aos dados do NEV/USP, temos que entre 1980 e 2008 as cidades de Osasco, Francisco Morato, Itapecerica da Serra, Embu, Guarulhos, Itaquaquecetuba, São Bernardo do Campo, Diadema e Mauá, concentraram chacinas, e na cidade de São Paulo, a Zona Sul concentrou o maior número, seguida da Zona Leste. Entre 2009 e 2020, algumas localidades, como Zona Sul de São Paulo, Taboão da Serra, Embu, Carapicuíba, Osasco, Zona Norte, Guarulhos, Zona Leste, Mauá, Santo André e Diadema concentraram as chacinas. No mapa síntese das chacinas (Mapa 9) há 14 cidades em que não existiram registros de chacinas entre os anos de 2009 e 2020, sendo elas: Pirapora de Bom Jesus, Cajamar, Caieiras, Franco da Rocha, Francisco Morato, Mairiporã, Santa Izabel, São Lourenço da Serra, Juquitiba, Rio Grande da Serra, Guararema, Salesópolis, Biritiba-Mirim e Vargem Grande Paulista. Esses dados trazem que, nesse período de onze anos, ocorreram chacinas em cerca de 64% das cidades que compõem a RMSP.

Sobre o horário de ocorrência das chacinas, temos que entre 2009 e 2020 87% das chacinas ocorreram após as 18h, com um total de 61 chacinas ocorridas à noite e 60 durante a madrugada. Pela manhã aconteceram 5 chacinas e à tarde 4, sendo que os anos em que mais ocorreram chacinas durante o período da tarde foi 2012, com 3 chacinas e 2013 foi o ano com maior número durante a manhã, contando também com 3. Em 58% das chacinas noticiadas, havia 3 vítimas fatais e em 25% contavam com 4 vítimas. Nesse período ocorreram 8 chacinas com 5 vítimas e 8 chacinas com 6 vítimas fatais, também ocorreram 2 chacinas com 7 vítimas e 2 com 8, 1 com 9 e 1 com 10 vítimas, além da chacina de Osasco e Barueri, contando com 19 vítimas fatais.

Das 536 vítimas fatais das chacinas entre 2009 e 2020, 419 eram do sexo masculino, configurando 78,17% das vítimas fatais, 37 do sexo feminino perfazendo 6,90% do total de vítimas. Para 79 vítimas, não havia identificação de gênero nas matérias e uma das 536 vítimas era uma travesti. Nos estudos de Silva (2021) sobre chacinas no Brasil, é posto que entre 2015 e 2019, 86,2% das vítimas eram do sexo masculino. Sobre a idade média das vítimas, meu levantamento não encontrou nenhuma informação referente a esse dado em 37 casos, perfazendo um total de 198 vítimas sem identificação etária. A faixa etária mais atingida por chacinas foi entre 18 e 24 anos, com um total de 110 pessoas executadas. Entre 25 e 29 anos, encontrei 52 pessoas vítimas de chacinas, portanto, as pessoas entre 18 e 29 anos foram as maiores vítimas das chacinas entre 2009 e 2020, com um total de 162 pessoas. Cabe ressaltar que na faixa etária entre 13 e 17 anos, 51 adolescentes morreram nesse período vitimados por chacinas. Assim, ao computar a idade das vítimas, temos que elas são, em sua maioria jovens. Sobre as demais faixas etárias, encontram-se: 6 vítimas entre 0 e 12 anos; 80 vítimas entre 30 e 40 anos; 27 vítimas entre 41 e 50 anos; 10 vítimas entre 51 e 60 anos e 2 vítimas acima de 61 anos.

Acerca das informações sobre cor e raça[92], não consegui nas buscas sobre chacinas em São Paulo e RMSP dados que trouxessem essa informação. Silva (2021) também elenca o problema de obtenção desses dados no caso do Brasil. O que se percebe, portanto, é uma lacuna no que tange a essa informação e, nesse sentido, indico que há a necessidade de um estudo que se aprofunde sobremaneira na raça/cor de vítimas de chacinas. Um elemento elucidativo dessa questão para compreendermos a questão da raça/cor das vítimas está nos dados referentes à composição demográfica dos espaços. Para preencher essa lacuna, busquei mapas da composição demográfica sobre raça/cor, na base de dados do CEM (Centro de Estudos da Metrópole), e destaco após o Mapa da Localização das Chacinas Ocorridas em São Paulo e RMSP entre 2009 e 2020 (Mapa 9), três figuras (Figura 4, Figura 5 e Figura 6) que sublinham a raça/cor da população nessas localidades.

92 Em que pese todas as discussões sobre pertença, origem e etnia, utilizamos nesta pesquisa os quesitos "raça e cor" para coleta de dados, assim como posto pelo Instituto Brasileiro de Geografia e Estatística. Para um maior debate sobre essa questão, sugerimos o artigo de Simon Schwartzmann "Fora de foco: diversidades e identidades étnicas no Brasil" (1999). Cf.: SCHWARTZMANN, Simon. Fora de foco: diversidades e identidades étnicas no Brasil. *Novos Estudos*, São Paulo, ed. 55, v. 3, nov. 1999.

MAPA 9. LOCALIZAÇÃO DAS CHACINAS OCORRIDAS EM SÃO PAULO E NA REGIÃO METROPOLITANA DE SÃO PAULO ENTRE 2009 E 2020

● LOCALIZAÇÃO DAS CHACINAS — LIMITE DOS MUNICÍPIOS DA RMSP

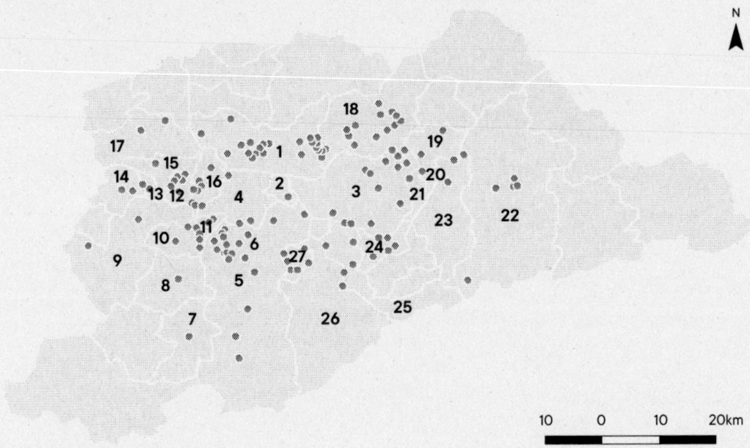

1. ZONA NORTE DE SÃO PAULO
2. CENTRO DE SÃO PAULO
3. ZONA LESTE DE SÃO PAULO
4. ZONA OESTE DE SÃO PAULO
5. ZONA SUL DE SÃO PAULO
6. SÃO PAULO
7. EMBU-GUAÇU
8. ITAPECERICA DA SERRA
9. JUQUITIBA
10. EMBU
11. TABOÃO DA SERRA
12. CARAPICUÍBA
13. JANDIRA
14. ITAPEVI
15. BARUERI
16. OSASCO
17. SANTANA DE PARNAÍBA
18. GUARULHOS
19. ITAQUAQUECETUBA
20. POÁ
21. FERRAZ DE VASCONCELOS
22. MOGI DAS CRUZES
23. SUZANO
24. MAUÁ
25. SANTO ANDRÉ
26. SÃO BERNARDO DO CAMPO
27. DIADEMA

ELABORAÇÃO: Davidson Matheus Félix Pereira (2021)
ORGANIZAÇÃO: Camila de Lima Vedovello

DATUM: SIRGAS-2000
FONTE: Base de dados de VEDOVELLO, C. 1 (2021); IGC-SP (2016); Google Earth (2021)

FIGURA 4. Percentual de população preta em São Paulo e RMSP. FONTE: Centro de Estudos da Metrópole (2021), a partir de base de dadosdo Censo de 2010.

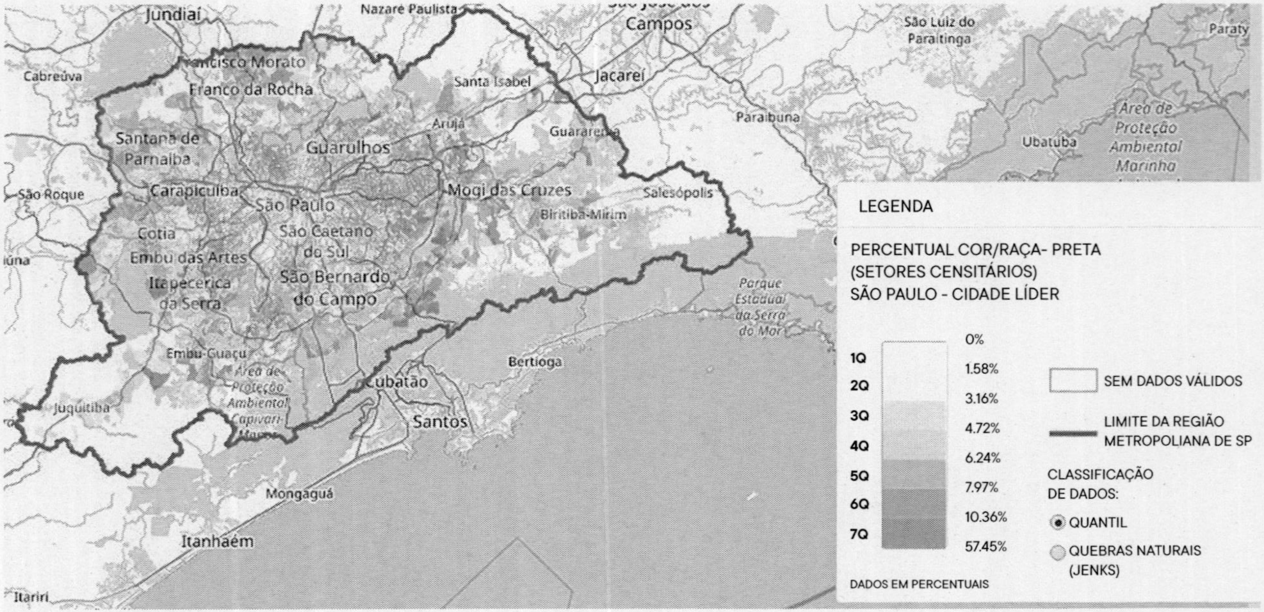

FIGURA 5. Percentual de população parda em São Paulo e RMSP. FONTE: Centro de Estudos da Metrópole (2021), a partir de base de dados do Censo de 2010.

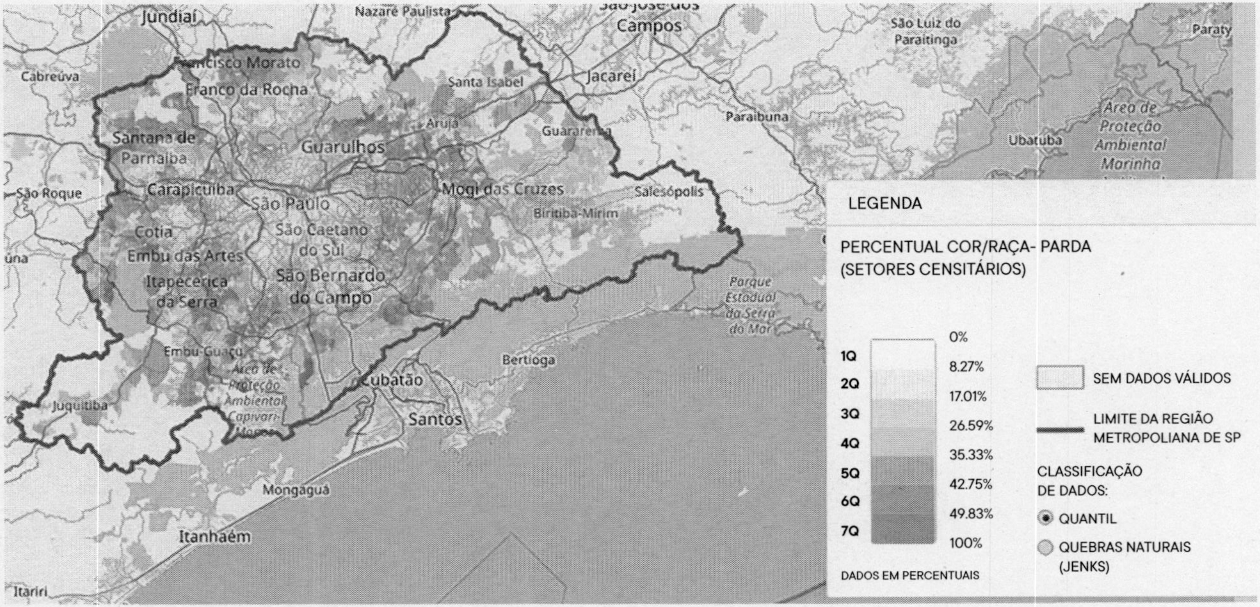

FIGURA 6. Percentual de população branca em São Paulo e RMSP. FONTE: Centro de Estudos da Metrópole (2021), a partir de base de dados do Censo de 2010.

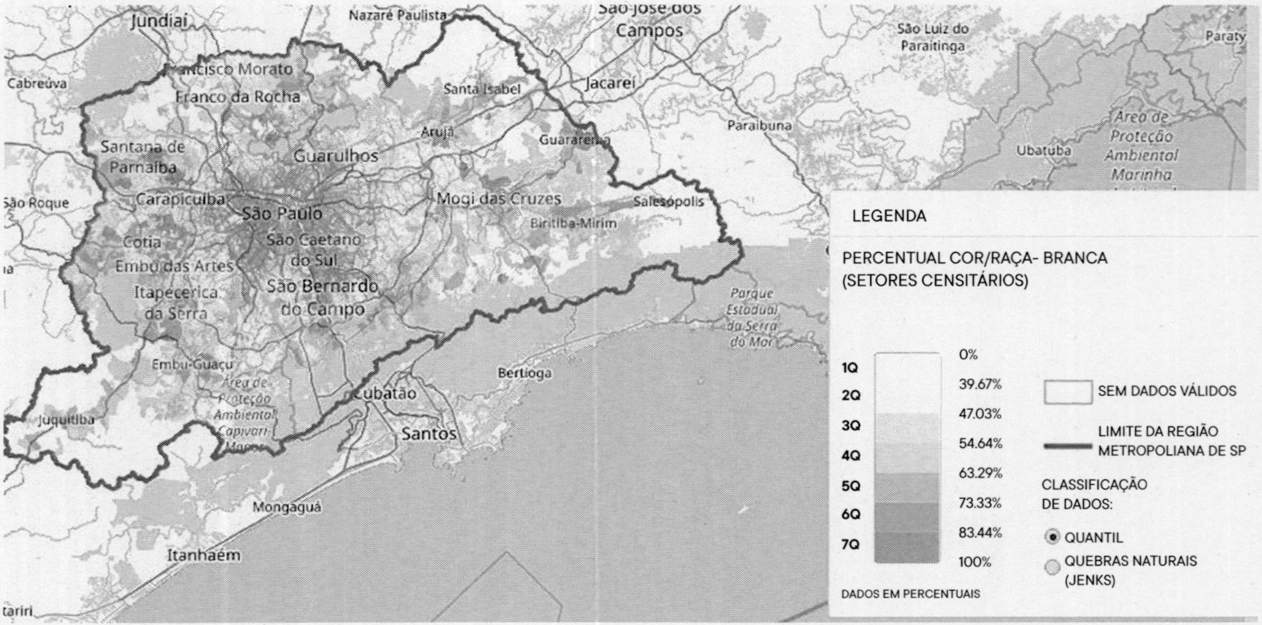

As figuras 4, 5 e 6 tratam separadamente da população preta, parda[93] e branca e demonstram como os espaços em que ocorreram mais chacinas são compostos por grande parte de população preta e parda, como o caso da Zona Sul de São Paulo, Taboão da Serra, Embu, Carapicuíba, Osasco, Zona Norte, Guarulhos, Zona Leste, Mauá, Santo André e Diadema, sendo a população branca mais concentrada na cidade de São Paulo, especificamente na região central e, em relação a outras cidades da RMSP, a população branca se concentra em cidades como São Bernardo do Campo e São Caetano do Sul. Assim, retomo o debate proposto no Capítulo 1, em que ressaltei como as periferias constituem a tríade do genocídio pois, assim como já elencado por Adão (2017), espaços periféricos, que são majoritariamente habitados pela população negra, são mais atingidos pela violência letal e não é diferente no caso das chacinas. Nas palavras de um ex-ouvidor das polícias que me concedeu entrevista: "O que é comum é que as chacinas sempre ocorrem na periferia, esse é o dado" (Ex-Ouvidor da Polícia do Estado de São Paulo). Lembro também que em algumas cidades da RMSP há condomínios fechados para classe média alta, como no caso de Alphaville, que se localiza entre Barueri e Santana de Parnaíba, o que leva a uma maior concentração de população branca em alguns desses locais.

Sobre a vitimização da população negra, o relatório anual de 2020, da Ouvidoria da Polícia do Estado de São Paulo, apontou que dentre as denúncias (que podem ser realizadas de forma anônima), 599 se referiam à morte em decorrência de intervenção policial, que é considerada dentro das estatísticas da chamada letalidade policial, sendo que a grande maioria dessas mortes se concentrou na cidade de São Paulo e RMSP e 56,2% das vítimas eram negras e, embora se trate

93 Embora pretos e pardos perfaçam a população negra, de acordo com o IBGE, os mapas que busquei no CEM separavam a população entre grupos de pretos e de pardos e, por isso, a separação se dá desse modo nos mapas que apresentei.

de letalidade policial e chacinas em chaves muitas vezes distintas, os dados sobre vitimização nos trazem alguns indícios importantes para pensarmos quem são as vítimas das chacinas.

GRÁFICO 13. VÍTIMAS DE MORTES EM DECORRÊNCIA DA INTERVENÇÃO POLICIAL POR RAÇA/COR, 2020

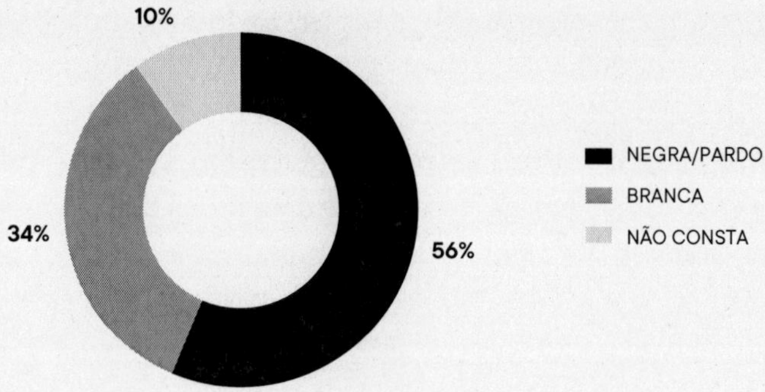

FONTE: Relatório Anual da Ouvidoria da Polícia do Estado de São Paulo (2020).

Em 70,28% das notícias coletadas sobre as chacinas não havia nenhuma descrição sobre a provável motivação das execuções. Somente em 31 casos havia descrição sobre uma possível causa. Em 5 casos encontrei mais de uma possível motivação, sendo que em 16 casos as execuções eram atribuídas a vinganças por policiais ou execuções por policiais, em 12 casos a disputa sobre tráfico de drogas estava como determinante, em 5 casos apareceram brigas ou vinganças pessoais e em 3 havia menções sobre facção criminosa ou crime organizado. Em apenas 1 dos casos em que as prováveis motivações eram postas, apareceu que a causa estava ligada a roubo. Silva (2021) aponta que a principal motivação das chacinas no Brasil, entre 2015 e 2019, estaria ligada às disputas entre grupos criminais e às disputas relacionadas ao tráfico, sendo que 34 das chacinas analisadas por Silva (2021), no território brasileiro, estariam relacionadas à atuação da polícia em operações policiais planejadas, o que difere das minhas análises no caso de São Paulo e RMSP, já que os dados que levantei apontam que as operações policiais planejadas em São Paulo e RMSP que vitimam mais de 3 pessoas costumam não receber o nome de chacina, seja pela imprensa, seja pelos operadores de justiça e, sendo assim, essas operações acabaram por não entrarem na pesquisa pois não estavam identificadas enquanto chacinas pelos jornais. Assim, são consideradas chacinas quando essas ocorrem em atuações consideradas ilegais e quando esses agentes estão fora do horário de serviço.

Em 93 das chacinas localizadas nos veículos de imprensa não existia indicações de suspeitos das execuções, o que indica que em 67,3% das notícias não havia nenhuma indicação sobre os executores. Em 34 das notícias apareciam enquanto suspeitos policiais militares, ex-policiais, guardas civis metropolitanos e policiais civis, perfazendo um total de 24,6% das ocorrências que tiveram como suspeita de participação nas notícias de entrada dos casos, a participação de agentes de segurança pública. Os dados que levantei de São Paulo e RMSP no caso de chacinas executadas por agentes de segurança pública fora de serviço, estão próximos dos dados trabalhados por Silva (2021) em relação ao Brasil, já que nas análises do autor, em 23,8% das chacinas analisadas haviam suspeitas de participação policial nas execuções. Silva (2021) ainda destaca que no caso de São Paulo, entre 2015 e 2019, a participação policial em chacinas aparecia em 43,5% dos casos. Em 5 casos, o suspeito era familiar ou conhecido das vítimas e em outros 6 havia alguma pista dos suspeitos, seja nome ou retrato falado.

Ruas, avenidas, becos e vielas constituem a maioria dos locais em que as chacinas ocorreram. Um dado que me chamou a atenção: em ao menos 24 chacinas, as vítimas estavam dentro ou em frente a bares e em outras 8 chacinas as vítimas estavam em frente a outros comércios locais como restaurantes, padarias e pizzarias ou confraternizando dentro de salões, quadra de torcida e quadra de futebol. Três chacinas ocorreram em Bailes Funks e duas em praças. Em outras três havia a descrição de que o local era *ponto de venda de drogas*.

Assim, temos que as chacinas ocorrem majoritariamente em locais públicos, mas também ocorrem nos espaços de socialização, como os bares ou outros espaços em que as pessoas se reúnem no período da noite para confraternizar. Chalhoub (2012), ao analisar processos criminais de trabalhadores urbanos do Rio de Janeiro do início do século XX, chamou atenção para como os botequins eram estigmatizados como espaços da desordem, em que havia uma perspectiva de repressão contra esses trabalhadores vistos como "vadios e desordeiros", nas palavras do autor, de modo a transformá-los em morigerados e trabalhadores, impondo a eles hábitos da acumulação de capital próprios do projeto político do início da República (Chalhoub, 2012, p. 257). Se, para Chalhoub os bares eram espaços estigmatizados por não condizerem com uma perspectiva política da época, em minha pesquisa, os bares e locais de sociabilidade nas periferias se mostram enquanto marcados pela militarização urbana, sendo um território em que execuções e chacinas ocorrem, pois lá estariam aqueles que são considerados como inimigos sociais.

As chacinas ocorridas dentro de residências foram efetuadas em sua maioria por um familiar ou conhecido da família. Houve também nesse período uma chacina em escola e outras duas com características de sequestro.

Sobre as possibilidades de *modus operandi* das chacinas, pelas descrições que encontrei nos jornais, quase na totalidade dos casos foram efetuados disparos de armas de fogo, e em poucos casos foram utilizadas facas, paus e outros instrumentos que serviram de armas para as execuções. Em 48 dos casos, os executores chegaram em carros e desceram atirando ou atiraram de dentro dos veículos contra as vítimas, sendo que em 7 desses casos, os carros estavam escoltados por motos e em 18 casos, os executores chegaram aos locais em motos. Em apenas 4 casos, testemunhas relataram que os executores chegaram aos locais das chacinas a pé. Ressalto que nas descrições, a maioria dos executores são postos como desconhecidos, e chegam com capuzes, toucas ninjas, bonés e capacetes para o não reconhecimento. Quando a chacina é efetuada por agentes de segurança pública, apareceram nas descrições o uso de coturnos, a passagem de viaturas antes das execuções, além de verbalização dos executores sobre serem policiais.

Assim, cenas como a chegada de um carro, ou uma moto ou de carros escoltados por motos com executores de capuz, toucas ninjas e coturnos que gritam é a polícia ou questionam se alguém ali tem passagem ou se ali vende drogas e após, seguem atirando a esmo ou rendem e executam grupos de jovens, em sua maioria homens, que se encontram nas calçadas em bairros das periferias da metrópole, estando muitas vezes em frente a locais de sociabilidade[94], durante o período da noite, constituem a grande parte das cenas das chacinas em que agentes de segurança pública, fora do horário de serviço, praticaram entre 2009 e 2020 na cidade de São Paulo e demais cidades da RMSP.

Dois ex-ouvidores da polícia de São Paulo nos relataram em entrevistas a construção de um *modus operandi* das chacinas:

> [...] nós já trabalhamos com uma referência mínima de quem merece ser investigado pelas polícias, porque as chacinas envolvendo quadrilhas, disputas de tráfico, as pessoas muitas vezes fazem questão de se identificar para dizer quem foi autor do crime. As chacinas envolvendo policiais ou com indícios de envolvimento de policiais, um dos *modus operandi* deles é sempre estarem encapuzados. Todas aquelas chacinas em que os autores, com carro preto, com carro com placa desconhecida, e que acontecem principalmente à noite, merece uma atenção dos órgãos apuratórios das duas polícias (Ex-ouvidor 1 das polícias do estado de São Paulo).

94 Aponto que os executores não somente realizaram chacinas nas calçadas e ruas, mas em diversos casos, entraram nos estabelecimentos e atiraram. Na chacina de Osasco e Barueri, uma cena do interior de um bar cheio de sangue viralizou na internet em 2015. Essa cena demonstra a violência que contém uma chacina.

> Olha, é que na Polícia Militar do Estado de São Paulo, existe um treinamento do Método Giraldi, né, que é aquele treinamento de preservação da vida, não só da vida alheia como da vida do policial e eu, por exemplo, eu tive a oportunidade de fazer o curso, sabe? Eu tive essa oportunidade de fazer o curso e existe aquela, todo aquele método para que você não venha a morrer, a levar um tiro e nem a matar de graça, né? Mas não é só isso, nesse caso, por exemplo, eu chamei quem realmente conhecia que era um Coronel, que tinha feito uma vida, tinha tido uma vida de atividade policial e já era até reformado esse Coronel, e ele falou com uma convicção assim bem absoluta que ali, porque você vê, é o modo de empunhar que não é nada assim apavorado, é um negócio muito metódico. Tem a contenção, que é como se fosse uma partida de basquete, gente dando cobertura, outros agindo, os outros abordando e até vem um que pega e empunha a arma de uma forma que não é uma empunhadura desleixada, é um negócio assim de profissional, sabe? Gente que sabe atirar e normalmente quem sabe atirar é o policial (Ex-ouvidor 2 das polícias do estado de São Paulo).

A fala dos dois ex-ouvidores das Polícias do estado de São Paulo traz para o quadro das possibilidades de *modus operandi* das chacinas uma diferenciação entre as praticadas por civis e as praticadas por agentes de segurança pública e essa distinção se dá desde a abordagem até a empunhadura da arma, além dessa distinção entre executores, existem diferenças quando o agente resolve realizar uma chacina ou quando ele efetiva a execução dentro do que é conhecido como letalidade policial. Silva (2021) apontou que a letalidade policial e as chacinas que são realizadas por agentes de segurança pública fora de serviço, são práticas distintas. Sobre essa distinção, um dos delegados que me concedeu entrevista, relatou:

> Hoje em dia todo policial que trabalha com chacina, é o pessoal que vai para a Comarca, né, que o diferencia do policial do confronto. O policial do confronto tem aquela visão da limpeza

> social, prova disso que também, tocando de novo no assunto da Samira[95], o trabalho que ela fez de doutorado né, o Romão[96] está dividido entre o papa-mala, que é o cara que trafica, rouba carga e extorque e o policial que é o matador. O matador, dentro do próprio Romão, ele é tido como um herói, dentro da corporação (Delegado 1).

Para esse delegado, as execuções que são realizadas a partir da lógica do confronto é bem vista pela força policial, enquanto as chacinas praticadas fora do horário de serviço, não, pois os agentes envolvidos estariam ligados à negociação de mercadorias políticas e gestão diferencial dos ilegalismos. Um policial visto como bandido é malvisto entre os agentes de segurança pública.

Por conseguinte, os dados que levantei demonstraram que existe uma sequência de elementos que compõem o desenvolvimento do *modus operandi* de uma chacina, que retrata um encadeamento das execuções, movimento a movimento dos executores, sendo eles:

1. Cena de chegada: em um carro, uma ou duas motos, ou carros escoltados por motos;
2. Componentes estéticos: capuz, toucas ninjas e coturnos;
3. Imposição de presença: ao gritarem "é a polícia";
4. Postura de poder e operação da sujeição criminal: ao questionarem se alguém tem "passagem", "vende drogas" etc.;
5. Decreto da ação: se há rendição;
6. Execução final do ato: seguida de tiros a esmo com ou sem decreto da ação e recolhimento de cápsulas ou demais elementos que possam identificar a autoria.

95 O delegado nessa fala faz referência à tese de Samira Bueno, pesquisadora do Fórum Brasileiro de Segurança Pública, intitulada: "Trabalho sujo ou missão de vida? Persistência, reprodução e legitimidade da letalidade na ação da PMESP".

96 Presídio Romão Gomes. Estabelecimento penal para cumprimento de pena de policiais.

Tal encadeamento das execuções são marcados por algumas características, tais como:

- **ETÁRIAS:** Jovens, em sua maioria;
- **GÊNERO:** homens, em sua maioria;
- **LOCALIZAÇÃO:** calçadas, ruas, vielas e bares nas periferias, em favelas e bairros notadamente marcados pela vivência de população trabalhadora pobre e negra;
- **TERRITÓRIO:** espaços de sociabilidade, em disputa de poder interno ou não;
- **PERÍODO:** noturno, em grande parte das cenas;
- **EXECUTORES:** indícios da participação de agentes de segurança pública fora do horário de serviço, em sua maioria;
- **ELUCIDAÇÃO:** pouca elucidação da autoria dos casos.

As chacinas que analisei entre 2009 e 2020, a partir das notícias de jornais, demonstram como que essas são compostas de elementos similares que elaboram um desenho dessa forma de execução. O encadeamento das execuções é marcado por algumas características que foram observadas enquanto contendo padrões em relação a quem são as vítimas, em que locais as chacinas mais ocorrem, qual o período de maior ocorrência, quem são os prováveis executores e grau de elucidação das chacinas.

2.5. Controle das chacinas: o DHPP, a Delegacia de Homicídios Múltiplos e a Ouvidoria das Polícias

No final dos anos 1990, como uma tentativa de suprimir as chacinas, o DHPP criou uma Equipe de Chacinas. Assim, em 1999, um grupo de policiais se especializou para investigar os crimes de chacinas que estavam em alta. Até aquele momento esses crimes eram investigados por diversas equipes das delegacias próximas aos locais em que esses crimes ocorriam, como relatou um dos delegados entrevistados. Em 2011, através do Decreto Estadual nº 57.537, foi instituída enquanto uma das delegacias do DHPP, a 3ª Delegacia de Polícia de Repressão a Homicídios Múltiplos e Latrocínios, que naquele momento investigava tanto chacinas quanto latrocínios. De acordo com o próprio site do DHPP, em 2013, os crimes de latrocínio foram desvinculados e a delegacia se tornou a 3ª Delegacia de Polícia de Repressão a Homicídios Múltiplos[97]. O DHPP, ao qual está veiculada a Delegacia de Homicídios Múltiplos, foi criado em 1986 e é um órgão da Polícia Civil, considerada enquanto polícia judiciária e tem entre suas atribuições:

> I. apurar a autoria dos crimes:
>
> a) contra a pessoa de autoria desconhecida, exceto os de trânsito que são de competência das unidades de polícia territorial do DECAP, DEMACRO e DEINTERs;
> b) de intolerância;
> c) contra a vida da criança e do adolescente; e
> d) contra a dignidade sexual de vulneráveis;
>
> II. localizar pessoas desaparecidas e executar ou difundir pedidos de localização ou busca oriundos de autoridades nacionais e estrangeiras (Polícia civil do estado de São Paulo, 2020).

Além da 3ª Delegacia de Polícia de Repressão a Homicídios Múltiplos, o DHPP conta com mais quatro delegacias, a saber: 1ª Delegacia de Polícia de Repressão a Homicídios (Sul); 2ª Delegacia de Polícia de Repressão a Homicídios (Leste); 4ª Delegacia de Polícia de Repressão à Tentativa de Homicídios e Lesões Corporais; 5ª Delegacia de Polícia de Repressão aos Crimes contra a Criança e ao Adolescente.

97 Além de São Paulo, o estado da Bahia também conta com uma delegacia de investigação de chacinas, a Delegacia de Homicídios Múltiplos (DHM).

A atuação da Delegacia de Homicídios Múltiplos não se dá no âmbito estadual, mas sim no município de São Paulo e, eventualmente, atua em cidades da RMSP, como no caso da Chacina de Osasco e Barueri. Um dos delegados que entrevistei explicou que nos casos que ocorrem em cidades no interior do estado, a delegacia, por vezes, acaba prestando assessoria às outras delegacias responsáveis pelas apurações. No caso de São Paulo e RMSP, os primeiros levantamentos sobre os crimes de chacina são realizados pelo Grupo Especializado em Assessoramento de Local de Crime (GEAcrim), grupo responsável pelo início das investigações de homicídios. Para além do GEAcrim, quando uma das duas equipes de investigação da 3ª Delegacia de Polícia de Repressão a Homicídios Múltiplos está de plantão, essa também se desloca para o local da chacina.

Silva (2021), ao tratar dessa delegacia, traz como delegado e investigadores percebem a complexidade das investigações de chacinas e as particularidades em relação às investigações de homicídios simples.

> [...] o que diferencia a investigação de uma chacina da investigação de um homicídio simples é a quantidade de vítimas e autores e a complexidade das ações. Há pessoas que estão mortas por um motivo, os alvos específicos da ação, e há outras que estão "no lugar errado e na hora errada", e acabam sendo vitimadas para não se transformarem em testemunhas. Para os investigadores, o primeiro passo é o estudo do local, identificar se há testemunhas ou câmeras de vigilância. Depois, o estudo das vítimas. A partir desse material, tem-se o básico para o relatório preliminar. Em seguida, é necessária a realização de um estudo pormenorizado de cada uma das pessoas envolvidas. Pela experiência, os investigadores entendem que é possível identificar facilmente quem seria o alvo da execução (Silva, 2021, p. 88).

O delegado e investigador entrevistados por mim e por Silva (2021)[98], expuseram que além das investigações mais técnicas, como as realizadas pela perícia, a prova testemunhal se faz importante no esclarecimento das chacinas. Sobre o grau de esclarecimento das chacinas em relação aos homicídios simples, o delegado relatou que a elucidação é muitas vezes mais vagarosa, devido à complexidade da investigação e, um caso de chacina poderia alcançar mais de dois anos de investigação para se chegar nos autores. Segundo o delegado: "[...] é um sistema mais trabalhoso, né, mais, digamos assim, mais meticuloso de você chegar, então você pega nos detalhes" (Delegado 1).

Ao tratar das chacinas cometidas por agentes de segurança pública, os entrevistados descreveram algumas dificuldades na investigação, uma delas se daria por entraves burocráticos em alguns casos e outra se daria pelo fato de que os agentes conhecem métodos investigativos e, por isso, conseguem destruir provas com maior facilidade. De acordo com o investigador:

> [...] quando há envolvimento de agente público, normalmente você precisa de informações e de auxílio da corporação a qual aquele agente público pertence e nem sempre você encontra colaboração necessária e você esbarra em muitas barreiras burocráticas e tem tudo, também, [...] além disso tem as questões pessoais, existem vaidades, enfim, que a gente acaba ferindo algumas vezes, então, há essas barreiras que complicam e retardam muito a investigação, barreiras de cunhos burocráticos quando se esbarra com agentes públicos (Investigador).
>
> Se a pessoa é, digamos assim, do *metier*, é do meio, conhece um pouco de investigação, sabe os procedimentos investigativos que iremos adotar, fica muito mais fácil ela poder burlar isso, ocultar o crime de alguma forma, né, então realmente

98 Como já indicado no subitem 1.1, as entrevistas com os delegados e o investigador foram realizadas por mim e pelo pesquisador David Esmael Marques da Silva em conjunto.

> isso existe, né. Existe, a gente tem experiências que mostram que, de fato, após algumas prisões de agentes públicos, eles se aperfeiçoaram e deixaram, passaram a deixar aqueles vestígios que nós detectamos, e que foram fundamentais para chegar à autoria, eles passaram a não deixar mais, porque eles conheceram, passaram a ganhar o *know how* para aquela prática. Então eles, porque eles conhecem, eles sabem os métodos investigativos, sabem quais são as provas que nós costumamos produzir. Então, realmente, de fato, era outra coisa que eu iria falar, quando se trata de agente público é muito difícil, porque se eles conhecerem a investigação, fica mais difícil (Investigador).

Outra questão posta por esse investigador no que tange à ação de agentes de segurança pública na execução de chacinas, se daria já na fase do julgamento e estaria relacionada a como é formado o Tribunal do Júri, pois as vítimas das chacinas, em sua maioria são moradores da periferia, e o júri, na visão desse investigador, seria formado por pessoas da classe média, muitas vezes adeptas da lógica do bandido bom é bandido morto.

> [...] o problema que eu vejo, grande, dessa questão da impunidade, é a forma que está estruturado hoje o Tribunal do Júri. O Tribunal do Júri hoje, eu não sei se vocês sabem como são convocados os jurados. Os jurados, existe uma lista, que normalmente eles buscam em universidades e etc. e clubes com pessoas e essas pessoas são sorteadas. E de onde são esses jurados, normalmente? Esses jurados normalmente, são pessoas de classe média ou classe média alta que vivem em uma área boa em São Paulo e quem são as pessoas que são mortas pela Polícia Militar? São as pessoas da periferia, né. Normalmente são pessoas com passagens criminais e são pessoas que vitimizam esses mesmos jurados. Então, vejam, quem vai julgar o policial militar é a pessoa que é inimiga da vítima, que não gosta daquela vítima porque é vitimizada por aquela vítima, que é uma pessoa criminosa, então é claro

> que, o inimigo do meu inimigo é meu amigo. Então essa é uma grande problemática que eu enxergo hoje no Tribunal do Júri e aí vem ao encontro a essa questão do, desse lugar comum que a gente se encontra hoje, desse chavão que é a questão do "bandido bom é bandido morto". Então, por isso que acaba se tornando um instrumento no Tribunal, eu vejo no Tribunal do Júri um instrumento de impunidade, quando vai julgar policiais militares. É complicadíssimo, isso é complicadíssimo. E o Tribunal do Júri hoje, ele julga muito não o autor, ele julga muito a vítima, ele julga muito a vítima. O que eu vejo nas defesas, as defesas elas se baseiam na personalidade da vítima. A defesa do policial é na personalidade da vítima, é um criminoso, é um vagabundo, ele é isso, é aquilo e ele desqualifica a vítima e aí é claro que isso tem um efeito enorme nos jurados e acabam absolvendo os policiais, mesmo com imagens. A gente não está querendo falar que sempre é uma execução, nada disso, não é nada disso, mas mesmo quando há indícios fortíssimos, filmagens, como foi esse caso do Butantã[99], que foi gritante a coisa, tem uma imagem e mesmo assim eles acabam sendo absolvidos (Investigador).

O relato desse investigador traz diversos elementos que permitem compreender como as chacinas executadas por agentes de segurança pública são compostas, visto que o pós-chacina é importante para que elas tenham continuidade. Assim, os entraves burocráticos, a inviabilidade de provas e um júri que coaduna com a criminalização das vítimas da execução, são elementos constituintes dessa ferramenta do genocídio. Ferreira (2019, p. 121), ao analisar autos de um processo em que policiais eram julgados pela morte de dois acusados

99 O caso relatado pelo investigador se deu em 2017, no qual um júri absolveu policiais militares que eram réus, acusados de terem jogado um jovem do telhado e, após isso, executado o jovem a tiros, no bairro do Butantã. O caso ganhou repercussão nacional a partir de um vídeo gravado da execução ser divulgado. Maiores informações, cf.: https://g1.globo.com/sao-paulo/noticia/juri-absolve-3-pms-acusados-de-jogar-suspeito-de-roubo-do-telhado-e-executa-lo.ghtml.

de assalto a banco, descreve como as vítimas fatais eram postas a partir de termos que reforçavam o delito das vítimas. Ao observar um dos júris das Chacinas de Mogi das Cruzes, em 2018, também presenciei as vítimas da chacina serem descritas a partir de referências que criavam nelas processos de criminalização e de sujeição criminal, enquanto o ex-policial militar julgado, era posto como um policial trabalhador, prendedor (Vedovello, 2018).

Para além da 3ª Delegacia de Polícia de Repressão a Homicídios Múltiplos, o Estado de São Paulo conta com a Corregedoria da Polícia Militar e a Corregedoria da Polícia Civil para análise e investigação de crimes e infrações cometidos por agentes de segurança dessas instituições. Como não tinha como objetivo analisar como funcionam os órgãos de controle das polícias paulistas, não realizei entrevistas com os Corregedores. Aponto, no entanto, que as Corregedorias são instrumentos de *accountability* policial, ou seja, de prestação de contas sobre o fazer policial, no que tange às violações das leis por parte desses agentes (Pereira; Cabral; Reis, 2020), sendo que as Corregedorias investigam um quadro geral de infrações e crimes cometidos por policiais. Sobre o trabalho da Corregedoria da Polícia Militar de São Paulo, Silva (2021), coloca:

> De forma geral, os órgãos de correição policial apuram denúncias contra policiais realizadas por vítimas, testemunhas, comandantes, delegados, Ministério Público, Disque-Denúncia ou Ouvidoria de Polícia. As denúncias podem ser relativas a infrações administrativas e disciplinares ou delitos criminais. Após verificação preliminar, geralmente sigilosa, sobre a fundamentação da denúncia, pode ser instaurada uma sindicância, no caso de infrações administrativas e disciplinares, ou aberto um inquérito policial, no caso de conduta criminal. A maior parte das denúncias é encaminhada pela corregedoria às unidades onde trabalham os policiais acusados que, após a realização das investigações, retornam à corregedoria, que analisará os resultados do procedimento.

> As penalidades aplicadas aos policiais denunciados podem ser concomitantes na esfera administrativa, disciplinar e criminal, sendo as duas primeiras atribuições da própria unidade policial, e a última atribuição da Justiça comum ou militar (Silva, 2021, p. 68).

Na esfera civil, mas em conjunção com o Estado, temos as Ouvidorias das Polícias atuando em diversos estados brasileiros. Foram nos anos 1940 que começaram a aparecer nos Estados Unidos as instituições de controle externo da polícia, denominadas como *civilian oversight of the police* e, entre os anos 1970 e 1980, diversos outros países, como Austrália, Grã-Bretanha e Canadá estruturaram organizações de controle das polícias (Lemgruber; Musumeci; Cano, 2003). Países como Brasil, África do Sul, Portugal e Índia aderiram a formas de controle externo das polícias nos anos 1990, como expõe Lemgruber, Musumeci e Cano (2003). No caso de São Paulo, a Ouvidoria da Polícia do Estado de São Paulo foi criada em 1995, durante o governo Mário Covas, a partir do Decreto Estadual nº 39.900 de 1995. A partir desse decreto, ficou estabelecido as atribuições da Ouvidoria, que seriam:

> ARTIGO 2.º — A Ouvidoria da Polícia tem as seguintes atribuições
>
> I — ouvir as reclamações de qualquer do povo[100] contra abusos de autoridades e agentes policiais, civis e militares
>
> II — receber denúncias contra atos arbitrários e ilegais neles incluídos os que atentem contra a moralidade pública, bem como qualquer ato de improbidade administrativa praticados por servidores públicos de qualquer natureza, vinculados à Secretaria da Segurança Pública.

100 Embora essa frase nos pareça estar incompleta, é desse modo que esse decreto se encontra publicado.

> III — promover as ações necessárias a apuração da veracidade das reclamações e denúncias e, sendo o caso, tomar as medidas necessárias ao saneamento das irregularidades ilegalidades e arbitrariedades constatadas, bem como para a responsabilização, civil, administrativa e criminal dos imputados (Ouvidoria da polícia do estado de São Paulo, 2020).

Contudo, conforme Comparato (2005) foi somente com a repercussão da violência policial na Favela Naval, em 1997, repercutida pelo Jornal Nacional, que a Ouvidoria de São Paulo começou a ter maior destaque. Lemgruber, Musumeci e Cano (2003) colocam como a repercussão do caso de espancamento de Rodney King por policiais, em Los Angeles, criou duas instituições de controle externo da polícia na cidade. E, embora as Ouvidorias representem um controle das polícias pela sociedade civil, elas não possuem tanta autonomia, visto que a nomeação dos ouvidores provém de indicações dos governadores, ou de escolhas de listas tríplices. Para Lemgruber, Musumeci e Cano (2003), o mandato de dois anos, instituído para os ouvidores, quebra com limitações impostas por escolhas políticas. No que tange ao trabalho da Ouvidoria, temos que as mesmas recebem as denúncias e as encaminham para os órgãos de investigação e apuração. Essas denúncias chegam por diversos meios, como explicou um dos ex-ouvidores entrevistados:

> Tem várias formas de se dirigir à Ouvidoria, nós temos o serviço gratuito do 0800, a maioria das denúncias vem por esse serviço. Também recebemos muitas denúncias por e-mail, nós temos um site onde pode ser feito denúncias via esse site, e pessoalmente, as pessoas vêm à Ouvidoria, é ouvida a termo, tem uma equipe que recebe as pessoas e nós também podemos atuar *ex-officio*, ou seja, aqueles casos em que a ouvidoria entende que é importante de relevância, ela toma iniciativa de instaurar procedimento independente de ser provocada por pessoas (Ex-ouvidor 1).

Sobre denúncias e o acompanhamento das chacinas em São Paulo e RMSP, esse mesmo ex-ouvidor relatou que, mesmo sem denúncias, ao saber sobre a ocorrência de uma chacina, a Ouvidoria busca acompanhar os casos, instaurando procedimentos e encaminhando ao DHPP, como crime de autoria desconhecida. Assim que o DHPP, no âmbito da 3ª Delegacia de Polícia de Repressão a Homicídios Múltiplos, começa a investigar a chacina, a Ouvidoria acompanha as investigações. No momento da entrevista, esse ex-ouvidor que estava ainda à frente da Ouvidoria, expôs como se dava esse trabalho:

> [...] Nós estamos acompanhando algumas chacinas que temos informações, mesmo que não sejam aquelas informações objetivas, mas são informações que já possibilitam analisar o indício de participação de policiais nessas chacinas. Nós estamos acompanhando três delas esse ano. O número de caso de chacina é grande no estado de São Paulo. Só no ano passado, nós temos aqui acompanhando na Ouvidoria, nove casos de chacina com trinta e seis mortos e sessenta e quatro homicídios de autoria desconhecida com sessenta e quatro mortos (Ex-ouvidor 1).

Ao tratar das chacinas que possuem participação de agentes de segurança pública, o entrevistado destacou que o grau de esclarecimento das chacinas poderia impedir uma maior participação desses agentes nessas execuções, além de colocar que o grau de elucidação de homicídios comuns é baixo e das chacinas são menores do que de homicídios em geral. Ainda sobre a questão da elucidação das chacinas o outro ex-ouvidor entrevistado, relatou:

> [...] muito dificilmente se elucida chacina. Sempre tem aquele carnaval todo, é televisão, e não-sei-o-quê, mas para elucidar, é uma dificuldade enorme, porque é uma coisa que se foi feito por gente organizada, é uma organização muito boa assim, porque eles pegam e tiram os cartuchos, um sai recolhendo, sai tirando as vítimas logo imediatamente, sai lavando as

> coisas, sabe? Então, essas chacinas sempre tiveram muito, e muito dificilmente foram elucidadas aqui. São raras chacinas que você pode falar que alguém foi preso (Ex-ouvidor 2).

No que tange às investigações do DHPP e da 3ª Delegacia de Polícia de Repressão a Homicídios Múltiplos, ou o acompanhamento externo realizado pela Ouvidoria das Policias do Estado de São Paulo, o que se observa é que mesmo com essas tentativas de controle das possíveis arbitrariedades policiais, que culminam em chacinas, essas não deixam de existir. Essas mortes múltiplas, quando operadas por agentes de segurança pública, demonstram como as execuções, sejam as revestidas pela legalidade nas chamadas mortes decorrentes de intervenção policial, ou as ilegais vistas pelas instituições de segurança enquanto chacinas, constituem partes que integram a exceção permanente da segurança pública paulista e compõe a dinâmica do genocídio.

Esse ex-ouvidor 2, que me relatou a dificuldade da elucidação das chacinas, estava cumprindo seu mandato na Ouvidoria das Polícias do Estado de São Paulo no momento em que ocorreu a chacina da Torcida Organizada Pavilhão Nove e acompanhou o caso. No próximo capítulo trato sobre a Torcida Organizada Pavilhão Nove e sua inserção no universo das chacinas paulistas. Assim, se até o momento, minha análise estava centrada no macro, em dinâmicas mais gerais sobre as chacinas, além de uma busca temporal ao longo de quatro décadas, a partir de agora essa pesquisa adentra os entremeios de uma chacina em específico, na qual saio desse olhar mais telescópico em que uma miríade de chacinas foi analisada e insiro minha análise a partir de uma lupa para observar como uma chacina se constituiu.

PARTE II

A IMERSÃO EM UMA CHACINA

CAPÍTULO 3

De Pavilhão a pavilhão: do Massacre do Carandiru à Chacina da Torcida Organizada Pavilhão Nove

3.1. Carandiru: impactos sociais e urbanos da prisão e do massacre

O chamado Complexo do Carandiru, era um conjunto prisional composto pela Casa de Detenção, pela Penitenciária do Estado, pelo Presídio Especial da Polícia Civil e pela Penitenciária Feminina da Capital (Dias, 2011, p. 109). O Carandiru, nome popular da Casa de Detenção de São Paulo, teve sua origem ligada à construção da Penitenciária do Estado, localizada nos bairros de Santana e Carandiru, Zona Norte da capital paulista e ligada a uma opulência arquitetônica. A Penitenciária do Estado surgiu no início do século XX, como uma das maiores construções realizadas pelo estado de São Paulo e, de acordo com Salla (2006, p. 193), a grandeza dessa obra se equiparava somente à outra instituição de confinamento, o Hospício do Juqueri. O terreno escolhido para construção da penitenciária estava localizado na margem do rio Tietê, na região do Carandiru, fazendo com que, ao ser inaugurada em 1920, a Penitenciária do Estado estivesse distante do perímetro urbano (Godoi, 2015, p. 146). Essa penitenciária foi um marco para a construção da Casa de Detenção, conhecida como Carandiru, que foi erigida de modo anexo à Penitenciária e inaugurada em setembro de 1956.

> [...] em 1956, no intuito de (novamente) separar presos condenados de preventivos, foi inaugurado, ao lado da Penitenciária do Estado, o primeiro pavilhão da Casa de Detenção de São Paulo. No decorrer dos anos 1960 e 1970, a Casa de Detenção foi seguidamente ampliada e reformulada, até chegar a abrigar mais de 6.000 presos — 40% deles já condenados — em sete pavilhões, a meados dos anos 1970 (Godoi, 2010, p. 132).

Embora se tenha uma percepção de que o Carandiru foi construído encravado em um espaço extremamente urbanizado da cidade de São Paulo, essa não era a realidade no momento de sua construção, visto que a Zona Norte de São Paulo era uma área mais ruralizada e, com a crescente urbanização paulista, foi a cidade que incorporou a área das prisões. O adensamento urbano da Zona Norte de São Paulo teve enquanto mola propulsora primeiro a instalação da estrada de ferro Tramway Cantareira e, posteriormente, a incorporação dessa ferrovia à Sorocabana e ainda mais posteriormente à construção do metrô (Torres, 1982). Francisco de Oliveira já relatava, em entrevista (Duarte; Barros, 2013), como a construção das estradas de ferro como a Mogiana e a Sorocabana, que estavam ligadas ao escoamento de produtos para exportação, se tornaram um grande fator de expansão da urbanização para o interior paulista. Pode-se acrescentar a isso que, não só o interior, mas as áreas rurais da cidade de São Paulo também foram incorporadas ao processo de urbanização através das ferrovias. O sistema prisional Carandiru foi construído a partir de princípios positivistas, sendo, inclusive, citado na revista *Archivio di Antropologia Criminale, Pschiatria e Medicina Legale*, de Cesare Lombroso, como uma influência transformadora das doutrinas lombrosianas nas organizações penitenciárias. Esse complexo penitenciário era uma proposta institucional de regeneração dos chamados desviantes, pautando assim um modelo de sociedade, com ideários de segurança pública próprios do desenvolvimento urbano esperado pela classe média paulista, desempenhando um mecanismo de controle social e disciplinamento urbano, ao mesmo tempo em que exercia sobre a cidade uma sensação de eficácia na regeneração dos desviantes e instrumento de repressão aos crimes na cidade (Salla, 2006), mas para além disso, havia por parte do Estado uma perspectiva de gestão diferencial dos ilegalismos, visto que era:

> [...] através dela que se elegiam desde as condutas, a maioria delas contravencionais (o alcoolismo, o escândalo) até os personagens (o malandro, a prostituta), que se pretendia controlar, bem como que se perfazia o jogo contínuo de extorsões e transações pelo qual o aparelho policial imiscuía-se no campo poroso da ilegalidade (Teixeira, 2012, p. 55-56).

Todo esse complexo prisional, originado a partir de uma visão positivista e opulenta, abrigou ao longo das décadas, milhares de presos que, de algum modo, transitavam entre as prisões e a rua, visto que, longe de uma perspectiva proposta por Goffman (1974), as prisões não são instituições encerradas em si, mas estabelecem interconexões entre o intra e o extramuros. Biondi tratou desse tema ao discorrer sobre o movimento entre as cadeias e quebradas, pois as ações nas ruas trazem consequências para as prisões e vice-versa (Biondi, 2018, p. 91). Assim, ao longo das décadas o Carandiru impactou a cidade de São Paulo, bem como a cidade impactou as relações dentro do presídio desde muito antes do massacre.

Ao relatar o chamado Massacre do Carandiru, ocorrido em 02 de outubro de 1992 Caldeira (2000, p. 175) traz à tona como a morte dos 111 detentos do Pavilhão 9 foi caracterizada por traços dantescos, como disse a autora, devido ao grau de violência empregado no extermínio desses presos. Além do uso de arma de fogo, os presos foram violentados por cachorros treinados, perfurados com facas e os sobreviventes, nus, foram obrigados a carregar os corpos dos presos mortos. As cenas dos corpos empilhados e com marcações numéricas nas pernas que circularam na imprensa fizeram com que Caldeira (2000, p. 175) as classificasse como uma visão do campo de concentração. A caracterização do Massacre do Carandiru enquanto uma visão do campo de concentração não foi realizada somente por Caldeira (2000), mas, em vídeo da Agência O Pavio, chamado "E quem vai acreditar no meu depoimento?"[101], sobre os vinte e cinco anos do massacre, com depoimentos do sobrevivente Sidney Sales, essa analogia entre o massacre e os horrores do regime nazista também foi posta. Na abertura do vídeo, um sobrevivente, em entrevista, relata que: "no Pavilhão 9 eu presenciei os fatos, eu vi um holocausto, eu vi um holocausto". Dias após o Massacre, em 05 de outubro de 1992, uma reportagem da Folha de São Paulo, chamada "Equipe do IML chora entre[102] pilhas de corpos", trazia o depoimento de uma irmã de um dos detentos executados que relatava: "Foi pior que a Segunda Guerra Mundial. Hitler ficou abaixo dessa chacina".

Todos esses relatos que conectam as execuções ocorridas no Carandiru com as execuções realizadas durante o nazismo, traçam uma linha de memória coletiva que visa dar um sentido de horror ao que ocorreu no presídio, ligando uma memória coletiva consolidada, o holocausto, às mortes no Carandiru, de modo a trazer essa memória subterrânea (Pollak, 1989) para construir uma memória coletiva que se dê a contrapelo. Durante a pesquisa, me deparei em diversos momentos com analogias entre a *shoah* e o Massacre do Carandiru para relatar o horror e, embora não possamos, de fato, estabelecer similitudes, entendo que essas relações foram postas como modo de dar sentido ao inominável. Esses narradores, ao não conseguirem descrever a singularidade do que ocorreu no Carandiru, tendo que recorrer ao que foi a *shoah* para criar relações frente ao horror, lembram os soldados descritos por Benjamin (1996) que ao retornarem da guerra, emudeciam, pois a guerra era desmoralizante, ao mesmo tempo em que os testemunhos dos que vivenciaram o Massacre

101 Cf.: https://www.youtube.com/watch?v=MtjZ8ko55po.

102 Acessei essa reportagem a partir do acervo da Comissão Antônio Vilela, que se encontra no Arquivo Público do Estado de São Paulo, em visita que realizei ao Arquivo em julho de 2018.

do Carandiru não poderiam ser reproduzidos pois quem testemunhou de fato, e tocou o fundo da experiência foram os executados, como nos lembra Agamben (2008) ao tratar de sobreviventes em seu livro "O que resta de Auschwitz: o arquivo e a testemunha". As testemunhas aqui são postas a partir de duas perspectivas, mencionadas por Agamben (2008): as *testis*, que relatam para e por um terceiro e as *superstes*, que atravessaram até o fim a experiência. Desse modo, familiares das vítimas do Carandiru, assim como Caldeira, a pesquisadora sobre violência, estão postos como *testis* e, Sidney Sales e André Du Rap, sobreviventes que testemunharam, estão próximos do *superstes*, não chegando a sê-los pois não tocaram o fundo da experiência, visto que sobreviveram[103].

O Carandiru, assim conhecido por estar localizado na Zona Norte paulistana, ao lado da estação de metrô Carandiru, tinha antes da desativação e da implosão, espaços de sociabilidade que os detentos utilizavam, como o campo de futebol de várzea. Dentre as narrativas do massacre, Du Rap (2002) traz em suas memórias uma confusão iniciada durante uma partida de futebol como um estopim para uma atitude precipitada dos funcionários que, ao verem um tumulto entre os presos do Pavilhão 9, desceram para a carceragem e anunciaram que haveria uma rebelião naquele raio da prisão. Nas memórias de Du Rap (2002), sobrevivente do Carandiru:

103 Cabe ressaltar que compreendo que os sobreviventes do Carandiru ou de qualquer chacina ou massacre possui total e irrestrita legitimidade de relatar suas experiências enquanto sobreviventes que viram e passaram pelo horror. O debate de Agamben (2008) sobre o testemunho estava centrado nos relatos de Primo Levi e nos horrores do campo e, para o autor, o tocar o fundo da experiência faz o testemunho ser capaz. De outro lado, o tocar o fundo de uma experiência de extermínio, elimina a possibilidade do dizer, do testemunhar, pela eliminação física. Quem sobrevive é quem relata por quem foi exterminado.

> A gente desceu pro campo, tá todo mundo jogando bola, dois times, já ia começar outro jogo. Voltando do jogo, o Coelho e o Barba começaram a trocar ideia, pra resolver a situação, começou a discussão. Um agrediu o outro, e o Coelho levou a pior. O Coelho se sentiu menosprezado, aquilo não podia ter acontecido, ele ia ficar desonrado dentro do presídio. Era no segundo andar, vários presos saíram para os corredores, vários curiosos saíram pra galeria pra ver. Eu tava voltando do campo, era umas onze horas. Lá, a gente ouviu que tava tendo uma treta no segundo andar. Todo mundo voltou pra ver o que tava acontecendo. [...]
>
> Chegamos e tava aquele tumulto. Os dois foram removidos do pavilhão pra ser socorridos. Um tomou uma paulada, o outro também, estavam machucados. Foram pra enfermaria no Pavilhão Quatro. No Nove o tumulto era generalizado, todo mundo tenso, querendo saber como ia ficar, uns correndo para amenizar, pra não haver mais transtornos, pôr uma pedra em cima. Não existia confronto entre os presos. Houve aquele do Barba com o Coelho e acabou. Os funcionários...Foi negligência dos funcionários. As pessoas que são responsáveis pela sua segurança, na hora que o pavio queima, na hora que a bomba explode, deixam você a pé, deixam você sozinho. Foi isso que aconteceu (Du Rap, 2002, p. 18).

Du Rap (2002), ao mesmo tempo em que narra seu *testemonio* em forma de entrevista para um jornalista, também escreve suas memórias do cárcere (Seligmann-Silva, 2003), demarcando suas reminiscências do trauma do massacre, de um passado que não passa (Seligmann-Silva, 2008, p. 69). O que ocorreu no Carandiru ganhou repercussão internacional, modificou o mundo do crime, assim como as políticas de segurança pública, e deu centralidade às demandas de organizações sociais civis que lutavam há décadas pelos direitos dos encarcerados. A implosão do Carandiru anos após o massacre é um marco ritualístico de todas essas metamorfoses derivadas de um assassinato em massa praticado por agentes de segurança pública (Feltran, 2012).

Para Silvestre (2011, p. 62), o Massacre do Carandiru foi o principal ponto de inflexão da política de segurança pública paulista, para uma política de humanização dos presídios. Marques (2018) destacou que o governo paulista adotou após o Massacre do Carandiru uma expansão securitária via um discurso humanizador, tendo em vista diversas denúncias realizadas por grupos e organizações ligadas à defesa dos Direitos Humanos em que alguns recomendavam um aperfeiçoamento do sistema penitenciário paulista. De todo modo, cabe que políticas de humanização dos presídios não começaram após o Massacre do Carandiru, visto que o governo Montoro adotou políticas de expansão de vagas penitenciárias. Como coloca Salla:

> Em 1983 o movimento médio anual nas unidades penitenciárias que integravam a Coespe havia sido de 9.972 presos. Em 1987, passou a ser de 14.988 presos e em 1990 chega a 23.516. Em 1992, ano em que ocorreu o Massacre do Carandiru, na Casa de Detenção de São Paulo, o movimento médio anual havia sido de 30.670 presos distribuídos em 43 unidades prisionais (Salla, 2007, p. 77).

Mas se a expansão do parque penitenciário paulista não se iniciou após o Massacre, foi após esse episódio que a questão carcerária irrompeu e em 1993, o então governador Fleury Filho, estabeleceu através de lei (Godoi, 2015, p. 149), autorização para criação de novos estabelecimentos prisionais "[...] em distância máxima de 100 (cem) quilômetros do Centro Metropolitano do Município de São Paulo, em áreas patrimoniais do Estado" (São Paulo, 1993). Dias (2011, p. 98) aponta que em janeiro de 1993, como consequência do Massacre do Carandiru, foi criada a Secretaria de Administração Penitenciária[104]. A partir do final dos anos 1990, a expansão peniten-

104 Para além de instituições ligadas a políticas de segurança pública, houve a partir do massacre, o surgimento de organizações da sociedade civil para a defesa dos Direitos Humanos. O Instituto Brasileiro de Ciências Criminais (IBCCRIM), é um exemplo de organização da sociedade civil que surgiu em decorrência do massacre.

ciária paulista, com vistas a uma humanização dos presídios, ganhou um novo vulto, com a interiorização dos presídios para municípios distantes da capital e RMSP, impactando tanto as cidades que receberam esses presídios, a partir de modificações na economia local, assim como presos e familiares, que começaram a ser deslocados para locais longínquos de suas residências, forçando a locomoção de familiares por centenas de quilômetros para realização das visitas (Godoi, 2015; Lago, 2019).

Se de um lado o massacre modificou as políticas de segurança pública, de outro houve uma reconfiguração do chamado mundo do crime, com o surgimento do Primeiro Comando da Capital. O PCC teve seu surgimento, conforme explicita Dias (2011, p. 165), em 1993 e se expandiu pelo sistema carcerário paulista a partir de 1994, sendo sua influência percebida em 1995. A criação do PCC tinha, entre suas razões, conforme expõe Biondi (2009, p. 49), a reivindicação de um tratamento digno no cárcere. Jozino (2017, p. 18) correlaciona o nascimento do PCC, em 1993, na Casa de Custódia e Tratamento de Taubaté, ao massacre ocorrido no ano anterior, e que o nome da organização estaria ligado a um time de futebol existente no interior do presídio. Biondi (2018, p. 204) chama a atenção para o fato de que antes do livro de Jozino, "Cobras e Lagartos", ser lançado, outras versões sobre o nascimento do PCC circulavam e que a versão do livro acabou prevalecendo sobre as demais. A Casa de Custódia e Tratamento de Taubaté possuía um anexo, o Centro de Readaptação Penitenciária, também conhecida como Piranhão e que já trazia características do que viria a ser o RDD, Regime Disciplinar Diferenciado, visto que esse anexo funcionava enquanto um local de castigo, no qual os presos e presas ficavam cerca de 23 horas isolados em suas celas, sem nenhuma atividade e uma das reivindicações do PCC era a desativação dessa unidade (Mallart, 2019).

O presídio foi desativado e desmontado, em 2002, dez anos após o massacre, depois de ter sido considerado como o centro da megarrebelião[105] promovida pelo PCC em 2001 (Biondi, 2009; Dias, 2011). No entanto, já em 1993, o Instituto de Arquitetos do Brasil em São Paulo, IAB-SP, começou a discutir um concurso nacional para reurbanização do Carandiru e, em dezembro de 2002, os pavilhões 6, 8 e 9 foram implodidos, dando lugar ao Parque da Juventude, que abriga a Biblioteca de São Paulo, a ETEC Parque da Juventude e o Museu Espaço Memória Carandiru que é gerido pelo Centro Paula Souza. No espaço onde existia o Complexo do Carandiru, existe ainda hoje a Penitenciária Feminina de Santana (Bianchini, 2018). Mas ainda que não exista mais o Complexo do Carandiru ao lado do metrô, essa localidade ainda é uma referência para os trânsitos intra e extramuros prisionais, visto que o metrô Carandiru é um dos pontos dos quais saem os ônibus com familiares de presos que vão aos diversos presídios no interior do Estado para a realizar as visitas semanais (Lago, 2019, p. 33).

3.2. O Carandiru e a gênese da torcida

É dessa relação intra e extramuros prisionais que nasceu a Torcida Organizada Pavilhão Nove, ainda nos anos 1990, em data anterior ao Massacre do Carandiru. A data de 09 de setembro de 1990 é celebrada pela Torcida como um marco da sua formação. Durante as entrevistas com os integrantes da Torcida Organizada, resgatei a história da constituição dessa organização. O contato com os integrantes da Torcida foi realizado, inicialmente, através de diversos outros contatos com integrantes de outras torcidas organizadas, como a Gaviões da Fiel e a Dragões da Real, além de contato através

105 Essa megarrebelião é considerada por Biondi como a primeira exposição de força do PCC frente ao Estado. Dias (2011, p. 171) entende a megarrebelião como o cume do processo de expansão do Primeiro Comando da Capital, que era então, quase que silencioso.

de movimentos, como o Coletivo Democracia Corinthiana e as Mães de Maio. Entrevistar integrantes de uma torcida que haviam sofrido uma chacina, na qual os suspeitos das execuções eram agentes de segurança pública, não foi uma tarefa fácil. O medo prevalecia entre os torcedores. Sócrates, integrante da Torcida há mais de vinte anos, foi um dos entrevistados que trouxe as referências da formação da Torcida Organizada Pavilhão Nove. Ele foi contatado por uma integrante da Gaviões e, no primeiro contato, disse que não tinha interesse em participar de pesquisa que tratasse do caso da chacina, mas nos passou seu contato. Nesse momento, Débora Silva, fundadora e liderança do Movimento Mães de Maio, construiu uma ponte entre a Torcida e a pesquisadora e, desse modo, com a indicação de Débora, consegui acessar os integrantes da Pavilhão Nove.

Sócrates aceitou me encontrar e, em um primeiro momento, somente nos conhecemos, marcando a entrevista para o dia posterior, em um local público, no qual o entrevistado se sentisse seguro[106]. Foi nessa entrevista que ele contou sobre a origem da Torcida e também adentrou nas questões relativas à chacina. Relatando como o nome da agremiação é uma homenagem ao Carandiru, mas que nasceu anterior ao Massacre, o torcedor trouxe a história da existência de um time de futebol dentro do presídio, que homenageava o Corinthians, e da relação existente a partir de ações de caridade de um grupo de corintianos da cidade de Osasco e da Vila dos Remédios, Zona Oeste da cidade de São Paulo, que fazia um trabalho social, levando lanches, refrigerantes e cigarros para um grupo de corintianos detidos no raio Pavilhão 9 do presídio Carandiru (Revista Arquibancada, 2002) e dos jogos promovidos dentro do presídio entre torcedores do Corinthians que estavam encarcerados e os que os visitavam. Foi dessa relação que nasceu a Torcida.

106 A questão da segurança pessoal dos interlocutores permeou toda a pesquisa, visto que a chacina foi realizada por três homens e até o presente momento somente um foi detido e levado a júri.

> [...] tem muita gente que liga a Torcida [a fundação] ao Massacre do Carandiru, só que a Torcida foi fundada em 1990, dois anos antes, e a fundação foi assim, de um grupo de corintianos, uns eram associados dos Gaviões, outros não. Eram uns corintianos que iam para jogo do Corinthians ali na região de Osasco, Vila dos Remédios e eles tinham um trabalho social lá na Casa de Detenção, faziam arrecadação e levavam mantimentos para os detentos. Faziam jogos amistosos com um time de detentos. Lá tinha um time que era o Corinthians do Pavilhão 9 e o pessoal tinha uma amizade com o pessoal do Corinthians do Pavilhão 9. Eles iam sempre nos torneios lá, sempre estavam na frente, sempre eram campeões e para estar nesse time a obrigação era ser corintiano [...] aí na época, o pessoal que estava aqui fora falou 'vamos fundar uma torcida', aí os caras queriam fundar uma torcida, uma torcida que corintiano já é mais criminalizado, descriminado, aí os caras quiseram fundar uma torcida para os coringão mais pobre e louco mesmo, mais marginalizado, com as roupas mais baratas, com os materiais mais em conta, mensalidade mais barata e os caras deram umas sugestões de nome: favela, povão...algumas pessoas foram lá e falaram: aqui, a gente tem contato com o pessoal lá do Pavilhão 9, que mesmo os caras estando privado da liberdade não vai abandonar o Corinthians, já que é o time Corinthians do Pavilhão 9, porque a gente não põe o nome da torcida Pavilhão Nove, também? Até para homenagear os caras que estavam lá privados da liberdade e não abandonaram o Corinthians (Sócrates, integrante da Torcida).

De fato, o futebol era um dos esportes praticados rotineiramente no presídio, existindo uma quadra de várzea no interior do estabelecimento prisional. Du Rap (2002) relatou que o jogo de futebol era a distração existente no local, além de fazer parte do dia-a-dia prisional: "[...] A rotina era essa, pra quadra todo dia. [...]" (Du Rap, 2002, p. 47).

Além de Sócrates, outra integrante da Torcida, Tamires, que desde a infância integra a Pavilhão Nove, me concedeu entrevista relatando a formação desse grupo. Diferentemente da entrevista com Sócrates, essa entrevista já não era permeada pelo medo. Estávamos em um local público, na frente da antiga quadra da Torcida, local em que ocorreu a chacina, mas que no momento da entrevista era palco de uma manifestação em homenagem aos mortos após a condenação de um ex-P.M. pelas execuções. Tamires relatou, assim como Sócrates, que o nome da Torcida seria uma homenagem a um time existente dentro do Carandiru: "[...] jogo de futebol do Carandiru, que era feito no Pavilhão 9 [...] foi baseado nesse time do pavilhão dentro do Carandiru".

O Carandiru exerce uma figura central para a torcida e é posto enquanto uma representação da fundação. Em 2020, em razão da comemoração dos trinta anos da agremiação, alguns desenhos foram publicados na página oficial da Torcida nas redes sociais *Facebook* e *Instagram*, além de publicações em páginas pessoais de integrantes da Torcida. Em um desses cartazes, as sedes que abrigaram a Torcida aparecem ao redor do Carandiru e, em outro, a mascote, um Irmão Metralha, está à frente do presídio, que é enquadrado no centro do desenho.

Além das referências ao presídio, a Torcida traz, em outros símbolos, alusões ao mundo prisional e a vida intramuros das instituições de aprisionamento, como a mascote, representada pelos Irmãos Metralha e um de seus *slogans* "preso por uma só paixão". Para além da paixão pelo futebol e pelo Corinthians, o samba é para essa agremiação um dos elementos que a constituem, estando, inclusive, em sua origem, como trouxe Tamires.

> A torcida se baseou assim, a gente era um pessoal que tinha aqui na Vila dos Remédios, que existia o Jóia Rara que era uma escola de samba. Desse Jóia Rara tinham uns integrantes que eram corintianos e nasceu um grupo que ia para jogos,

> tudo, aí e decidiram fundar. [...] Eles fundaram a torcida. Fundaram para poder estar indo para o jogo (Tamires, integrante da Torcida).

Os relatos de Tamires trazem como samba, carnaval e o mundo do futebol se entrecruzam e, com o passar do tempo, em São Paulo, a partir das torcidas organizadas, surgiram escolas de samba e blocos carnavalescos, os mesmos torcedores se transformam em foliões e, das torcidas organizadas passaram a disputar os carnavais paulistas (Campos; Louzada, 2012, p. 150). Entre os anos 1920 e 1930, os então chamados cordões carnavalescos realizavam nos bairros negros da cidade de São Paulo, bailes carnavalescos, jogos de futebol de várzea, além de outras atividades de sociabilidade (Bueno, 2015, p. 224-227). Assim, há um vínculo e entrelaçamento histórico entre samba e futebol.

A relação entre a Torcida Pavilhão Nove e a escola Jóia Rara não é, portanto, uma exceção. Após a formação da Torcida Pavilhão Nove, originou-se também um bloco carnavalesco, com o mesmo nome. O bloco carnavalesco, associado à União das Escolas de Samba Paulistanas (UESP) desde 1992, começou seus desfiles a partir do carnaval de 1993. Em 2003, integrantes do bloco Tricolor Independente foram responsáveis pelo assassinato[107] de um dos integrantes do bloco Pavilhão Nove, no Sambódromo do Anhembi. Em 2016, meses após a chacina, o bloco trouxe um apelo à paz na letra do samba "No Jubileu de Prata, Pavilhão Nove relembra seus carnavais e segue unido em busca da paz".

Tanto o bloco carnavalesco quanto a Torcida se engendram a partir de relações existentes com os encarcerados do Carandiru, e trazem entre seus símbolos, uma série de elementos que remetem à vida prisional e ao mundo do crime, trazendo o encarceramento enquanto uma realidade de diversos torcedores do time de futebol

107 Maiores informações, cf.: https://www1.folha.uol.com.br/fsp/cotidian/ff2402200301.htm.

Sport Club Corinthians Paulista, que adentravam o Carandiru para atividades esportivas e trabalhos sociais desenvolvidos na unidade, visitando torcedores do Corinthians detidos na unidade. Se o massacre criou uma percepção e memória dos presos do Carandiru a partir de uma perspectiva de corpos violentados, como já apontou Marques (2018), a homenagem da Torcida reelaborou essa construção, visto que esses encarcerados são postos como sujeitos passíveis de serem homenageados, não por terem sofrido uma execução, mas por serem sujeitos de desejos e vontades, não sendo somente corpos violentados, mas sujeitos que se movem através de paixões, como a pelo futebol. Rivelino[108], outro integrante da Torcida que foi entrevistado, trouxe essa concepção da homenagem aos presos relacionada à paixão pelo futebol e, mais especificamente, pelo Corinthians:

> [...] O Pavilhão Nove foi fundado originalmente no Pavilhão 9 do Carandiru, por nove corintianos, dez corintianos que tinham um time de futebol e que originalmente se chamavam Corintianos do Pavilhão 9. O Corinthians do Pavilhão 9. Tinha esse negócio na cadeia pros caras ficar fazendo. Então, tipo, ia ter futebol? O Corinthians Pavilhão 9 vai jogar. Os caras ganhavam troféu, pá... era todo mundo corintiano! (Rivelino, integrante da Torcida).

Embora surgida na Vila dos Remédios, a Torcida Organizada Pavilhão Nove, nem sempre teve sua sede localizada no bairro de origem. Durante alguns anos, a sede da Torcida esteve localizada no centro da cidade de São Paulo, no Edifício Santa Victória, prédio histórico, construído em 1939, período de verticalização da cidade.

108 Assim como a entrevista realizada com Tamires, as declarações de Rivelino foram dadas após o julgamento, em local público, de festividade da Torcida e já havia cerca de um ano que eu era conhecida enquanto pesquisadora pelos integrantes da Torcida Organizada Pavilhão Nove.

A sala da Torcida era na Rua Dom José de Barros, no bairro República[109]. Não havia, naquele momento, uma quadra própria para os encontros dos torcedores e suas atividades. Tamires contou que posteriormente a essa sala comercial, a Torcida retornou para a Vila dos Remédios, ocupando um galpão emprestado e, conseguindo, ulteriormente, o uso do baixo do viaduto Ponte dos Remédios — Carmen Fernandes Neves, onde ficaram estabelecidos até o momento da chacina. A Ponte dos Remédios é constituinte do sistema viário da Marginal Tietê, ligando a Zona Oeste da cidade de São Paulo à cidade de Osasco.

O baixo da Ponte dos Remédios foi concedido à Torcida Organizada, que reformou o local para garantir uma estrutura física para a Torcida e para o Bloco. Sobre a circulação da Torcida na cidade de São Paulo, Sócrates relatou que:

> [...] a Torcida ela foi fundada lá no Bairro Vila dos Remédios mesmo, divisa de São Paulo com Osasco. Foi fundado lá, aí tinha uma sede lá, mas não era na ponte, a sede era na região, no bairro dos Remédios, aí ela foi para o Centro da cidade, aqui logo depois da fundação, 90, 91 veio para um escritório, uma lojinha aqui no centro e lá ficou só as atividades do carnaval lá nos Remédios, aí ficou um bom período aqui no centro, né, ficou até 99 ficou aqui no centro, aqui na Rua Dom José de Barros, daí questão até de custo mesmo, de ter um espaço maior, já tinha a ponte lá, que já era usada para o carnaval, daí o pessoal, a gente decidiu ir lá para a Ponte dos Remédios. A gente cavou tudo, que a Ponte era bem, tinha um espaço que era muito...não tinha altura, né? Só tinha uma parte pequena que tinha altura, né. Fomos nós mesmos que cavamos, né o piso, para deixar nivelado, um pouquinho

109 O endereço da sede da Torcida era na Rua Dom José de Barros, n 337, 7° andar, sala 716, na República. O edifício em estilo *art déco*, inaugurado em 1939, é hoje popularmente conhecido como Trackertower e saiu em uma matéria da Veja São Paulo com um ponto badalado do centro de São Paulo. Cf.: **https://vejasp.abril.com.br/cidades/centro-baladas-moderninhos/**.

> mais alto, né, para a gente poder fazer uso e aos poucos a gente foi construindo, com a ajuda da diretoria, associados e outros parceiros, a gente foi construindo aos poucos lá a Ponte dos Remédios para ser a nossa quadra (Sócrates, integrante da Torcida).

O uso dos baixos de viadutos na cidade de São Paulo começou a ser regulamentado com a Lei n° 11623/1994, durante a gestão de Paulo Maluf, sendo, naquele momento, outorgadas permissões de uso com prioridade para entidades filantrópicas e de caráter social. Victor Aguiar (2017) debateu como os baixios de viadutos são percebidos nas cidades enquanto espaços residuais do rodoviarismo, mas que, para além dessa percepção, esses espaços possuem disputas e tensões, sendo usados, não somente pela população em situação de rua, mas também abrigando espaços de lazer, como academias de boxe, escolas de samba, dentre outros.

De acordo com a Nota Técnica sobre Baixos de Viadutos (2016) da Prefeitura de São Paulo, sobre o uso de baixos de viadutos na cidade, entre as pontes e viadutos na cidade, constam que em 159 desses espaços há ocupações variadas, com espaços de vivência na cidade, como comércio, mobilidade urbana, lazer e moradia. Para termos uma dimensão dessa ocupação, elaboramos o Quadro 05 a partir da Nota Técnica.

Desse modo, os baixios de pontes e viadutos da cidade não são espaços vazios, ou rebotalhos da estrutura de mobilidade e transporte urbanos. São espaços de vivências das mais diversas. Em 09 de setembro de 2000, a quadra da Torcida Organizada Pavilhão Nove foi oficialmente inaugurada no baixio da Ponte dos Remédios, e era utilizada para administração da Torcida e do Bloco carnavalesco, além de ser o espaço de realização de jogos internos, ponto de encontro para as idas aos jogos do Corinthians, ensaios do bloco carnavalesco entre outras festividades e atividades, até esse uso ser interrompido pela violência da chacina.

QUADRO 5. USOS DE BAIXOS DE VIADUTOS NA CIDADE DE SÃO PAULO (2016)

OCUPAÇÃO	QUANTIDADE
Áreas de esporte e lazer (quadras, equipamentos de ginástica etc.)	34
Estacionamentos	30
Ecopontos	27
Escolas de Samba	20
Favelas ou ocupações urbanas	19
Áreas comerciais	13
Canteiros de obras	11
Comércio ambulante	03
Terminais de ônibus	02

FONTE: Elaboração própria, a partir de São Paulo (2016).

FIGURA 7. Convite da inauguração da quadra no baixio da Ponte dos Remédios.
FONTE: Arquivo pessoal de integrante da torcida organizada (2021).

Após a chacina, a Torcida Organizada ficou sem sua sede, primeiro pelas investigações policiais, depois por entenderem que não existia possibilidade de realizarem atividades recreativas no local em que integrantes da agremiação foram executados. Andressinha[110] me contou em entrevista que houve um consenso sobre não ficarem mais na sede no baixo do viaduto, pois, nas suas palavras: "nem deu para ficar aqui porque não tinha nem clima mais, não tinha como". Sócrates relatou que foi através de uma reunião que decidiram fechar a quadra e que essa decisão se pautou pelo respeito às famílias.

> Não tinha clima, também, para as famílias, de fazer alguma coisa lá, "iam fazer uma festa e iam ficar pisando no meu filho que morreu lá", em respeito a muito disso aí, a gente não ficou lá, não. Essa situação que é a questão da família, né, de respeitar, né. Assim, poderia ter sido qualquer um de nós, né, que estava lá. A gente se coloca também, né, no lugar de cada um, poderia ser comigo, com outro que está vivo hoje, né. Qualquer um que estivesse lá no momento (Sócrates, integrante da Torcida).

Após fecharem a quadra no baixo da Ponte dos Remédios, a Torcida Organizada Pavilhão Nove encontrou dificuldades para alugar um outro local. A Torcida já tinha um projeto de mudança de local da sede da Vila dos Remédios para Itaquera, como uma forma de ficarem mais próximos do estádio de futebol do Corinthians[111]. Sócrates relatou que já tinham um local na Zona Leste para alugar, mas que após a chacina o proprietário do imóvel desistiu de realizar a locação. Assim, a Torcida Organizada ficou entre quatro e cinco meses sem conseguir uma sede e seus pertences, como bandeiras, instrumentos musicais e demais materiais do patrimônio dessa organização foram

110 Andressinha foi uma importante interlocutora da pesquisa, me conectando com outros integrantes e familiares das vítimas. A entrevista com ela foi realizada em frente à quadra da Ponte dos Remédios, após o julgamento da chacina.

111 A Neo Química Arena, popularmente chamada de Arena Corinthians ou Itaquerão, foi inaugurada em 2014, em um conjunto de modificações urbanas e construções de grandes estádios no Brasil para o Megaevento da Copa do Mundo de 2014 e é hoje o estádio oficial do Sport Club Corinthians Paulista.

guardados na sede da Gaviões da Fiel, que abriu sua sede em solidariedade à Torcida. Em 16 de outubro de 2016, a Torcida Organizada Pavilhão Nove inaugurou a sede na Rua Puraquê, em Itaquera, local que estão até o presente momento.

As sedes das torcidas são espaços que possibilitam partilha de valores, de concepções de mundo, como coloca Toledo e, segundo o autor "As sedes são espaços vivos de pertencimento a estes grupos e de reconhecimento frente a outros" (Toledo, 1996, p. 51). Nesse sentido, a quadra no baixo do viaduto se transmutou de espaço vivo para espaço de morte, após a execução da chacina, pois a impossibilidade de estar no local demonstra a interdição pela dor, pelo luto e respeito às famílias. O chão da Ponte dos Remédios ficou marcado pela morte. Após a sentença do júri e condenação do réu, estive na antiga quadra, em conjunto com integrantes da Torcida que, naquele momento, fizeram uma homenagem às vítimas. Pude adentrar o local e constatar como esse espaço, agora sem uso e abandonado, foi transmutado de espaço de vivência para um espaço marcado pela morte, através da violência.

FIGURA 8. Sede do baixo do Viaduto Ponte dos Remédios, quatro anos após a chacina. FONTE: Arquivo pessoal da pesquisadora (2021).

FIGURA 9. Uma das entradas da sede do baixo do Viaduto Ponte dos Remédios, quatro anos após a chacina. FONTE: Arquivo pessoal da pesquisadora (2021).

A nova sede da Torcida, agora próxima ao estádio do Corinthians, continua abrigando eventos, ensaios do bloco carnavalesco, reunindo torcedores, mas não eliminou o luto, trazendo agora junto com as vivências dos torcedores, as memórias dos que foram executados pela chacina e a marca dessa violência. É uma torcida que nasce traçando uma representação do "corintiano mais marginalizado, o coringão pobre e louco, o cara que puxa uma carroça, que ostenta a camisa do Corinthians, o cara que também está privado de liberdade" (Sócrates, integrante da Torcida) e que acabou por ser marcada pela violência letal da militarização urbana e da exceção permanente da segurança pública, que está ligada à letalidade policial em serviço e às violações e execuções perpetradas por agentes de segurança pública fora de serviço.

3.3. As torcidas organizadas de futebol em São Paulo

As torcidas organizadas são agremiações em que seus associados têm em comum o fato da admiração e preferência por um time em específico. Em 2003, com a promulgação do Estatuto do Torcedor (Brasil, 2003), ficou configurado que, legalmente, eram consideradas torcidas organizadas:

> ART. 2º A. Considera-se torcida organizada, para os efeitos desta Lei, a pessoa jurídica de direito privado ou existente de fato, que se organize para o fim de torcer e apoiar entidade de prática esportiva de qualquer natureza ou modalidade (Brasil, 2003).

No caso do futebol, esporte amplamente divulgado e de predileção popular no Brasil, as relações entre times e seus torcedores é tema de diversos estudos e de debates não só teóricos, mas também jornalísticos e políticos que abordam desde a perspectiva da paixão e das performances torcedoras às discussões sobre violências entre torcedores. No caso desta pesquisa, a abordagem sobre torcidas organizadas é importante no que tange ao entendimento sobre como os debates acerca dessas agremiações atravessaram as informações sobre a chacina da Torcida Pavilhão Nove.

Damo (2005) destaca as relações entre torcedores e seu clube de escolha, o chamado clubismo. Esse clubismo que implica o torcer e outras expressões como "amar, paixão, morrer pelo time", evidencia as relações entre torcedores "emocionalmente engajados a ponto de estenderem as emoções vividas no espaço-tempo do jogo para além dele" (Damo, 2005, p. 65-66). Assim, o torcedor engajado em uma torcida organizada tem suas relações com o clube de escolha estendidas para além dos 90 minutos da partida de futebol. Mas quem é esse torcedor? Para Toledo (1996, p. 12), o torcedor é "[...] o trabalhador, o estudante, a dona de casa, o malandro, o marginal, o policial, o dirigente, o político". Nos relatos para a pesquisa, Sócrates explorou que alguns torcedores estariam subrepresentados dentro das torcidas organizadas do Corinthians e a Pavilhão Nove nasceu tentando suprimir essa lacuna.

O início das torcidas organizadas se deu após os anos 1960, sendo que, antes desse momento, entre os anos 1930 e 1940, surgiram em São Paulo as torcidas uniformizadas, que tinham na figura do torcedor-símbolo uma representação e o elemento uniforme, inserido enquanto uma vestimenta para assistir ao jogo e torcer, era o seu atributo (Toledo, 1996). Se, com as torcidas uniformizadas havia um torcedor que representava a torcida e o time, com as torcidas organizadas — e, aqui, trazemos a fala de Sócrates — é a torcida que representa um segmento dos torcedores. No caso da Pavilhão Nove, essa representação seria em relação aos corintianos considerados mais marginalizados, como os encarcerados e os trabalhadores informais e mais precarizados na cidade. As torcidas organizadas surgem entre o final dos anos 1960 e início dos anos 1970[112], sendo a

112 Para Toledo (1996), a emergência e expansão das torcidas organizadas está relacionada aos novos desenhos da relação entre torcedores e futebol a partir dos anos 1970, tendo em vista que a partir desse momento o futebol se torna um esporte de massa amplamente estimulado pelo Estado e pelos meios de comunicação.

Gaviões da Fiel a primeira a se originar no cenário paulista, conforme colocou Toro (2004). Toledo assim expõe o momento de nascimento dessas torcidas:

> [...] O *Grêmio Gaviões da Fiel* surgiu no ano de 1969, mesmo ano em que é fundada a *Torcida Jovem do Santos*, seguida pela *Camisa 12* em 1971, também no Sport Clube Corinthians Paulista. A *Torcida Tricolor Independente* do São Paulo foi fundada em 1972, como ocorreu com a *Leões da Fabulosa* da A.A. Portuguesa. Das grandes Torcidas Organizadas que hoje atuam no futebol paulista a mais recente é a *Mancha Verde*, dos torcedores da Sociedade Esportiva Palmeiras, fundada posteriormente no ano de 1983. Portanto, enquanto organizações burocratizadas, com relativa autonomia dos clubes, o fenômeno das Torcidas Organizadas é recente e data do fim dos anos 60 e início dos anos 70 (Toledo, 1996, p. 27, grifos do autor).

No momento em que Toledo publicava seu livro "Torcidas Organizadas de Futebol", em 1996, derivado de sua pesquisa de mestrado, muitas torcidas ainda não haviam se formado ou tinham uma formação muito recente, como no caso da Pavilhão Nove. Atualmente, o Sport Clube Corinthians Paulista conta com cerca de seis torcidas, sendo elas: Gaviões da Fiel, Camisa 12, Pavilhão Nove, Fiel Macabra, Estopim e Coringão Chopp. Embora cada Torcida Organizada tenha uma sede, na qual se estabelece uma administração central e se guardam materiais do patrimônio das mesmas, e que se tornam uma referência para os torcedores, elas costumam ter inúmeras subsedes para agrupar torcedores de diversas localidades, fazendo assim com que não exista para as torcidas uma relação estrita com um bairro, cidade ou região. As subsedes garantem um caráter mais descentralizado para as torcidas. No caso da Pavilhão Nove, que conta na atualidade com cerca de 13 mil associados, existem cerca de onze subsedes, estando elas em: Franca; Limeira; Perus; Salto;

Ferraz de Vasconcelos; Sumaré; Mogi Guaçu; Jaraguá; Uberlândia (MG); Campo Grande (MS) e Catalão (GO)[113].

As torcidas organizadas estabelecem rituais sobre o torcer (Toro, 2004), seja através do uso de faixas, bandeiras, uniformes, usos de pirotecnia, cânticos, dentre outros elementos, ao mesmo tempo em que estabelecem novas relações entre o torcedor e a cidade (Toledo, 1996), através de modificações dos trajetos de parte dos torcedores aos estádios, em que ao invés de se deslocarem do local de moradia diretamente para o estádio de futebol, passam a se concentrar nas sedes das torcidas organizadas para seguirem juntos ao estádio, formando uma massa de torcedores que circulam nos espaços urbanos. Os integrantes dessas agremiações marcam na sede o ponto de encontro para ida ao estádio, para se deslocarem para outras cidades, estados e até países, de modo a assistirem juntos ao jogo e, estando nos estádios, assistirem aos jogos agrupados, fazendo do torcer um rito compartilhado e rivalizado com as demais torcidas.

Os dias de jogos são os momentos em que as ruas das cidades, assim como os transportes públicos, são tomados por grupos de torcedores que modificam a paisagem urbana. No caso das torcidas organizadas, para além das camisas dos times que entrarão em campo, as camisas, bonés das torcidas e demais adereços são ostentados durante o trajeto.

As bandeiras e bandeirões são representações estéticas das torcidas e motivo de orgulho. As camisas, os bonés, as bandeiras e as faixas são símbolos das agremiações e demonstrações coletivas da torcida (Toledo, 1996). Nas torcidas organizadas existem diversos departamentos, que seriam agrupamentos de integrantes da torcida para efetivação de uma função, um dos departamentos importantes é o das Bandeiras que é o responsável por elaborar e construir as faixas, bandeiras e bandeirões. Além do Departamento de

113 Embora esses dados tenham sido levantados durante a pesquisa, cabe ressaltar que o número de subsedes, assim como de torcedores associados, se alteram ao longo do tempo devido à dinâmica dos torcedores em relação às agremiações.

FIGURA 10. Torcida Pavilhão Nove na estação de metrô Barra Funda.
FONTE: Arquivo pessoal de integrante da Torcida (2021).

FIGURA 11. Torcida Pavilhão Nove na arquibancada.
FONTE: Organizadas Brasil (2022).

Bandeiras, a organização interna das torcidas conta com Diretoria, Conselho, Tesouraria, além da Bateria e de outros departamentos como o Social e o Esportivo.

Os rituais das torcidas nas arquibancadas se mostram como a expressão coletiva do torcer. Entre gritos, palavras de ordem, xingamentos, cânticos e tremular de bandeiras, há a ritualização do que colocam enquanto amor e paixão. No caso da Pavilhão Nove, um de seus lemas é "Preso por uma só paixão", que relembra a condição de cárcere ao mesmo tempo em que reivindica o amor ao clube. Dentre os rituais, não só o do amor e incentivo ao clube é posto, mas também o da rivalidade em relação ao time adversário e sua(s) torcida(s), ao juiz da partida e, também, as críticas e contraposições ao policiamento no entorno e no campo de futebol.

Em sua pesquisa de mestrado, Palhares (2015), entrevistou integrantes das torcidas Independente e Dragões da Real, do São Paulo Futebol Clube e, dentre os relatos dos torcedores, as relações entre torcida e polícia apareceram permeadas de tensões, nas quais ao mesmo tempo em que as torcidas realizam reuniões com os Batalhões de Polícia antes das partidas, com o intuito de garantir segurança, esses mesmos policiais são vistos como os que agem de maneira violenta contra as torcidas e torcedores. No próximo subitem deste capítulo, trato das diversas violências, sejam as policiais, sejam as perpetradas pelos integrantes de torcida.

3.4. As violências contra, nas e entre as torcidas organizadas

O tema da violência percorre as torcidas organizadas desde o aparecimento delas. Os integrantes das torcidas são, muitas vezes, vistos como potenciais agressores, como detentores de uma violência iminente, seja pela mídia, seja pelo aparato de segurança pública. Desse modo, essa suspeição sobre as torcidas faz com que seus integrantes sejam percebidos através da ótica da criminalização. Dois dos integrantes da Torcida, aqui chamados de Sócrates e Rivelino, colocaram que existe uma criminalização das torcidas organizadas por parte da polícia, sendo que, na fala de Rivelino, transparecem adjetivos sobre integrantes da Torcida que se pode observar como componentes de processos de criminalização e de sujeição criminal (Misse, 2014) sobre os mesmos.

> [...] até chegar a primeira vez que a Pavilhão Nove esticou a faixa na arquibancada, foi difícil. A Polícia Militar lá vendo esse nome Pavilhão Nove, já ligava com apologia ao crime. Sempre tinha perseguição por parte da polícia. Não foi fácil os primeiros jogos, assim, chegar com uma roupa escrito Pavilhão Nove, chegar com uma faixa lá, uma faixa grande na arquibancada, escrito Pavilhão Nove.
>
> Nosso bandeirão foi estreado no Rio de janeiro, no Maracanã, aí a polícia viu lá o bandeirão, já chegou no diretor lá, questionando, falando que estava fazendo apologia ao crime, quis prender alguns torcedores do Pavilhão Nove. A história do Pavilhão Nove sempre foi de... assim, sofrida, né. Até hoje é assim, sofrida e criminalizada, mas o intuito mesmo não é fazer apologia, o intuito de entidade era para representar o corintiano mais marginalizado [...] Só a faixa na arquibancada está representando todo corintiano mais marginalizado ainda. Desde o início foi sofrido, não foi fácil para os integrantes, eles carregarem uma faixa, uma bandeira e usar a camisa do Pavilhão Nove (Sócrates, integrante da Torcida).

Os relatos de Sócrates sobre criminalização e perseguição por parte de agentes de segurança pública contra a Torcida Organizada não são as únicas formas de violência por parte de agentes de segurança pública contra as torcidas. Em entrevista para a pesquisa sobre o torcer, de Hollanda e Florenzano (2019), o ex-presidente da Gaviões da Fiel, Dentinho, relata sobre a violência policial contra as torcidas organizadas:

> [...] Em algumas partidas, eles nos expulsaram do estádio e, em outras, fomos nós que os colocamos para correr. Um exemplo disso foi a noite das garrafadas, em uma partida contra o Flamengo, no Pacaembu. Na briga com o policiamento, é preciso apenas fugir dos golpes de cassetete, pois eles não vão atirar em você para matar. Certa vez, no Morumbi, um tenente da Rocam havia tomado uma pedrada na cabeça e ficou louco. Estava com um fuzil de bala de borracha e atirou em todos que viu na frente. Eu fui atingido por três disparos e fiquei com o corpo marcado. Os projéteis eram de borracha, porém machucam e você pode perder um olho. Já ganhamos, inclusive, um processo em razão de um caso desses. Naquela semana, fui ao batalhão relatar aquilo aos comandantes e o tenente que efetuou os tiros estava presente. Ele argumentou: "Você acha certo o que fizeram comigo?". Eu respondi: "Pô, você atirou em uma multidão" (Hollanda; Florenzano, 2019, Depoimento 8[114]).

Embora os relatos apontem violências por parte dos agentes de segurança pública, Dentinho traz que essa violência contra integrantes de torcida organizada e torcedores no geral não seria letal, no entanto, ao expor uma das violências por parte de um tenente da Ronda Ostensiva com Apoio de Motocicletas[115] (ROCAM), o ex-presidente da Gaviões relata como os tiros de borracha poderiam cegar e como ele próprio se machucou a partir desses disparos. De todo modo, há registros de execuções de torcedores por parte de agentes de segurança pública em conflitos nos estádios e arredores. Em 2018, uma reportagem do jornal El País trazia uma série de casos de execuções

114 A referência do livro não contém página, visto que o arquivo é digital e em formato *epub* para *Kindle*. De modo a tornar mais fácil a localização do leitor, referenciei essa obra a partir dos depoimentos que constam no sumário.

115 A Ronda Ostensiva com Apoio de Motocicletas (ROCAM) é um programa de policiamento ostensivo urbano, onde policiais militares usam motos para seus deslocamentos em grandes centros urbanos. Cf.: https://www.policiamilitar.sp.gov.br/institucional/policiamento-rocam.

realizadas por agentes de segurança pública contra torcedores, ocorridas em jogos de futebol[116]. Toda essa dinâmica de violência é percebida por Rivelino, integrante da Torcida Organizada Pavilhão Nove, através de uma perspectiva de criminalização das torcidas.

> [...] o seguinte no estádio, é... não existe briga de torcida contra torcida no estádio, né? O único conflito no estádio hoje em dia é com a polícia. Porque pra polícia, a gente é tudo maloqueiro, favelado, maconheiro... corintiano... acho que só o nome corintiano já é sujo na boca deles. E com torcidas adversárias, eu acho que é uma coisa que o sistema implantou na cabeça da sociedade, que fala que torcida organizada é sinônimo de briga. E tá totalmente incorreto isso! (Rivelino, integrante da Torcida).

Apesar da fala de Rivelino negar a existência de brigas entre integrantes de torcidas organizadas opostas, elas existem, sejam nos estádios, sejam nas ruas. No entanto, como debaterei nesse subitem, essas brigas não podem ser vistas como um elemento que compõe as torcidas. Assim, se de um lado há denúncias dos integrantes das torcidas de que os policiais são violentos, há de outro uma percepção de que a torcida é que é violenta e que traz a iminência do confronto.

> [...] a simples reunião de torcedores nas ruas, nos estádios em dias de jogos, faz com que a cidade seja utilizada e ocupada de maneira extremada, intensa e excessiva, tendo na potencialidade do confronto uma possibilidade sempre presente (Toledo, 1996, p. 100).

Para Toledo (1996) o contato entre torcidas rivais, estabelece entre subgrupos dessas torcidas, na cidade, uma prática de vendeta, em que enfrentamentos de participantes desses subgrupos se dão a

116 Maiores informações, cf.: https://brasil.elpais.com/brasil/2018/09/12/deportes/1536707395_262251.html.

partir de retaliações a subgrupos de outras torcidas por ações como brigas anteriores, roubos de bandeiras e faixas e etc. Não há, no entanto, uma postura generalista de brigas e vendetas por parte das torcidas, sendo restritas a um nicho da torcida. Ao tratar das brigas entre torcidas, Dentinho (Hollanda; Florenzano, 2019) expõe sobre as brigas geradas pela rivalidade entre integrantes da torcida Mancha Verde e da Gaviões, e traz como integrantes da Mancha aderiram ao uso da violência como uma forma de demonstrar descontentamento. Como a Gaviões e a Mancha não conseguiram firmar acordos para uma relação pacífica, o enfrentamento fora dos estádios ganhou impulso, saindo do controle das lideranças das torcidas.

Paulo Serdan, presidente da Escola de Samba Mancha Verde, também foi um dos entrevistados para o livro de Hollanda e Florenzano (2019) e relatou que em 1995, durante a final da Supercopa São Paulo de Futebol Júnior, entre Palmeiras e São Paulo, houve o enfrentamento entre torcedores da Mancha Verde, Independente e Dragões da Real. Essa briga generalizada que resultou em uma morte e mais de uma centena de feridos ficou conhecida como Batalha Campal do Pacaembu, e inaugurou um processo repressivo em relação às torcidas. Serdan, no entanto, relatou como entre os anos 1980 e 1990 as brigas entre integrantes das torcidas organizadas e demais torcedores nas ruas da cidade eram mais violentas do que a que ocorreu no Pacaembu.

> Ao longo dos anos 1980 e no início dos anos 1990, os conflitos eram muito piores. Não havia celular, era difícil alguém tirar foto... O que acontecia no centro da cidade, na região das ruas São Bento e Vinte e Quatro de Maio era assustador! (Hollanda; Florenzano, 2019, Depoimento 7).

A violência entre torcedores começou a se ampliar e a ter destaque nos debates políticos a partir de meados dos anos 1980 (Toledo, 1996), mesma época em que observamos o início e a crescente das chacinas nas periferias da cidade de São Paulo e RMSP. O que atento aqui é que há um cenário amplo de conflitos e violências que emergem nessa época, seja no que tange a uma violência relacionada à rivalidade esportiva, seja no caso das disputas nos territórios que geram as chacinas. No caso do futebol, no começo dos anos 1990, as discussões políticas, organizadas pela Federação Paulista de Futebol, pela Secretaria de Segurança Pública e pela Polícia Militar, dentre outras instituições, apontavam para propostas de resolução das violências entre torcidas organizadas nos estádios e na cidade através de maior policiamento e de maior vigilância sobre as torcidas e até extinção das mesmas ou higienização social com a limpeza das torcidas através de erradicação do que consideravam enquanto maus elementos (Toledo, 1996). Em relação a uma das mesas que debatiam essas violências, Toledo (1996) expõe:

> [...] as soluções para coibir a violência no futebol passavam pela concepção de uma cidade mais policiada e vigiada, com mais delegacias especiais, reforço do policiamento ou mesmo extirpar das torcidas os maus elementos, perigosos e estranhos ao nosso convívio (Toledo, 1996, p. 143).

As tentativas de inibição das violências entre as torcidas se davam em torno de uma perspectiva de militarização urbana, tendo nos torcedores ou nas torcidas como um todo a figura do inimigo a ser combatido. Após a Batalha Campal do Pacaembu, o então Promotor Público Fernando Capez levou como pauta política a extinção das torcidas organizadas. Se, de um lado, a resolução estava na militarização e extinção de torcidas, de outro, apareceram propostas como a do presidente da Torcida Jovem do Santos, apoiada pela Gaviões da Fiel, de uma Comissão de Ética formada pelas próprias torcidas (Toledo, 1996). Assim, enquanto as instituições ligadas às políticas de segurança pública pautavam higienização e militarização como forma de resolução dos conflitos, algumas torcidas pautavam que a resolução se desse a partir de entendimentos entre as agremiações.

No que tange à Torcida Organizada Pavilhão Nove, para além dos relatos de Sócrates e Rivelino que iniciam esse subitem, trago outros momentos em que a violência letal se fez entre ou contra os integrantes dessa torcida: 1) assassinato do carnavalesco Rui Luciano Nogueira, do Bloco Torcida Pavilhão Nove, por um integrante da Torcida Organizada Independente, do São Paulo, no Anhembi, durante o desfile de Carnaval de 2003; 2) assassinato de adolescente em Oruro, Bolívia, durante a fase de grupos durante a Copa Libertadores da América, de 2013, em que um rojão lançado por torcedores do Corinthians atingiu um jovem torcedor do San José; 3) Chacina contra oito integrantes da Torcida Pavilhão Nove, em 2015 .

Em que pese os três conflitos elencados acima, para esta pesquisa, me debruço sobre a chacina, de modo a entendê-la dentro do universo de chacinas ocorridas na cidade de São Paulo e RMSP. Cabe aqui fazermos uma ressalva: de imediato, ao olharmos as chacinas e as torcidas organizadas, nosso olhar separa esses dois mundos, vendo neles mais dessemelhanças do que possibilidades de entrecruzamentos, mas assim como vimos que futebol e carnaval se entrecruzam pelos sujeitos que circulam nas mesmas agremiações, torcida organizada e chacina se entrecruzam na medida em que a vitimização das chacinas não se dá a partir do elemento de estar ou não em uma agremiação de torcedores, mas sim, da criminalização e da sujeição criminal que atinge diversos sujeitos, torcedores ou não e fazem deles, vidas matáveis. Nesse sentido, olhar para a chacina da Torcida Pavilhão Nove, levando em conta a historicidade da torcida e sua relação com o mundo prisional, assim como os elementos que constituíram essa chacina nos traz, sim, parâmetros para entendermos as chacinas de um modo mais geral.

3.5. O dia da chacina: reconstrução das memórias de familiares, amigos de vítimas e jornalistas

Em 18 de abril de 2015, se entrecruzaram em São Paulo, no baixio do viaduto que abrigava a quadra da Torcida Organizada Pavilhão Nove, a violência das chacinas com a sociabilidade torcedora.

Há na busca dessa memória coletiva sobre a chacina, por parte da Torcida Organizada Pavilhão Nove, uma referência a um passado em comum, que fortalece um sentimento de pertencimento, como Jelin (2002) expõe ao tratar da memória coletiva oculta que se transforma em processos de disputas sobre as memórias oficiais que contam os tempos ditatoriais em países sul-americanos. Embora a Chacina da Torcida Pavilhão Nove tenha se dado em período formalmente democrático, as memórias sobre como se morre e quem morre no Brasil democrático demarcam as disputas sobre uma memória coletiva que disputa nossa memória oficial.

Passados sete anos da chacina, há na página oficial do *Facebook* da Torcida Organizada Pavilhão Nove a homenagem e o rememorar das vítimas, como em todo 18 de abril, desde a data do fato.

As vítimas da chacina foram oito e a maioria delas compunham o Departamento de Bandeiras da torcida. André, Edilsinho, Quadrilha, Markinho, Du Memo, Jhow e Ferraz foram executados dentro da quadra. Mydras conseguiu correr, mas caiu ferido no posto de gasolina em frente ao viaduto e não resistiu aos ferimentos. Em 2020, durante um debate virtual, promovido pelo Programa de Pós-Graduação em Antropologia da UNICAMP, a pesquisadora Adriana Vianna, ao tratar sobre processos de estado e práticas de morte nas pesquisas, trouxe a importância do registro das relações vida e morte realizados pelos interlocutores das pesquisas. Se de um lado há um registro, um obituário que é burocrático e inserido nas tramas de escrituras técnicas e estatais, de outro há o registro memorialístico, do contar sobre quem

FIGURA 12. Homenagem às vítimas da chacina.
FONTE: Acervo de fotos CD Pavilhão Nove (2022).

era aquele que foi morto e que não reside mais entre os seus pares, que deixou de existir através de uma violência letal que o atingiu. Esse registro memorialístico é realizado pelos familiares, amigos e pelos movimentos sociais que denunciam as violações de direitos humanos. Vianna (2020) descreveu esse registro como uma insurgência, como um obituário político-afetivo. Ao entrevistar os interlocutores da pesquisa, o registro de quem eram essas vítimas me chegou enquanto essa memória afetiva e também política, em que os amigos, familiares e integrantes da Torcida os retiravam da condição de vidas matáveis (Agamben, 2007) e os colocavam na condição de vidas passíveis de luto (Butler, 2015). Aqui apresento cada uma das oito vítimas fatais da Chacina da Torcida Organizada Pavilhão Nove, pela perspectiva daqueles que conviviam com eles em uma rede cotidiana de relações afetivas que transpõe como os jornais e o estado as registra[117]:

- **MYDRAS:** 38 anos, era casado e tinha dois filhos. Estava na Torcida desde os anos 1990. Trabalhava como motoboy e era sambista, atuando como cantor e compositor. Participava do Bloco Pavilhão Nove, puxando os sambas da escola. Era um homem branco e morava no centro da cidade de São Paulo.
- **ANDRÉ:** 29 anos, não tinha filhos e não era casado. Visto como muito inteligente pelos integrantes da Torcida, foi secretário da Torcida Pavilhão Nove e trabalhava na loja. Era um homem negro e morava na Zona Leste da cidade de São Paulo.
- **MARCOS:** conhecido como Markinho ou Marquinhos, solteiro e sem filhos, era um jovem branco de 19 anos. Estudante universitário e morador da Vila dos Remédios, jogava em times de várzea do bairro e atuava no Departamento de Bandeiras da Torcida.
- **MATHEUS:** também com 19 anos, era um jovem pardo e solteiro. Conhecido por Quadrilha, era morador de Taboão da Serra e integrava o Departamento de Bandeiras da Torcida. Trabalhava em um mercado e, nesse dia, havia ido direto do trabalho para a quadra para ajudar na produção das bandeiras. Matheus e Marcos eram os mais jovens entre as vítimas.
- **FÁBIO:** homem pardo, tinha 34 anos e era conhecido como Nê e Du Memo. Casado e pai de um menino, era morador da Vila dos Remédios. Havia sido presidente da Torcida e era considerado uma pessoa agregadora. Na Torcida havia a família Du Memo, grupo de

117 Optei por não expor falas dos amigos, familiares e integrantes da Torcida sobre as vítimas, para não identificar os interlocutores. Ao invés disso, utilizei seus relatos como suporte para a descrição de quem era para eles cada uma dessas pessoas que foram vitimadas, não comprometendo a segurança dos participantes da pesquisa. As únicas falas expostas sobre as vítimas são as que as ligam com a Torcida Organizada.

amigos que se organizavam em torno de Fábio. Trabalhava com seu irmão na Companhia de Entrepostos e Armazéns Gerais de São Paulo (CEAGESP).

- **JHONATAN**: conhecido como Jhow, tinha 21 anos e era um jovem pardo e tinha uma filha. Era morador de Pirituba. Integrava o Departamento de Bandeiras da Torcida. Era trabalhador autônomo.
- **RICARDO**: tinha 34 anos e era conhecido como Ferraz, pois era morador de Ferraz de Vasconcelos. Era um homem branco e tinha um filho. Considerado por integrantes da Pavilhão Nove enquanto um "espelho da Torcida".
- **JONATHAN**: jovem negro de 21 anos, era conhecido como Edilsinho. Não era casado e não tinha filhos. Morador da Zona Norte da capital paulista. Trabalhava e também integrava o Departamento de Bandeiras. Conforme os relatos dos integrantes da Torcida, Edilsinho fazia parte da Pavilhão Nove desde os onze anos de idade. Na fala de uma integrante da Torcida: "O Edilsinho era menino nosso, criado pela gente, que chegou muito pequeno aqui" (Tamires).

Outros integrantes da Torcida que estavam na quadra conseguiram fugir. Um dos sobreviventes se enrolou em uma bandeira e se escondeu, outro, ao correr, conseguiu chegar ao portão, local de onde visualizou quem eram os executores. Esses dois sobreviventes se tornaram as principais testemunhas da chacina, responsáveis por identificar os executores.

Para realizar as execuções, os atiradores, após renderem as pessoas que lá estavam, colocaram as vítimas em círculo antes de assassiná-las. Débora Silva relatou sobre essa rendição, remetendo esse círculo às rodas de capoeira, que são elementos de resistência da cultura da população negra. Para Débora, a rendição em círculo foi uma ofensa:

> Eles fizeram tipo de uma roda de capoeira, um círculo, e executam esses jovens. Chamou muito a nossa atenção, porque o modo da gente lutar e dialogar é uma roda. Um

> olhando para a cara do outro. E depois a gente vê a Chacina do Pavilhão Nove com esse modelo afrontando a luta pelo direito à vida (Débora Silva).

Se há de um lado a ofensa, a morte e seus símbolos, de outro há as homenagens e, no caso da Torcida Organizada Pavilhão Nove, essas repetem-se ano após ano e relembram como a Torcida foi atingida pela chacina. Farias (2020b), ao debater as chacinas e execuções no Rio de Janeiro, demonstra como postagens nas redes sociais *Facebook* e *Twitter*, além de protestos como os liderados através de projeções imagéticas em prédios, são forças potentes de denúncias contra as violências que as populações cariocas periféricas e faveladas sofrem. No caso da Torcida Organizada Pavilhão Nove, as postagens foram de denúncia, chamadas para protestos, mas as homenagens, enquanto um rememorar sempre esteve presente. Sendo também a capa do *Facebook* oficial da Torcida, essa foto em preto e branco com o rosto das vítimas da chacina. Nesse rememorar, durante a pesquisa, busquei não somente dados oficiais — que serão tratados no Capítulo 4 — mas também recorremos à memória dos amigos, familiares e jornalistas sobre o ocorrido e sobre o dia do ocorrido.

No dia da chacina, acontecia na quadra, localizada então no baixio da Ponte dos Remédios, um festival de futebol de salão e churrasco, denominado Festival das Quebradas, em que diversos times de futebol de salão de variadas quebradas se revezavam nas disputas futebolísticas. Era um dia de festa e que antecedia um clássico do futebol paulista: Corinthians e Palmeiras disputariam a semifinal do Campeonato Paulista daquele ano.

> Nesse dia aí, ó, muitas pessoas, a maioria das pessoas que estavam lá esse dia falaram que foi um dos melhores, para não falar que foi o melhor, foi um dos melhores dias de evento que teve lá na entidade. Foi um festival, né, o Festival das Quebradas e estavam todas as quebradas, que foram para lá, né, tanto da Capital, quanto do interior e de outro estado

> também, porque era festival de futsal e aí jogou quebrada contra quebrada, sede contra subsede, departamento de bandeira contra outra quebrada e foi o dia inteiro, desde de manhã, das dez da manhã até nove horas da noite, que foi o último jogo. O dia todo. Tinham outras entidades também, tinha time lá da Gaviões, Camisa 12, que também participaram do evento, então assim, todo mundo falando que foi um dos melhores dias lá do, lá na Ponte dos Remédios e terminou daquela forma lá, né? Estava todo mundo feliz, aí, todo mundo curtindo, participando e empolgado também que iria ter jogo no domingo, um clássico (Sócrates, integrante da Torcida).

Ao longo do dia, portanto, diversas pessoas circularam pela quadra, participando do churrasco, dos jogos do festival e se preparando para o clássico do dia seguinte. Por volta das 22h30 da noite, quando diversas pessoas já haviam ido embora do recinto e lá estavam integrantes da Torcida, alguns deles ligados ao Departamento de Bandeiras, confeccionando um mosaico para a semifinal do campeonato, três homens adentraram o recinto, renderam as pessoas que lá estavam e executaram oito delas. Algumas conseguiram fugir. Rivelino, que estava na quadra momentos antes auxiliando na elaboração do mosaico, disse:

> A gente estava fazendo era umas nove e pouco, nove e meia começamos a fazer. Umas dez horas a gente já tinha pegado os materiais tudo e colocado pra dentro da sede, porque já estava tarde já e ficaram só as pessoas pintando mesmo. Eu nesse caso, eu estava virado, eu estava a vinte e quatro horas no ar. Eu não ia conseguir pintar esse mosaico. Mas era minha obrigação eu estar ali. Tanto que o André falou assim: "Caramba meu, cê vai deixar a gente aqui sozinho pintando?" E eu falei: "André, eu tô virado, mano. Manhã é Corinthians e Porco, mano. Como é que eu vou pro jogo virado, e vai ter que vir pra cá, pra zona oeste. Eu moro na Zona Leste." Aí ele: "Não, pá... demorou". E... eu lembro que o Departamento de Bandeira ficou só o Quadrilha — que ele ia dormir aí — e o Marquinho ia terminar e... só que ele ia

pra casa dele, ele mora próximo aos Remédios, que é a Sede. E, meu, eles ficaram pintando. Eu cumprimentei cada um antes de ir embora, cumprimentei todos antes de ir embora... Disse: "Amanhã é nóis, vai Corinthians", tal, tal... e, meu, foi uma coisa louca, porque assim, você cumprimentar oito pessoas e chegar em casa, você ver a foto delas caídas no chão com tiro localizado na cabeça sem motivo ou precedentes... é uma coisa que aterroriza nossa memória, nossa cabeça mesmo, né? É psicológico. Eu fiquei em depressão acho que uns três anos depois da chacina! Melhorou agora, que eu consegui um serviço. Imagina, você ter passado por um livramento de Deus, foi oito amigos ter morrido, sem serviço, dentro de casa, desamparado pelo sistema de uma forma... psicológica, vamos se dizer assim... Você ver a dor dos familiares nos olhos de cada um e... você saber que você fugiu dali, mas era pra você estar... porra, eu só consegui ir em quatro velórios. Você imagina o que é ir em oito velórios em uma noite? eu fui em quatro. Eu consegui ir em quatro pessoas. Eu não consegui ir no do Midas, eu não consegui ir no do Marquinhos... no Fabio Du Memo eu não consegui ir; do Edilsinho eu não consegui ir... Então, meu, é uma coisa que me... até hoje me toca e me dói muito. Eu tenho as iniciais dos meus amigos no meu braço direito, porque em qualquer lugar que eu vou, eu levo eles comigo. Eu tenho o desenho do Marquinhos estampado no peito, referenciando a família unida, sempre junto! (Rivelino, integrante da Torcida).

Rivelino saiu da quadra pouco tempo antes da chacina e traçou, além da memória desse dia, como essas execuções afetaram sua vida e como carrega as lembranças dos amigos assassinados inscritas em seu corpo, em forma de tatuagem. As ligações telefônicas apareceram enquanto o meio de comunicação sobre a chacina entre os entrevistados, mas no relato de Rivelino, e em diversos outros que seguem abaixo, as redes sociais como o aplicativo de mensagens *WhatsApp*, além do *Facebook* foram um meio de propagação da notícia da chacina, assim como de exposição dos corpos das vítimas.

[...] Eu, chegando em casa, eu recebi uma ligação. Ligaram para mim, né... "O que aconteceu? Onde você está? Fiquei sabendo que invadiram lá o Pavilhão Nove e mataram todo mundo", "não estou sabendo disso aí, saí de lá e acabei de chegar em casa, saí de lá e estava tranquilo". Aí a hora que vê lá, abri o celular e vejo as imagens já né, que estavam sendo divulgadas, lá, aí só voltamos. A maioria das pessoas que estava lá no dia, voltou lá para a quadra, lá. Voltou para a quadra, chegou lá, acompanhou os velórios, o enterro (Sócrates, integrante da Torcida).

[...] eu estava em uma festa de aniversário, fui para minha casa, meu celular tocou, aí estavam procurando meu ex-marido, querendo saber do meu ex-marido e eu "não, a gente está aqui, a gente estava no aniversário", "mataram os meninos", eu: "como assim?", aí ligaram para o meu marido, ele já saiu de casa correndo, veio para a sede, aí quando desceu, ele me retornou e falou que os meninos tinham sido mortos, tinham matado os meninos dentro da sede e, daí é só tristeza porque não acabou só com as famílias, ele acabou com a Torcida, né, ele dilacerou uma torcida que era muito unida (Tamires, integrante da Torcida).

[...] todo sábado, a gente joga no mesmo time. A gente tinha dois times e a gente jogava nos dois, direto. E aí nesse sábado, que foi o dia que aconteceu, a gente pegou, né, eu estava tentando ligar pra ele o dia inteiro, até a mãe dele me mandou mensagem, sabe? "Aonde tá o [...]" e eu falei: "Ele não veio jogar hoje não." Aí beleza. Aí não jogou, não jogou, aí chegou de noite mandei mensagem, ele não respondeu... eu falei: "Beleza, né? Não tá respondendo celular, [não sei] o que tá acontecendo". E era um jogo que no domingo ia ser Corinthians e Palmeiras. E aí eles estavam fazendo mosaico, que é quando todo mundo vira a plaquinha e aparece um símbolo e tal. Aí, beleza, a gente passou e foi pra balada e ele não estava. Nisso eu não consegui falar com ele e a gente foi pra balada. Aí a gente estava na fila, aí chegou as imagens

> no... Mano, aconteceu uma chacina, e tal no Pavilhão, não sei que lá e tinha um monte, mano, uma foto assim, todo mundo deitado no chão com tiro aqui na nuca, aqui na cabeça — que falaram que mandaram eles, os... não sei quem entrou, se foi polícia, se foi ladrão, se foi o que... — entrou e mandou eles ajoelharem, e anunciaram, né? No dia eles falaram que anunciaram que era polícia e que ia ser uma revista normal. E aí foram e atiraram. Aí a gente estava na balada, a gente saiu, nem entrou... a gente veio direto pra cá, quando chegou aqui estava cheio de polícia, um monte de gente chorando, maior bagunça... Aí quando eu cheguei já tinham isolado a área tudo, não podia entrar... E aí foram tirando os corpos... (Cássio[118], amigo de vítima).

Os relatos acima expõem a circulação das imagens dos corpos das vítimas em grupos de WhatsApp na mesma noite da chacina. Efrem Filho (2016), ao analisar o uso de imagens de corpos violentados como forma de denúncias por movimentos LGBTQIA+, colocou como essas imagens de corpos são um modo de explicitar as violências, tornando-se uma estratégia de reconhecimento público da vulnerabilidade que LGBTQIA+ sofrem. No caso da chacina da Torcida Pavilhão Nove, as imagens dos integrantes da Torcida que foram executados circularam expondo a vulnerabilidade daqueles sujeitos, postos enquanto corpos mortos, ligados simbolicamente a outros corpos que sofreram e sofrem violências letais, como os encarcerados do Pavilhão 9 do Carandiru ou os corpos negros e/ou periféricos que tombam nas execuções e chacinas ocorridas na cidade de São Paulo e RMSP. Ainda no momento presente, ao digitar "chacina da Torcida Pavilhão Nove" em ferramentas de buscas da internet, é possível encontrar facilmente as imagens desses torcedores enquanto corpos executados.

118 Cássio era amigo de uma das vítimas e de seus familiares e me concedeu essa entrevista antes do julgamento da chacina.

Há uma diferença entre as imagens produzidas pelos familiares e integrantes da Torcida, como forma de busca de justiça e também como modo de homenagear as vítimas, pois visam dar às pessoas que foram executadas a possibilidade de um luto público, caracterizando-as enquanto passíveis de luto (Butler, 2015), e as imagens que tendem a sujeitar criminalmente esses corpos, a vê-los enquanto vidas matáveis. Nesse sentido, há posturas antagônicas na produção e circulação dos corpos das vítimas. Uma das jornalistas que cobriu a Chacina da Torcida Pavilhão Nove, relatou sobre como as imagens dos corpos circularam na internet enquanto memes[119].

> Esse caso, acho que foi a primeira chacina em que as fotos dos corpos rodaram porque, uma, foi um caso muito assim e eu lembro que as pessoas estavam compartilhando com sadismo, sabe? "Oito corintianos a menos, hahaha[120]", virou meme. Talvez tenha sido um dos primeiros casos aqui no Brasil de violência que virou meme, assim, uma coisa horrorosa (Jornalista 3).

Albuquerque (2020), ao tratar da imagem do imigrante na mídia italiana, explora que os memes sobre imigrantes podem possuir mensagens humanizadoras. Já no caso da Torcida Organizada Pavilhão Nove, a jornalista trata como esses memes possuíam mensagens que ressaltavam a violência letal contra os integrantes enquanto uma benesse. Não há como afirmar, como posto pela jornalista, que tenha sido um dos primeiros casos no Brasil de violência virando meme, mas há como dizer que esses memes sobre a chacina reatualizam formas de criminalização das torcidas, assim como realocam modos de sujeição criminal.

119 Por memes entendo: "[...] imagens com mensagens curtas que circulam facilmente nas redes sociais e WhatsApp" (Albuquerque, 2020, p. 307).

120 "Hahaha" refere-se a risos na linguagem da internet.

Para além de como circularam as notícias sobre a chacina e imagens dos corpos, busquei junto a familiares as memórias sobre o dia das execuções. Os familiares que me concederam entrevistas foram uma mãe de vítima e uma companheira de vítima, sendo que aqui as chamaremos por mãe e companheira, visto que é essa posição social que assumem e não a de integrantes da Torcida.

Sobre a relação mãe e filho e o dia da chacina, a mãe de uma das vítimas relatou:

> Ele sempre quando passava, eu sabia que estava tendo festa lá no Pavilhão, a minha irmã não entrou em contato comigo [...]. Aí quando foi assim por volta de umas seis horas, eu me sentei lá na garagem da minha casa, fiquei lá sentadinha, quando foi por volta de umas sete horas, sete e meia, começou a chover, quando foi pouco [...] era umas oito horas, oito e pouco, a minha vizinha de lado me chamou pra ir lá na casa dela comer cachorro-quente, eu atravessei a rua e fui, quando eu sei que eu estava lá assim tudo, a menina chegou. Chegou a filha dela me chamando, [...] aí eu vim atender, saí da casa da vizinha e vim atender. Quando eu vou atravessando a rua, o rapaz estava, era um vizinho, também, né, era vizinho, tudo junto ali, muito amigo também de nós, porta com porta bem dizer. Ele perguntou pelo meu filho mais velho [...]. Eu digo "Tá em casa", ele falou assim "Você tem o telefone do [...]?" [...] aí ficava com aquelas perguntas, coisa de mãe, eu digo "Porquê, [...], aconteceu alguma coisa com o [...]?", aí ele falou "Aconteceu. Teve um assassino no Pavilhão, matou oito pessoas e o [...] estava junto". Dalí eu não me lembro mais se eu caí, se eu fui para dentro da minha casa, eu sei que quando eu voltei, eu estava na casa desse vizinho, que é uma casa de gente mais ou menos, tudo assim, eu estava na casa dele. Aí já estava essa minha irmã que morava com meu filho, que é a que deu a casa para ele morar, aí disse "filha, nós perdemos nosso filho" e só. Aí não vi mais nada, eu saí, me levaram para casa, amanheceu o dia de domingo e a casa cheia de gente, só fui ver meu filho na segunda-feira,

> dentro do caixão, né, no cemitério e só. Quando eu vi meu filho foi um sofrimento, foi um sofrimento Camila que eu só sei que nunca, Camila, nunca sai. Eu estou aqui com vocês Camila, meu filho só sai da minha frente quando eu durmo um sono. Se eu saio do meu quarto para ir no banheiro, ele já está comigo (Mãe de vítima).

Essa mãe de vítima que me concedeu entrevista, era bastante ativa durante todo o processo jurídico de esclarecimento da chacina e dos julgamentos. No momento da entrevista, o julgamento já havia sido finalizado. Na fala dessa mãe, há um acionamento da dor da perda, ao mesmo tempo em que ela aciona a presença do filho. Esse luto vivido é compartilhado não só com a pesquisadora no momento da entrevista, mas também nos espaços de luta e de busca por justiça que essa mãe travou. Lacerda (2012) e Vianna e Farias (2011) já tematizaram como o luto e a dor é vivida pelos familiares, como o ser mãe é uma mobilização que legitima a dor e a busca por justiça. Nesta pesquisa, para além do ser mãe, encontrei na figura da companheira de uma das vítimas as memórias da dor enfrentada durante o dia da chacina. Essa companheira, como exponho no Capítulo 4, circulou por diversas instituições em busca da justiça pela morte de seu companheiro.

> [...] nesse dia eu passei mal até. Eu fui tomar banho, comecei a sentir um calafrio no corpo, aí a porta do banheiro até abriu. Aí eu olhei "[...], tá aí?" e foi bem na hora em que aconteceu as coisas, sabe? E eu acho bem forte isso, que eu o senti, sabia? Eu senti, cara. É forte. Por volta da uma hora foi um casal de amigos meu e do [...] lá em casa, avisar, né, o ocorrido e eu não vi. Eles dispararam a campainha e etc. e eu não consegui escutar. Eu não sei o que aconteceu comigo, eu apaguei. Aí por volta das três horas dispararam a campainha de novo, aí nesse momento era uma vizinha minha, e a minha vizinha, a minha vizinha ela tocou a campainha e eu já fiquei assustada, né. Eu pensei: "é, meu, que que ela quer?", aí na hora

eu já pensei "aconteceu alguma coisa com ele". Porque quem vai tocar uma hora da manhã? E uma semana antes ele já tinha caído de moto, falei "aconteceu alguma coisa [...]", aí eu peguei, abri a porta e falei "fala, fala agora e não mente", "fala a verdade", ela "não, calma, calma", aí eu percebi um semblante diferente, e ela "não, calma, aconteceu nada, não, ele está no hospital, ele caiu de moto, tá no hospital". E conseguiu entrar na minha mente com isso, porque eu lembrei "ah, ele caiu da moto, mas ele está bem? Aconteceu alguma coisa? Sofreu alguma sequela grave?", e ela "não, mas acho bom você ir lá, vai lá, eu olho as crianças", que as crianças estavam dormindo, aí eu peguei e na sequência eu recebi uma ligação no celular, né, da minha cunhada, falando "olha, eu tenho uma coisa para te contar, você tem que ser forte, o [...] faleceu", aí nesse momento eu comecei a me tremer, eu falei "você está louca, isso não aconteceu. Como?", ela "ah, eu não sei, mas aconteceu", eu falei "ah, você está louca", aí ela pegou e falou assim "vê no *Facebook*, está tudo lá", aí peguei e falei "ah, você é louca" e desliguei e na hora eu falei "ah, vou ver". Olhei o *Facebook*, a minha vizinha "não, não olha não, [...] melhor não, não sei o quê", aí eu vi um monte de gente lá falando "ah, descansa em paz", "ai, não acredito", na hora eu sei que eu caí no chão, comecei a me tremer, não conseguia nem segurar nada, celular, nada, comecei a passar mal, falei "isso é mentira, isso não está acontecendo, não está acontecendo comigo", aí começou a subir várias mensagens...oito, eu falei "oito?", aí eu desacreditei, porque a gente nunca espera acontecer isso com a gente, entendeu? Eu passar por isso, a gente estava tão bem, sabe? Estava legal a nossa história, nossa trajetória estava bacana mesmo, entendeu e eu não imaginava viver outra vida a não ser essa: eu, ele e nossos dois filhos. Então você imagina, começava a passar várias coisas do nosso futuro, do presente, do passado. A cabeça fica a milhão e você querendo saber o porquê, "ah, será que foi torcida organizada?" porque iria ter jogo, mas eu já descartei logo de imediato "não, não foi torcida organizada, ninguém

> iria fazer isso, entrar tipo em uma sede, sair metralhando todo mundo". Na hora eu falei "isso aí foi polícia", entendeu? Porque eu comecei a rever tudo, tudo, tudo...quem é que vai obedecer e todo mundo se ajoelhar? Um monte de caras, uns dez, doze caras? "Ah, se ajoelha todo mundo". Eu não vou fazer isso se for uma pessoa de rua, eu vou sair correndo. Agora quem a gente vai respeitar? Um policial. "Ó, encosta todo mundo", eu vou encostar, tipo "pô é polícia, eu vou encostar, vou obedecer", entendeu? E tentar conversar, falar "ó, não, não sei o quê e tal", entendeu? Aí, tipo, meu marido? (Companheira de vítima).

A companheira da vítima traz em sua memória a dor e o luto, uma vida que não retornará a ser a mesma, além de também trazer como a circulação da notícia se deu rapidamente pelas redes sociais. Um elemento denotado na rememoração sobre o dia do ocorrido é o da premonição ou do pressentimento. A companheira da vítima relata calafrios, porta que bate, elementos que reforçam uma ligação entre a vítima e ela. A mãe de vítima que concedeu entrevista também relatou que não havia passado o dia bem e que só relacionou a angústia que sentiu durante a tarde de sábado ao evento da chacina depois que ocorreu. Vianna e Farias (2011), ao tratar das lutas travadas pelas mães de pessoas executadas no Rio de Janeiro, por agentes de segurança pública, relatam como essa perspectiva do pressentimento é uma fala recorrente:

> Os sonhos, bem como as premonições relacionadas posteriormente ao dia da morte, parecem desempenhar papel ativo na gestão do luto e no reordenamento da vida cotidiana. Através deles, elas não apenas conectam-se aos filhos e irmãos mortos, mas reorganizam suas possibilidades de ação, fortalecem seus corpos ao receberem avisos sobre a necessidade de se cuidarem mais ou ao simplesmente aplacarem parte do sofrimento que, segundo suas falas, está na base das doenças constantes que lhes atingem (Vianna; Farias, 2011, p. 106-107).

Assim, esses pressentimentos e premonições, além do relato sobre o filho estar sempre com a mãe, reorganizam essas mulheres para reelaborarem esse luto e conseguirem agir e buscar pelo que consideram enquanto justiça. Há nos relatos da dor e do luto tanto dos familiares, amigos e integrantes da Torcida, a busca por um reconhecimento de que aquelas vidas perdidas na chacina são passíveis de luto (Butler, 2015) e, desse modo, essas dores, tornadas públicas, confrontam a perspectiva de vidas matáveis (Agamben, 2007), que permeiam as mortes em chacinas.

3.6. Os protestos dos familiares, amigos das vítimas e integrantes da Torcida após a chacina

Para além das vivências relatadas sobre a dor e o luto, os familiares, amigos das vítimas e integrantes da Torcida, realizaram diversos protestos após a chacina, buscando chamar a atenção pública para conseguirem o que almejavam: justiça. Os atos de protestos de mães e familiares de vítimas permeiam a história dos conflitos urbanos brasileiros. Movimentos como as Mães de Acari, Mães de Maio, familiares do caso de Altamira, entre diversos outros emergiram após a morte violenta de um filho, marido, irmão e amigo. Leite (1997), ao tratar da campanha "Reage Rio"[121], trouxe como ocorreram as disputas políticas entre os grupos que organizaram os protestos em torno do tema da paz no Rio de Janeiro, e como a emergência da campanha "Favelas Contra a Violência" acentuava que os moradores das favelas cariocas eram as grandes vítimas da violência nessa metáfora da

121 Lacerda (2012) aponta que essa análise de Leite (1997) inaugura uma preocupação acadêmica sobre como a população carioca se posicionava frente às formas de violência que ocorriam no Rio.

guerra existente no Rio. Essa campanha, ao tematizar a violência e a paz no Rio de Janeiro, conectava o debate local a outros eventos violentos em épocas e localidades diferentes.

> [...] Um enorme estandarte à entrada da favela de Vigário Geral nomeava alguns grandes massacres e se referia a diversas formas de violência: as palavras Candelária, Hiroshima, Auschwitz, Carandiru, Ianomami, Nagasaki e Acari formavam o acróstico chacina (JB, 2 novembro). Claramente, para esses atores a ideia de paz era conotada como a incorporação das favelas à cidade e à cidadania, envolvendo denúncias de apartação e genocídio e demandas pelo fim da brutalidade policial e pelo respeito aos direitos dos favelados (Leite, 1997, p. 127).

Se, no caso do Rio de Janeiro o debate em torno da paz em uma cidade permeada pela metáfora da guerra se deu a partir do território[122] para as populações que residiam nas favelas, no caso de São Paulo, a violência policial foi tematizada, elencando também o termo genocídio, a partir dos movimentos negros, como destacou Ramos (2021). A partir de 2006, após os Crimes de Maio, os familiares das vítimas, tendo centralidade na figura da mãe, emergiram em São Paulo enquanto grandes articuladores dessa luta, assim como as Madres da Plaza de Mayo, na Argentina, e as Mães de Acari, no Rio, as Mães de Maio começaram a articular diversos familiares de vítimas de execuções e chacinas.

Lacerda (2012) ao tratar do caso dos meninos emasculados de Altamira, traz, como o familiar — sendo aquele que de forma legítima possui vínculos de parentesco e de consanguinidade — reelabora a dor do luto em uma possibilidade de luta. Na atualidade, movimentos de familiares de vítimas trazem slogans como "do luto à luta" para pautarem seus ativismos políticos.

122 Cabe ressaltar que as articulações não se deram tão somente em torno dos territórios, exemplos como as Mães de Acari, aliaram as articulações territoriais em conjunção com as relações familiares em torno das lutas e protestos no Rio.

> [...] Através da "dor" e do "sofrimento" ocasionado com a perda do familiar, o engajamento assume as feições de uma "missão", isto é, algo não só legítimo como necessário. Deste modo, quanto maior o reconhecimento do laço entre vítima e família, maior a "dor" e, consequentemente, a legitimidade da "luta" (Lacerda, 2012, p. 163).

A companheira de uma das vítimas da Chacina da Torcida Organizada Pavilhão Nove relatou sobre essa dor e luto que fez com que os familiares se conectassem, ao trazer o momento em que começaram a transformar o luto em luta, através da dororidade (Piedade, 2017), ou seja, essa ligação pela dor da perda foi articuladora da busca por justiça pelos familiares.

> [...] eu lembro que quando eu pisei no IML, eu olhei assim e vi um monte de famílias, eu falei: "tamo junto". Até fui no banheiro, vi uma mãe chorando, conversei com ela, de um dos meninos que faleceu, que estava junto, né? E a maioria novo, tudo novo, meu, novinho assim, até quando eu fui reconhecer o corpo do meu marido eu vi um dos meninos lá, novinho e eu fiquei mal só de ver, sabe. Maior novão, acho que tinha dezenove anos o menino, enfim, aí eu passei a conversar com os familiares, é, aí como eu comecei a frequentar a Defensoria Pública, eu comecei a pegar o telefone deles para a gente se juntar também e ir em busca de justiça, em busca de uma resposta. Não vai trazer eles de volta, mas creio eu que se a gente se juntar pode, né, como é que eu posso dizer? Se juntar, as coisas, sei lá, para fluir as coisas, né, para mostrar que a gente está em cima, está em cima do caso, quer resposta (Companheira de vítima).

No caso da Chacina da Torcida Organizada Pavilhão Nove, não foram somente os familiares e amigos das vítimas que realizaram protestos, mas também a Torcida, que se reconhece enquanto uma família, com a singularidade de não serem ligados pela consanguinidade ou parentesco, mas pelo torcer pelo Corinthians. Ao relatar esse aspecto familiar entre integrantes da Torcida, dois dos interlocutores da pesquisa expuseram:

> [...] o Pavilhão era tipo uma família mesmo, entendeu? A gente se conhecia, tudo, saía junto, tudo... aí foi difícil, muito difícil e até agora quando eu falo é difícil (Andressinha, integrante da Torcida).

> No dia a dia, também nos jogos, fim de semana, muitos deles frequentavam a sede e, era como se fosse uma família mesmo (Ronaldo, integrante da Torcida).

Contando com o apoio das Mães de Maio, das Mães de Osasco, da Torcida Organizada Gaviões da Fiel, do Fórum de *Hip Hop* e Grupo Tortura Nunca Mais, além de outras organizações, os familiares, amigos e integrantes da Torcida organizaram protestos em busca de justiça em jogos do Corinthians, em frente ao Fórum Criminal da Barra Funda, na Praça da Sé, na sede da torcida Gaviões da Fiel, além de terem interditado a Marginal Tietê.

Ao responder sobre as articulações estabelecidas entre familiares e outros grupos e organizações na busca por justiça, a companheira de uma das vítimas trouxe as Mães de Maio enquanto um movimento articulador.

> É um conforto que ao mesmo tempo me deixou sabe... com sangue nos olhos, ao mesmo tempo, que foi o grupo das Mães de Maio. Tiveram outros aí, mas eu nem quis entrar junto porque eu sempre tive esse negócio, sabe, de justiça antes mesmo disso acontecer, porque eu vejo muito que a gente sofre para caramba, o negro, o pobre, o periférico, enfim, a gente sofre com diversos preconceitos, entendeu? Seja na cor, seja na raça, seja em tudo, e tipo o Grupo das Mães de Maio, é um grupo que eu abraço a causa, que são mães né, mães, familiares enfim, que sofreram com a violência, né, policial (Companheira de vítima).

Para essa companheira de uma das vítimas, as Mães de Maio se mostraram enquanto uma importante força articuladora pela legitimidade de serem mães, de serem familiares, que também sofreram com a violência policial e que se conectam por essas dores. Além das conexões com as Mães de Maio, outros grupos e movimentos estiveram presentes em atos e protestos organizados na busca pela justiça pelos familiares, amigos e integrantes da Torcida.

> [...] tiveram alguns protestos, teve eventos, protestos em ruas também e protesto também na frente do Fórum em dias de audiência, tanto para levar a memória deles, manter vivo o nome deles, quanto também para mostrar que queremos justiça também, né. E tiveram eventos também para arrecadar uma verba, aí cada, algumas coisas para oferecer para as famílias, né, também.
>
> A gente se organizava para os protestos, nos organizamos antes, bolava algumas frases para pintar faixas e alguns gritos também e gritava sempre assim, para gritar o nome deles, o nome de cada um, né, em memória deles e por justiça também. E assim, por justiça e não, outros movimentos também chegou com a gente, também, para lembrar de outras vítimas também, não apenas os da chacina do Pavilhão Nove, mas de outras chacinas também, chegaram outros movimentos, pessoal de Osasco, pessoal das Mães de Maio, do Grupo Tortura Nunca Mais, também, pessoal do Fórum de Hip Hop, chegaram somando também, que é a mesma violência, né, só em locais diferentes (Sócrates, integrante da Torcida).

Assim, o mesmo Fórum *Hip Hop*, entidade que se articulou com a Torcida Organizada Pavilhão Nove para promover o evento Contra o Genocídio da Juventude Preta e Contra a Criminalização das Torcidas Organizadas, na quadra localizada no baixo do viaduto, se articulou novamente com a Torcida, em conjunto com outras organizações para buscar a *justiça* e memória das vítimas da chacina. Os estádios e a sede da Gaviões da Fiel foram palcos para os protestos dos amigos, familiares e torcedores. Os nomes das vítimas da chacina, assim como seus rostos e palavras como justiça, estampavam faixas durante os protestos que ocorreram. Em alguns protestos, também estava posta uma faixa com os dizeres "SP: Era das Chacinas", em referência à perspectiva apontada pelas Mães de Maio e pela Rede de Comunidades e Movimentos Contra a Violência, no Rio de Janeiro, que chamam a época da reabertura democrática, respectivamente de: "Democracia das Chacinas e Era das Chacinas" (Vedovello, 2015).

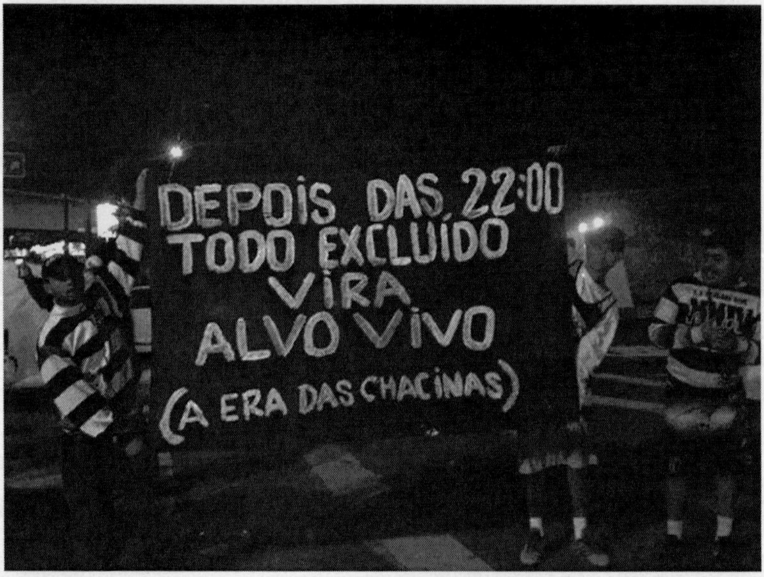

FIGURA 13. Faixa no ato na Marginal Tietê em 06/07/2015.
FONTE: Meu Timão (2015).

FIGURA 14. Protesto durante jogo Corinthians e RB Brasil pelo Campeonato Paulista em 16/04/2016. FONTE: GazetaPress, via Acervo de fotos C. D. Pavilhão Nove (2022).

FIGURA 15. Cartaz de chamada de ato na Praça da Sé. FONTE: Acervo de fotos C. D. Pavilhão Nove (2022).

FIGURA 16. Manifestação em Frente ao Fórum Criminal da Barra Funda. FONTE: Luiz (2015).

FIGURA 17. Chamada para ato na quadra da Torcida Organizada Gaviões da Fiel em 12/05/2016. FONTE: Página do evento no *Facebook* (2015). Disponível em: https://www.facebook.com/events/230031950708738/?ref=newsfeed. Acesso em: 15 de junho de 2022.

Os protestos foram articulados por diversos movimentos e organizações de modo a apoiar os familiares e integrantes da Torcida em sua busca por justiça, mas ocorreram com maior frequência nos dois primeiros anos após a chacina. Após esse momento, as ações se concentraram em homenagens nas datas que rememoravam o dia da chacina ou em atos pontuais nas datas em que havia alguma audiência de instrução e nos júris. De acordo com integrantes da Torcida, houve um entendimento de que as famílias estariam muito cansadas dessas atividades, além de estarem muito expostas. Por serem ações que, ao rememorar a perda, se tornam extremamente dolorosas e, em respeito à dor e ao luto dos familiares, e o direito à privacidade dos familiares, a agremiação foi interrompendo aos poucos a quantidade de protestos que realizavam, como explicou o torcedor Sócrates, ao responder se estariam se articulando para protestos durante o júri da chacina.

> [...] no momento a gente não, até porque, assim, é mais questão mesmo das famílias, que a gente fica naquela também de ficar... a família cansa, né, estão desacreditados e também dar uma trégua para a família, porque está usando a imagem. Deixar um pouquinho a imagem deles, né, porque se partir da questão mesmo da família, assim, tudo, com certeza a gente vai estar junto. A gente deu um breque por causa disso, para não ficar expondo também muito as famílias, os familiares (Sócrates, integrante da Torcida).

Ao longo do tempo, os protestos foram dando lugar às homenagens e, após o julgamento e sentença do único réu preso pela chacina, a Torcida Organizada Pavilhão Nove organizou uma homenagem às vítimas em uma ação na antiga quadra, no baixo do viaduto Ponte dos Remédios — Carmen Fernandes Neves. Essa homenagem realizada em julho de 2019 tinha como intuito celebrar a memória das vítimas e tirar o clima de morte que o local carregava, conforme contou o integrante da Torcida, Rivelino, em entrevista que me concedeu no momento da homenagem.

Hoje o ato que está acontecendo agora aqui no Pavilhão Nove — dia 21 de julho — a gente tá passando uma tinta em cima disso tudo, em branco, pedindo paz, clamando paz! Mas nunca pacífico! Porque o sistema fez com isso... a mesma coisa que aconteceu em Carapicuíba e Osasco aconteceu aqui. E isso é o extermínio dos jovens pretos no Brasil e em São Paulo. E isso não é de hoje; isso vem desde a época da Ditadura. E, de extrema direita, essa é que é a verdade. Isso é o governo que a gente tá vivendo hoje. Mas, meu... assim, esse ato de hoje é clamando paz, clamando justiça. Ela demora, mas ela vem. E a de Deus, ela nunca é falha! Ela nunca pode falhar. Ela nunca vai falhar! Então esse ato hoje em dia, é por isso. Depois de quatro anos sim, mas se fez necessário aproveitando esse clima bom do julgamento.

[...] eu me coloquei realmente na pele dos familiares que moram pela redondeza. Por que a gente tá em frente uma Marginal Tietê, que passa mais de cem mil carros por dia aqui. Vamos chutar alto, até falando um pouco, né? E eu me coloquei no lugar das famílias em pensar que é o seguinte: meu ente querido morreu ali, ainda tá tudo ali; O símbolo do Corinthians em cima, um negócio feio, sujo, uma imagem negativa. É uma coisa que não dá um ânimo, é uma energia negativa realmente. Então esse intuito de... essa minha ideia foi realmente passar uma tinta, em branco, pedindo paz e deixando bem claro de nunca pacífico. Esse negócio é uma dor que a gente vai carregar pra sempre em nosso coração. E para tirar realmente esse clima de morte, esse clima de angústia, esse clima pesado que realmente existe aqui. Por que, realmente, o que aconteceu aqui é horroroso, é aterrorizante de verdade. Então, esse nosso ato, esse nosso grafite é... pra mostrar para as famílias que a gente está sim interessado nesse caso, a gente está sim interessado no psicológico deles, que a gente quer sim ter uma nova cara — nossa Torcida Organizada (Rivelino, integrante da Torcida).

Em sua fala, Rivelino aciona outras chacinas, como a de Carapicuíba e de Osasco, inserindo a que ocorreu na quadra da Torcida enquanto integrante desse histórico de chacinas na cidade de São Paulo e RMSP, interligadas à ideia do genocídio da juventude negra através da violência policial. Para além dessas relações, Rivelino demonstra uma preocupação com os familiares das vítimas, assim como já havia demonstrado o torcedor Sócrates ao relatar a diminuição dos protestos por parte da agremiação.

FIGURA 18. Irmãos Metralha em grafite no muro da antiga quadra da Torcida Organizada Pavilhão Nove. FONTE: Arquivo pessoal de integrante da Torcida (2021).

FIGURA 19. Estrelas algemadas em grafite no muro da antiga quadra da Torcida Organizada Pavilhão Nove. FONTE: Arquivo pessoal de integrante da Torcida (2021).

Nessa homenagem realizada após o julgamento, a parede exterior da quadra foi pintada de branco e grafitada com a figura de um Irmão Metralha com asas de anjo e oito estrelas que estavam presas umas às outras por algemas. Desse modo, a Torcida homenageou os integrantes executados através dos símbolos que a Pavilhão Nove carrega e que faz referência ao universo prisional.

CAPÍTULO 4

A produção documental e jurídica da chacina da Torcida Organizada Pavilhão Nove

4.1. A mídia e a chacina: produção do fato

José de Souza Martins (2015) em suas análises sobre linchamentos, chamou atenção para como o uso de jornais é importante, não só para buscar informações que não estão nos registros oficiais, seja pelo fato de não existir uma codificação penal para linchamentos, seja pela perspectiva de que ao olhar para como as notícias são produzidas, consegue-se analisar qual enquadramento o jornal dá ao caso. Desse modo, Martins (2015) não só utilizou os jornais como fontes primárias de sua pesquisa, como analisou como um determinado linchamento, ocorrido em 1998 em Salvador — BA, contra um trabalhador que exercia a ocupação de pedreiro e também desempenhava a função de pai de santo, ou seja, era um líder religioso, foi retratado por diversos jornais ao longo dos dias pós-linchamento, percebendo as mudanças de enquadramento que ora colocavam esse homem enquanto trabalhador, ora colocavam sua função religiosa como um modo de demonização desse homem.

As pesquisas sobre chacinas, assim como a de Martins (2015) sobre linchamentos, têm nos jornais fontes importantes para dados e informações sobre os casos. Silva (2021), Silva, Santos e Ramos

(2019) nas pesquisas sobre chacinas em São Paulo e chacinas no Brasil, utilizaram jornais para base de dados, assim como Hirata e Grillo (2019) para analisar as operações policiais que resultavam em mortes no Rio de Janeiro.

Para além dos dados — mesmo que subnotificados — utilizei jornais para compreender como a Chacina da Torcida Organizada Pavilhão Nove foi sendo construída através desses meios de comunicação. Realizei um levantamento do dia posterior à chacina até o final do mês de maio de 2015 nos jornais O Estadão e Folha de São Paulo. Coletei 30 notícias da Folha de São Paulo e 7 notícias do Estadão em que o assunto principal era a chacina.

QUADRO 6. NOTÍCIAS SOBRE A CHACINA DA TORCIDA ORGANIZADA PAVILHÃO NOVE NO JORNAL FOLHA DE SÃO PAULO (19/04/2015 A 31/05/2015)

DATA	TÍTULO DA NOTÍCIA
19/04/2015	Chacina deixa oito mortos em sede de torcida organizada do Corinthians
19/04/2015	Delegado descarta hipótese de briga de torcida na sede corinthiana
19/04/2015	Morto na sede da torcida corinthiana foi um dos presos em Oruro; veja vítimas
19/04/2015	Faxineiro se enrola na bandeira do Corinthians e escapa da chacina
19/04/2015	Mãe de vítima em chacina diz que menino se salvou pois balas acabaram
20/04/2015	Chacina em sede de torcida corinthiana deixa 8 mortos
20/04/2015	Vítimas de chacina em sede de torcida serão enterradas nesta segunda-feira
20/04/2015	Oito torcedores são mortos em chacina na Pavilhão Nove
20/04/2015	Vítima foi um dos presos por morte de garoto na Bolívia
20/04/2015	Apenas uma das vítimas de chacina em SP era alvo de atiradores, diz polícia
20/04/2015	Imagens mostram pessoas correndo após chacina em sede de torcida em SP

QUADRO 6. NOTÍCIAS SOBRE A CHACINA DA TORCIDA ORGANIZADA PAVILHÃO NOVE NO JORNAL FOLHA DE SÃO PAULO (19/04/2015 A 31/05/2015) (CONTINUAÇÃO)

DATA	TÍTULO DA NOTÍCIA
21/04/2015	'Não me deixe morrer', disse vítima baleada
21/04/2015	Só uma das vítimas era alvo em crime na sede de torcida
21/04/2015	'Não me deixe morrer', disse vítima de ataque em sede de torcida organizada
21/04/2015	Dívida com traficantes teria motivado chacina em torcida do Corinthians
21/04/2015	Polícia tem dois suspeitos de chacina na Pavilhão Nove
24/04/2015	Polícia apura ação de PMs em crime na sede de torcida
24/04/2015	Polícia apura ação de PMs em crime na sede de torcida corinthiana
24/04/2015	Secretário de Segurança diz que atuação de PMs em chacina é boato
25/04/2015	Secretário diz que atuação de PMs em chacina é boato
07/05/2015	Justiça decreta prisão de PM por chacina em torcida
07/05/2015	Decretada prisão de policial e ex-PM por chacina em torcida
07/05/2015	Justiça decreta prisão de PM por chacina em torcida do Corinthians
07/05/2015	PM e ex-policial suspeitos por chacina em torcida do Corinthians são presos
07/05/2015	Alckmin minimiza fala de secretário sobre chacina em sede de torcida
08/05/2015	PM e ex-policial são presos por chacina em torcida organizada
08/05/2015	Fundador da Pavilhão Nove é preso por chacina na torcida
08/05/2015	Ouvidor diz que governo se precipitou sobre chacina em torcida organizada
08/05/2015	Ex-PM preso estava em casa na hora da chacina de torcedores, diz advogado
09/05/2015	Ex-PM estava em casa na hora da chacina, diz advogado

FONTE: Elaboração própria, a partir de pesquisa no acervo online do jornal Folha de São Paulo (2021).

QUADRO 7. NOTÍCIAS SOBRE A CHACINA DA TORCIDA ORGANIZADA PAVILHÃO NOVE NO JORNAL ESTADÃO (19/04/2015 A 31/05/2015)

DATA	TÍTULO DA NOTÍCIA
21/04/2015	A chacina na Pavilhão 9, do Corinthians, prova a 'infiltração' nas torcidas uniformizadas
21/04/2015	Polícia investiga participação do PCC em chacina na Pavilhão 9
21/04/2015	Polícia Civil faz buscas na zona leste de SP atrás de suspeitos da chacina na sede da Pavilhão Nove.
22/04/2015	Quatro mortos em chacina já foram acusados de tráfico
23/04/2015	Polícia faz retrato falado de suspeito de chacina na sede da torcida do Corinthians
07/05/2015	Policial militar e ex-PM são presos por chacina na sede da Pavilhão 9
07/05/2015	Alckmin não descarta participação de outros policiais em chacina

FONTE: Elaboração própria, a partir de pesquisa no acervo online do jornal Estadão (2021).

Já na madrugada do dia 19 de abril de 2015, a Folha anunciava a chacina, trazendo as informações preliminares do ocorrido. Ao longo do dia 19, foram publicadas cinco notícias na Folha que percorreram o caminho da informação sobre a chacina e sobre o começo das investigações. Ainda entre o dia 19 e 21 de abril, as notícias da Folha de São Paulo começaram a girar em torno das vítimas e sobreviventes da chacina, trazendo falas de familiares sobre as vítimas, além do que teria sido as últimas palavras de uma das vítimas. Uma das primeiras reportagens elencou o elemento de briga entre torcidas para a chacina, colocando que essa seria uma hipótese descartada.

Entre os dias 20 e 21 aparecem levantamentos jornalísticos sobre possíveis relações das vítimas com o mundo do crime, inserindo tráfico e o assassinato do jovem em Oruro enquanto elementos das reportagens. Embora sobreviventes já tivessem declarado, na madrugada após a chacina, que os executores haviam anunciado que eram policiais, foi somente no dia 24 de abril e, após uma construção da chacina permeada de elementos que caracterizam as vítimas enquanto ligadas ao *mundo do crime*, que o jornal anunciou que os suspeitos poderiam ser agentes de segurança pública. Ainda no dia 24 de abril, após as reportagens sobre a suspeita de um ex-PM e um policial da ativa terem sido os executores, a Folha trouxe uma reportagem em que o então Secretário de Segurança Pública dizia que era apenas boato as suspeitas sobre agentes de segurança. No dia 28 de abril, a Torcida Organizada se pronunciou, por meio de sua página no *Facebook*, sobre processos de criminalização e sujeição criminal que as vítimas da chacina vinham sendo submetidas pelos meios de comunicação.

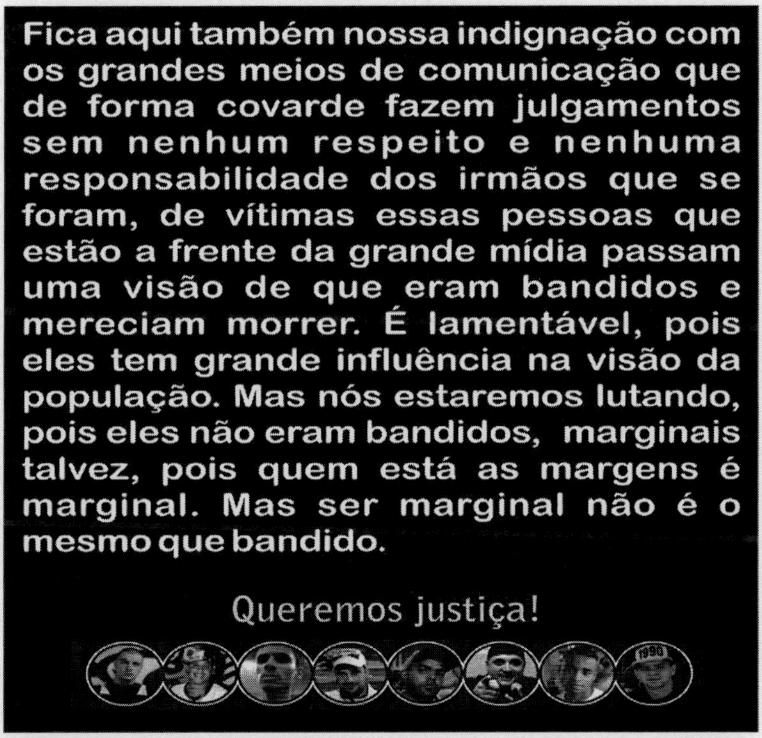
Fica aqui também nossa indignação com os grandes meios de comunicação que de forma covarde fazem julgamentos sem nenhum respeito e nenhuma responsabilidade dos irmãos que se foram, de vítimas essas pessoas que estão a frente da grande mídia passam uma visão de que eram bandidos e mereciam morrer. É lamentável, pois eles tem grande influência na visão da população. Mas nós estaremos lutando, pois eles não eram bandidos, marginais talvez, pois quem está as margens é marginal. Mas ser marginal não é o mesmo que bandido.

Queremos justiça!

FIGURA 20. Nota da Torcida Pavilhão Nove.

FONTE: Acervo de fotos C.D. Pavilhão Nove (2022).

A chacina volta a ser pauta na Folha de São Paulo apenas em 07 de maio, quando a prisão do ex-PM e do policial da ativa foram decretadas. No dia 08 de maio o ex-PM foi colocado na chamada da notícia do jornal enquanto Fundador da Pavilhão Nove e sua identidade de ex-PM desapareceu da chamada. Martins (2015) já havia tratado a questão do enquadramento jornalístico no caso do linchamento do pedreiro que também era pai de santo, mostrando como os jornais foram ao longo dos dias retirando o estereótipo de trabalhador e inserindo o de pai de santo nas chamadas jornalísticas, inserindo esse homem que foi linchado em chaves de interpretação diferentes. No caso da Chacina da Torcida Pavilhão Nove, há uma demora em trazer as suspeitas de que as execuções foram realizadas por policiais e, após a prisão do ex-PM, há uma tentativa de enquadrá-lo somente na identidade de torcedor.

As últimas notícias da chacina que encontrei no período pesquisado nos jornais trazem a fala do então ouvidor sobre o Secretário de Segurança, que tratarei no próximo subitem deste capítulo, e as primeiras defesas do ex-PM preso. Não encontrei mais notícias sobre a chacina entre os dias 10 e 31 de maio de 2015 na Folha de São Paulo.

O jornal Estadão, por sua vez, trouxe um número menor de notícias sobre a Chacina da Torcida Organizada Pavilhão Nove. Das 7 notícias que encontrei na busca, 3 trazem relações da chacina ao tráfico ou ao PCC, sendo que a primeira notícia, datada do dia 21 de abril, já elabora a ideia de que haveria infiltração do tráfico e do PCC nas torcidas. Somente no dia 07 de maio é que aparece a notícia de que um ex-PM e um policial foram presos por suspeita na execução da chacina.

Embora os autos do processo tragam a questão da disputa pelo tráfico na CEAGESP, esclareço que a chacina estava ligada a mercadorias políticas de uma gestão diferencial dos ilegalismos, em que grupos ligados à segurança pública foram agenciados por esse ex-PM para essa chacina. Assim, a questão é muito mais complexa do que os jornais demonstram, sendo que essa chacina ocorreu a partir de um entendimento de que as pessoas ligadas à Torcida eram *vidas matáveis*. Os jornais foram, ao longo do mês, trazendo a tônica de tragédia para o ocorrido (no caso da Folha de São Paulo) além de criminalizarem e construírem a *sujeição criminal* das vítimas. Embora desde a madrugada do dia 19 já era sabido que os executores haviam declarado serem policiais ao realizarem a chacina, esse fato só foi relatado pelos jornais a partir do dia 24 de abril.

4.2. Os discursos estatais propagados

A repercussão midiática da Chacina da Torcida Organizada Pavilhão Nove acabou por fazer com que o então Secretário de Segurança Pública de São Paulo, Alexandre de Moraes[123], que havia assumido o cargo em janeiro de 2015, viesse a público relatar sobre a possível autoria de policiais nas execuções. As afirmações de Moraes colocavam que a suspeita sobre agentes de segurança pública seriam rumores. No dia 24 de abril, o jornal Folha de São Paulo trouxe as declarações do então Secretário de Segurança Pública, na reportagem com o título: "Secretário de Segurança diz que atuação de PMs em chacina é boato". Nessa reportagem, Moraes colocava que:

> Não há nenhum indício de que policiais tenham participado. O que gerou essa boataria foi um comentário feito por um faxineiro do local, um comentário feito no momento que ele estava alcoolizado e teria visto um cinto de policial.
>
> [...]
>
> E depois ele livre dos efeitos maléficos do álcool não disse mais isso. Mas isso gerou um rebuliço (Folha de São Paulo, 24/04/2015).

123 Alexandre de Moraes esteve à frente da Secretaria de Segurança Pública de São Paulo no período de 01 de janeiro de 2015 a 12 de maio de 2016.

No momento dessa fala de Moraes, já havia uma linha investigativa da 3ª Delegacia de Homicídios Múltiplos, do DHPP, que partia da hipótese de que as execuções poderiam ter sido realizadas por policiais à paisana que integravam a Força Tática da cidade de Osasco. Moraes, ao ser questionado sobre ação da Força Tática na quadra dias antes da chacina, disse que o fato "não me parece relevante".

Com o avanço das investigações e mandados de prisão expedidos, o então governador Geraldo Alckmin se pronunciou em 07 de maio, e sua fala foi repercutida nos jornais Folha de São Paulo e Estadão. Alckmin declarou que a fala de Moraes dias antes se deu porque "não havia nenhuma evidência de envolvimento de policiais".

Tanto as falas de Moraes, quanto as de Alckmin contradiziam os relatos testemunhais e as investigações que já apontavam participação de agentes de segurança pública. Ao expor sobre a participação de policiais, Alckmin destacou que acreditava que não seriam somente dois os executores e que isso seria investigado. As investigações e o processo, no entanto, não implicaram outros policiais nas execuções e somente foi levado a júri um dos executores, que já havia sido exonerado da Polícia Militar anos antes da chacina. Um dia após as declarações do governador, o Ouvidor das Polícias relatou aos jornais que acreditava que Moraes havia se precipitado ao descartar o testemunho do faxineiro[124] por acreditar que este estaria embriagado.

Geraldo Alckmin esteve à frente do governo estadual entre os anos de 2001 e 2006 e de 2011 e 2018, e foi durante seus mandatos que ocorreram eventos como a megarrebelião do PCC, de 2001; a Operação Castelinho, de 2003; os Crimes de Maio de 2006; a crise de 2012; as grandes chacinas de 2015; além de uma ampliação ainda maior do encarceramento em massa, a partir da expansão interiorizada que se deu após a implosão do Carandiru, em 2002 (Godoi, 2015).

124 Chamo essa testemunha como aparece nos autos e reportagens: o faxineiro. Atento para o fato dessa testemunha ser protegida e, portanto, não tive acesso a quem ela era. Como exposto nesse capítulo, o faxineiro não foi encontrado para o júri.

Esse governo teve como marca uma incrementação das operações ostensivas da polícia, com apoio político à violência e letalidade policial. Em 2012, ao ser questionado sobre uma ação da ROTA, que vitimou nove pessoas em Várzea Paulista, o então governador declarou em entrevista que "quem não reagiu está vivo"[125]. Assim, a tentativa de retirar policiais da ativa da cena do crime, a partir de falas que desacreditassem uma das testemunhas, condiz com a política levada por esse governo em que a metáfora da guerra e um urbanismo militar pautam a segurança pública, transformando as mortes decorrentes de ações policiais em serviço como legitimadas e, fora de horário de serviço em exceções, que são, como já demonstrei, exceções permanentes da segurança pública paulista.

No ano de 2015, ocorreram 19 chacinas na cidade de São Paulo e RMSP e, dessas, 8 tinham suspeitas de participação de agentes de segurança pública. Geraldo Alckmin e Alexandre de Moraes, nesse ano, enfrentariam ainda a Chacina de Osasco e Barueri, conhecida como a maior chacina do estado (Silva, 2021) e que teve como executores policiais e guardas civis metropolitanos.

4.3. O que dizem os documentos oficiais sobre a chacina

A Chacina da Torcida Organizada da Pavilhão Nove foi registrada no TJSP sob o n° do processo 0002320-42.2015.8.26.0052, estando de início em sigilo e, posteriormente, aberto à consulta pública. Os dados analisados neste capítulo englobam: partes dos autos que tive acesso a partir das consultas no site do TJSP; documentos que familiares das vítimas compartilharam comigo; e incursões ao Fórum Criminal da Barra Funda, pertencente ao Complexo Judiciário Ministro Mário Guimarães.

125 Maiores informações, cf.: https://g1.globo.com/sao-paulo/noticia/2012/09/quem-nao-reagiu-esta-vivo-diz-alckmin-sobre-acao-da-rota.html.

Neste subitem, no entanto, discorro sobre o Boletim de Ocorrência nº 316/2015, sobre a denúncia oferecida pelo Ministério Público do Estado de São Paulo, ao Juiz de Direito do 5º Tribunal do Júri da Capital, em 02 de junho de 2015, e de parte dos autos que acessei e que compõe o Inquérito Policial (IP)[126] nº 494/2015, além das partes tornadas públicas do processo criminal, tais como a Sentença do réu julgado.

Corrêa (1983) detalha a composição dos processos de homicídio a partir das etapas estabelecidas e ordenadas. Para a elaboração e junção de cada documento dos autos, há uma série de decisões a serem tomadas pelos operadores do direito que estão inseridas nessa investigação pela busca de uma verdade sobre o ocorrido. Sobre essa composição dos processos de homicídios, Corrêa (1983), expõe:

> [...] A sua primeira página nos oferece a denúncia do promotor de justiça, a 'peça inicial dos autos' mas posterior ao inquérito policial. O inquérito aparece em seguida e começa por um 'boletim de ocorrências' ou uma portaria do delegado, ou ambos, designando alguns policiais para a investigação de um fato considerado como violação da lei de que ele teve conhecimento. As peças seguintes são o resultado dessa investigação: o interrogatório das testemunhas, do próprio acusado ou acusada, exames médicos, técnicos e de laboratórios, descrições e fotografias do local do crime e da vítima, etc. (Corrêa, 1983, p. 34-35).

Todos esses documentos se inscrevem na burocracia estatal enquanto formas de saber-poder que buscam estabelecer o que se considera a verdade sobre[127] o crime investigado. Nesse sentido, os

126 Embora o Inquérito Policial seja um procedimento administrativo sigiloso, diversas partes que o compõem foram expostas no júri, como vídeos de interrogatórios, fotos e relatos de provas. Assim, esclareço que não analisei todo o IP, mas partes que o compõem.

127 Aqui analiso os documentos de forma cronológica e não a partir da composição destes nos autos do processo.

documentos que iniciam um processo jurídico representam o começo da construção de uma verdade estatal sobre os fatos. Foucault (2013) detalhou a genealogia das formas jurídicas, trazendo o inquérito enquanto uma busca do que seria a verdade, e que vai se transformando ao longo do tempo em práticas judiciárias que, ao final do século XIX estaria ligado a controles políticos e sociais. O IP é, no Brasil, uma ferramenta da polícia judiciária para estabelecer se no fato ocorrido haveria crime e a verdade sobre o cometimento desse crime. Misse (2011b) relata as singularidades do IP brasileiro:

> [...] cabe à Polícia a investigação preliminar como também o aprofundamento das investigações e um relatório juridicamente orientado do resultado dessas investigações. Esse relatório, chamado "inquérito policial", não deve ser confundido com a mera investigação policial, pois inclui depoimentos transcritos em cartório, além das necessárias peças periciais. É, assim, a "forma jurídica" que a investigação policial deve adquirir para chegar às demais instâncias judiciárias. É, portanto, uma forma de "instrução criminal" (Misse, 2011b, p. 35-36).

O início da busca dessa verdade sobre o crime que gera o IP se dá a partir do registro do fato, realizado por quem sofreu a violência, ou a testemunhou. Esse registro, realizado nas delegacias, é uma comunicação inicial de uma ocorrência criminal às autoridades da polícia judiciária (Godoi *et al.*, 2020). Esse registro, que no estado de São Paulo é chamado de Boletim de Ocorrência, é o documento que dará suporte para que seja oferecida uma denúncia para instauração do IP. Assim iniciam-se as investigações que têm por finalidade encontrar o autor ou autores do crime e trazer a verdade jurídica sobre os fatos.

No caso da Chacina da Torcida Organizada Pavilhão Nove, o BO foi registrado às 02h59 do dia 19 de abril no DHPP, tendo como natureza do registro o art. 121, §2°, do Código Penal brasileiro (CP), que trata de homicídio qualificado. Das oito vítimas fatais, uma constava nesse BO como desconhecida. Essa vítima era Jonathan, conhecido como Edilsinho. Três vítimas estavam registradas enquanto pessoas brancas e três como sendo pessoas pardas, duas vítimas constavam enquanto "outros" para esse campo de registro, que é posto por *cútis*. Desse modo, não havia informações sobre pessoas pretas, embora dos cinco homens negros, três fossem considerados homens pardos e dois homens pretos. Constavam também três testemunhas e a autoria desconhecida.

Segundo o BO, na quadra da Torcida foram encontrados sete estojos deflagrados de calibre 9mm, uma munição íntegra desse mesmo calibre, um projétil e um fragmento de camisa de projétil. As vítimas foram alvejadas, rendidas, e cinco vítimas apresentavam uma perfuração resultante de um tiro na região da nuca. Uma das vítimas foi atingida por um tiro no tórax. Outra por quatro tiros: ombro direito, costas, maxilar e coxa direita. Já outra vítima recebeu dois tiros: um na nuca e um no braço direito. Farias (2020b), destacou a importância do laudo cadavérico[128] como um documento que aciona outras movimentações e documentos que compõem o IP. Apesar de não ter tido acesso aos laudos cadavéricos para análise, as informações do BO foram suficientes para traçar o percurso de uma chacina com rendição e execução sumária por tiros certeiros na região da nuca da maioria das vítimas. Esse BO ainda determinou que a responsabilidade da apuração ficaria a cargo da 3ª Delegacia de Homicídios Múltiplos do DHPP.

Assim, atendendo à solicitação de averiguação, uma equipe de investigadores da 3ª Delegacia de Homicídios Múltiplos do DHPP seguiu até a quadra da Torcida. Nessa primeira incursão, conforme consta em documentos que acessei, aparece uma primeira testemunha: o faxineiro. Essa testemunha relatou aos investigadores

128 O laudo de exame cadavérico, ou as necropsias, são documentos elaborados por um médico-legista após exames sobre o corpo da pessoa morta em que a *causa mortis* é determinada, seja pelos ferimentos existentes ou pelas doenças.

que limpava a quadra aos finais de semana e que, naquele dia, após limpar o banheiro da sede, foi abordado pelos atiradores que determinaram que ele se enrolasse em uma bandeira e que ficasse calado. Esse faxineiro escutou os tiros e foi poupado.

Os dados obtidos pela investigação e que constam do processo permitiram traçar o caminho dessa chacina nos documentos estatais:

1. Antes da abordagem: às 22h20min um carro de cor escura, da marca Hyundai, estacionou na Avenida dos Remédios, próximo à quadra da Torcida e, por lá ficou durante uns dez minutos, momento em que muitos associados saíam da sede após o evento;
2. Antes da abordagem: às 22h36min esse mesmo veículo seguiu a avenida no sentido da Marginal Tietê, retornando no sentido oposto a marginal e estacionou novamente próximo à quadra;
3. A abordagem: três homens desceram do carro, portando armas calibre 9mm e adentraram a quadra. Anunciaram: “é a polícia”. Cerca de dezesseis pessoas estavam no local e algumas conseguiram fugir, as que não fugiram foram rendidas;
4. A execução: os executores deram ordens para que as pessoas rendidas se deitassem no chão, em um círculo e dispararam contra elas. Uma das vítimas conseguiu correr e chegar a um posto de gasolina em frente à quadra;
5. Sobreviventes: três pessoas foram vistas pelas câmeras de monitoramento das ruas no entorno. São três sobreviventes que se tornaram testemunhas da chacina;
6. A fuga: às 22h39min o carro Hyundai saiu em alta velocidade, seguindo a Avenida dos Remédios e adentrando a Rua Capitão Mor Rodrigues. Não há informações sobre a placa do carro e, segundo consta, as câmeras também não capturaram essa identificação;
7. A chegada da Polícia: às 23h as viaturas da PM chegaram ao local.

Do caminho percorrido nessa chacina, descrito pela investigação e decomposto nos passos acima, trago alguns elementos importantes para pensarmos como esse evento vai se desenvolvendo nos documentos, que também são discursos, sendo que o que se encontra nos documentos jurídicos são relatos sobre a busca de uma verdade sobre o crime ocorrido. Esses relatos fazem parte de um discurso jurídico, um discurso sobre a verdade, mas que contém materialidade. Foucault assim define discurso:

> [...] os discursos são efetivamente acontecimentos, os discursos têm uma materialidade" e que esses são: "[...] maneiras de vencer, de produzir acontecimentos, de produzir decisões, de produzir batalhas, de produzir vitórias (Foucault, 2013, p. 138).

Um primeiro elemento a levantar é o caso da testemunha que era o faxineiro. Um dos ex-ouvidores das Polícias que concedeu entrevista, trouxe como o relato do faxineiro, sobrevivente do ocorrido, começou a ser desacreditado.

> [...] o faxineiro ficou enrolado na bandeira e ele soltou na televisão, na época, que tinha policial, que tinha polícia, que um gritou "é a polícia!" e aí foi onde nós fomos com muita determinação falar com o secretário que existia a possibilidade de ter polícia e nunca ninguém quer aceitar isso daí, né, lógico. Eu lembro até que um Coronel, que era meu amigo, o Coronel falou assim "é, mas aquele faxineiro estava bêbado", mas eu falei, "mas é o bêbado que fala a verdade, né" (Ex-ouvidor 2).

O descrédito sobre essa testemunha é carregado por estereótipos que se inserem em estratégias de marginalização e criminalização dos sujeitos. Fernandes (2008) já trazia o aspecto histórico dessa construção social depreciativa. O "cachaceiro" e "vagabundo", adjetivos ligados aos ex-escravizados de outrora, se transmutam no faxineiro bêbado que não pode ter confiabilidade em sua palavra quando essa denuncia a violência policial.

Além dessa testemunha, outra presenciou a chacina. Nos relatos que constavam na página do TJSP, havia trechos do depoimento dessa testemunha para o IP. Nos trechos que trago, podemos observar não só a descrição dessa chacina por um outro ângulo, como também a legitimação das palavras da testemunha que se enrolou na bandeira do time sobre a ação ter sido realizada por agentes de segurança pública.

> [...] Por volta das 22h00min, o evento havia sido encerrado e o depoente se propôs a recolher a churrasqueira que estava na calçada, quando subitamente um integrante da torcida passou correndo ao seu lado e disse para o depoente 'CORRE!'. Quando se virou para trás para saber o que estava acontecendo, visualizou três indivíduos, notando que um deles trazia em sua mão direita um revólver e niquelado, tendo imediatamente corrido dali. Nesse momento escutou vários disparos de arma de fogo, tendo saído pela porta lateral, justamente onde ocorreu o churrasco. Esclarece que a sede da torcida possui duas entradas, uma pela Avenida dos Remédios, que é a entrada principal e uma entrada lateral, que é por uma via que faz retorno por baixo da ponte. Há ainda uma terceira porta, que é exclusiva para saída de emergência, do outro lado da quadra, mas que naquele momento estava fechada. O depoente tem certeza que os três executores entraram pelo portão principal. Afirma que correu por cerca de trezentos metros e ficou parado na rua, pois não tinha aonde se esconder. Perguntado se viu os executores deixando o local dos fatos, respondeu que não, mesmo depois de parar de correr, até porque estava longe da sede. Afirma que ainda esperou um pouco depois que os disparos cessaram e então retornou para a sede da torcida, deparou-se com sete conhecidos seus todos caídos no chão, já sem vida (TJSP, 2015).
>
> "Eu estava dentro da sede no momento quando três indivíduos entraram na sede falando que era a polícia, mandaram que todos entrassem na quadra, encostaram o portão, aí começou a perguntar quem era o chefe, perguntou quem era o chefe, o

> chefe, aí começou os disparos, eu já tinha corrido, eu estava no portão, como eu disse para a senhora, passou uma pessoa e falou 'Corre'. Eu não sei qual o motivo mandou eu correr, eu olhei pela fresta do portão, eu vi o [...][129] com a arma em punho mandando todo mundo deitar no chão, eu reconheci o [...] porque ele estava com boné azul da 'Quiksilver' na cabeça e uma blusa azul, o boné porque eu fui no 'Facebook' dele e vi que o filho dele tem esse boné (TJSP, 2015).

Assim, em dois depoimentos aparece o que chamo no subitem 2.4 de "imposição da presença", com declaração de que quem estava naquele local realizando as execuções eram policiais. Dos três executores, dois foram identificados no processo. Um enquanto policial militar da ativa e outro enquanto um ex-policial, expulso da corporação. Esse ex-policial aparece em documentos do processo e investigação, assim como nas falas dos integrantes da Torcida como um conhecido e ex-integrante da Torcida Organizada Pavilhão Nove, constando inclusive, que teria a carteirinha nº 10 da agremiação, demonstrando uma história de pertencimento ao grupo. Os outros dois policiais, da ativa, não tinham relação com essa torcida organizada.

No começo de junho de 2015, o Ministério Público do Estado de São Paulo[130] (MP), ofereceu denúncia formal contra dois homens, suspeitos de serem os executores da Chacina da Torcida Organizada Pavilhão Nove. Um deles era o ex-policial e antigo integrante da

129 Suprimi o nome do réu.

130 Embora não adentre um debate sobre a instituição Ministério Público, destaco que, segundo Arantes (1999), o MP tem duas principais funções, a saber: "[...] (a) a de fiscal da lei (custos legis) e (b) a de titular da ação penal pública" (Arantes, 1999, p. 84), e que "Como titular da ação penal pública, o MP está encarregado de acionar o Poder Judiciário em nome do Estado com vistas à aplicação da pena nos crimes codificados pela legislação. O direito de punir é exclusividade do Estado e o MP é o órgão estatal que detém a responsabilidade exclusiva de desenvolver a acusação no processo criminal" (Arantes, 1999, p. 84). Desse modo, o MP se encarrega, entre outras coisas, de enviar ao Judiciário denúncias de crimes para instauração de processos criminais.

Torcida e outro, um policial militar em exercício. Consta dessa denúncia que a possível causa da chacina seria uma disputa por um ponto de tráfico de drogas na região da CEAGESP, entre o ex-policial e Fábio, sendo que a vítima, seria o alvo dessa chacina e que para realizá-la, o ex-PM arregimentou dois policiais da ativa.

A denúncia foi recebida ainda no mês de junho de 2015 pela 5ª Vara do Júri — Foro Central Criminal. A possível causa, que seria a disputa sobre tráfico de drogas, foi colocada pela juíza que presidiu o caso enquanto uma dedução, sem fatos concretos que determinassem que na CEAGESP existiria tráfico de drogas e que os pontos estariam em disputa. Um fato levantado pela juíza foi o de que o policial da ativa acusado, que não teria relação com a Torcida estaria sendo investigado por doze outros homicídios, na cidade de Carapicuíba. Esses homicídios ocorreram em 2014, em duas chacinas distintas em Carapicuíba.

No subcapítulo 2.3 em que analisei as chacinas entre 2009 e 2020, abordei essas chacinas de 2014 em Carapicuíba e o relato do delegado que esclarecia naquele momento acreditar que poderia existir algum grupo de extermínio ligado a agentes de segurança pública praticando aquelas chacinas. Como também já tratei, no subcapítulo 2.3, é muito difícil estabelecer a existência de grupos de extermínio organizados para realização de chacinas, sendo que os delegados, jornalistas e investigador entrevistados, ao tratarem desse tema, trouxeram diversas ressalvas e destacaram que, embora já tenham existido grupos de extermínio[131], é mais comum existirem os chamados policiais matadores, que se conectam pontualmente com outros agentes de segurança pública para a prática de execuções e chacinas.

O ex-policial e esse policial que também era suspeito de participar das chacinas de Carapicuíba em 2014, foram reconhecidos pelas testemunhas que sobreviveram à chacina. O terceiro policial seria

131 Aqui destaco os *Highlanders*, os Matadores do 18 e, mais historicamente, o Esquadrão da Morte.

um cabo e seu sobrenome aparece no processo, mas não foi identificado. O policial da ativa que foi reconhecido chegou a ser detido, mas foi solto em dezembro de 2015 por falta de provas. O Promotor de Justiça[132] que revogou a prisão preventiva do policial foi alvo de protestos de familiares das vítimas e de integrantes da Torcida que pediram sua saída do caso. O promotor continuou no caso até a sentença. Em 2011, na manifestação sobre um IP que investigava um homicídio praticado por um policial civil após tentativa de assalto, esse promotor escreveu que "bandido que dá tiro para matar tem que tomar tiro para morrer". Em 2014, esse mesmo promotor foi punido com uma suspensão de quinze dias pelo Conselho Nacional do Ministério Público, por ter escrito na rede social do *Facebook*, durante os protestos de junho de 2013, que arquivaria possível inquérito policial caso a Tropa de Choque matasse os manifestantes que estavam paralisando a Avenida Faria Lima e a Marginal Pinheiros[133]. Sobre os protestos de junho de 2013, Almeida (2020b) debateu como a categoria "vândalos" foi construída em relação aos ativistas nos protestos de junho de 2013, criando processos de sujeição criminal sobre os mesmos. A ação desse promotor está acoplada a como, naquele momento, se deu a criminalização dos protestos. Esse promotor já era, portanto, conhecido por ativistas que apoiavam os familiares e houve uma tensão instalada sobre como trataria o IP sobre a chacina, o que se agravou com a soltura do policial da ativa que estava preso preventivamente.

Sobre a soltura do policial da ativa, os autos colocam que:

132 Assim como não nomeei os operadores do direito e agentes de segurança pública que entrevistei, não nomeei esses operadores e agentes que participaram da investigação, do processo e do júri.

133 Para um maior debate sobre os processos de criminalização dos protestos de junho de 2013, cf.: Almeida 2020b.

Em que pese tal acusado tenha sido reconhecido em solo policial pela testemunha [...][134], tal reconhecimento não foi confirmado em juízo, tendo a citada testemunha reconhecido pessoa absolutamente diversa, que não possui qualquer relação com os fatos (fls. 2313, item II). De outro lado, o suposto envolvimento ou vínculo de amizade entre [...] e [...] não foi confirmado em juízo, posto que todas as testemunhas afirmaram nunca tê-lo visto na sede da torcida ou na companhia de [...], já que a única testemunha que o teria visto na inauguração da subsede da torcida, na cidade de Carapicuíba, não foi localizada para ser ouvida em juízo (fls. 986/989), tendo o Ministério Público desistido de sua oitiva após frustradas as tentativas de localização (fls. 3002, item IV). Ademais, não foi comprovado o envolvimento de [...] nas mortes apuradas nos autos nº 0008037-38.2014.8.26.0127, em trâmite na 1ª Vara Criminal da Comarca de Carapicuíba, visto que não figura como indiciado ou réu naquele feito (fls. 2543/2544), tendo a sua Defesa cuidado de juntar aos autos documento comprobatório da existência de outros quatro policiais militares de prenome [...] ou [...], conforme ofício oriundo do Comandante do Trigésimo Terceiro Batalhão de Polícia Militar Metropolitano (fls. 2497). Pondere-se, ainda, que a combativa defesa juntou aos autos imagens da câmera de segurança do condomínio em que reside o acusado, demonstrando o seu ingresso no condomínio no citado dia, elaborando-se laudo pericial (fls. 2348/2362). Assim, analisado o arcabouço probatório, não há nos autos prova suficiente a indicar a participação do réu [...] no evento que culminou nas mortes das oito vítimas, motivo pelo qual a sua impronúncia é medida que se impõe. Destarte, não existem elementos de prova aptos a atribuir força de convencimento ao juízo para que se permita a formulação de acusação contra tal réu para ser julgado em plenário do Tribunal do Júri (TJSP, 2015).

134 Os nomes das testemunhas e dos acusados foram suprimidos.

O suspeito, que era o policial militar da ativa, foi, portanto, impronunciado para o Tribunal do Júri, pelos seguintes fatos: 1) não ter sido reconhecido em juízo pela testemunha que o havia reconhecido anteriormente; 2) nunca ter sido visto na sede da Torcida em companhia do ex-PM; 3) a testemunha que havia reconhecido o policial na subsede de Carapicuíba não ter sido encontrada; 4) o processo sobre as chacinas de Carapicuíba não o ter indiciado; 5) imagens de câmeras do condomínio em que reside mostrarem que chegou em sua casa no dia da chacina.

Em um dos depoimentos, uma testemunha revelou a ação de um dos programas de policiamento da PM paulista, a Força Tática, na quadra da Torcida Organizada dias antes da chacina. Esse agrupamento da PM teria abordado e agredido integrantes da Torcida que estavam fumando maconha no interior da quadra. Esse relato também foi mobilizado como uma declaração que daria certeza de que haveria tráfico de drogas na quadra, visto que a Força Tática teria abordado e agredido usuários no local.

Durante o desencadeamento do processo, esse foi se centralizando na figura do ex-PM enquanto o executor que iria a júri, todas as possíveis participações de outros agentes de segurança pública e de equipamentos policiais na realização da chacina foram esvaecendo durante o processo por falta de materialidade de provas.

A companheira de uma das vítimas relatou que foi atrás de provas para desvendar a autoria da chacina, buscando câmeras no entorno da quadra, lendo o processo e examinando possíveis falhas e lacunas. Durante a entrevista, inclusive, ela mostrou uma série de documentos que guardava e analisava para a investigação. Sobre essa questão, nos relatou:

> Nós familiares nos juntamos em busca de justiça, né, posso dizer assim, porque no meio da investigação houveram diversas falhas que não precisa nem ter, como é que eu posso falar? Nem ter um diploma em mãos, ser formado, que você consegue ver.

> É nítido, é visível as falhas que houveram nessa investigação, assim como outras, até outras chacinas, outras coisas que a gente vê as falhas (Companheira de vítima).

Essas buscas pelas falhas de investigação que se transmutam em falhas processuais, com um empreendimento investigativo e de análise dos autos por familiares de vítimas, não é um caso isolado da Chacina da Torcida Organizada Pavilhão Nove. Ao contrário, são tarefas recorrentes de familiares de vítimas de violência estatal. Farias (2020b) relata como as rotinas familiares são alteradas a partir da morte violenta de um familiar.

> [...] dominam-se o modo de funcionamento da delegacia especializada, tecnologia de GPS, enquadramento de vídeo e fotografia, dialetos policial e jurídico, artigos do Código de Processo Penal, técnicas de perícia forense, procedimentos hospitalares, calibres de arma de fogo. Múltiplos saberes acumulados ao longo do tempo, especialmente um tempo cujo marco inicial data do dia da morte de um parente próximo (Farias, 2020b, p. 174).

Toda essa busca de uma verdade jurídica dos familiares, que se realiza a partir do esquadrinhamento das falhas de investigação e processuais, constrói um outro discurso sobre as mortes, confrontando os discursos jurídicos e muitas vezes alterando-os. A companheira da vítima que relatou essa investigação dos familiares levava as informações que encontrava para os defensores públicos que, assim, também alimentavam o processo com as contradições que esse possuía, na busca dessa verdade e de justiça em relação à chacina. Embora os familiares e integrantes da Torcida almejassem que o réu, ex-PM, fosse condenado pela chacina, havia entre eles um sentimento de que essa condenação não representaria uma justiça, visto que somente esse ex-policial se tornou réu. Ao relatar sobre se considerava que existiria justiça em relação à chacina, a companheira de vítima nos relatou:

> Creio eu que não e afirmo: não vai ter. Não vai ter. Se tiver o que eles vão fazer? Vão pegar tipo a parte mais fraca. Quem é a parte mais fraca? O que está preso, porque ele é um ex-P.M., era de torcida organizada, então vai jogar tudo nas costas, né, entendeu? Vai o mais fraco, mas quando eu falo mais fraco, não quero dizer que a pessoa não teve participação, entendeu? Mas eu quero dizer tipo ao todo assim (Companheira de vítima).

Entre 2015 e 2016 ocorreram sete audiências de instrução, além dos debates e dos júris. Em abril de 2017, ocorreu uma audiência de interrogatório. Durante uma das audiências de instrução, os familiares, ao adentrar uma sala onde estavam os policiais que, no momento faziam escolta do policial que foi posteriormente solto, encontraram uma pichação na parede da sala que dizia: "Pavilhão 9 Bandidos! Vagabundos!". Os familiares lavraram um BO sobre o episódio.

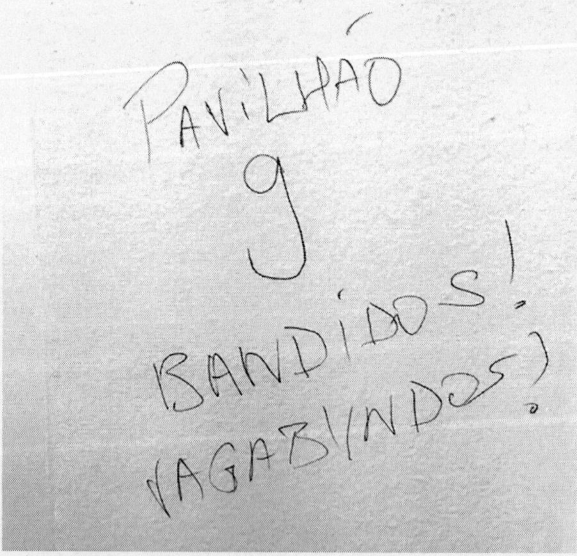

FIGURA 21. Parede da sala onde estavam testemunhas de defesa dos policiais. FONTE: Ponte Jornalismo (2015).

Havia, como tratei ao longo da pesquisa, um constante medo por parte dos familiares e integrantes da Torcida de que outros executores à solta pudessem violentá-los. Um momento exemplar desse medo ocorreu quando, em uma das minhas incursões para realizar entrevista com a mãe de uma das vítimas, essa familiar ao me encontrar relatou que tinha ficado com medo do que poderia acontecer com a pesquisadora e outros integrantes da Torcida, pois, momentos antes, estávamos todos na antiga quadra no baixo do viaduto Ponte dos Remédios — Carmen Fernandes Neves e ela imaginaram que forças policiais poderiam violentar quem lá estava, mesmo essa entrevista tendo ocorrido após o júri da chacina e condenação do réu.

4.4. A chacina vai a júri popular

O júri e a posterior sentença são as etapas finais de um processo de homicídio. Lima (1999) explicita o momento do júri:

> [...] o julgamento pelo Tribunal do Júri é um procedimento que se aplica apenas aos crimes intencionais contra a vida humana e se inicia por uma sentença judicial proferida por um juiz (pronúncia), após a realização da produção de informações, indícios e provas, durante o inquérito policial e a instrução judicial, comum a todos os processos judiciais criminais e também regida pelo contraditório e pela ampla defesa, em um processo que exige a presença do réu e que termina pelo veredito dos jurados (Lima, 1999, p. 30).

Diversas pesquisas pautaram o Tribunal do Júri a partir de perspectivas sociológicas e antropológicas. Schritzmeyer (2012) analisou uma série de júris em São Paulo, debatendo o caráter de jogo, os ritos e a teatralidade que regem esses espaços. Segundo a autora, os julgamentos são espaços em que são atribuídos sentidos para a vida e a morte, em que há uma reverência à lei (Schritzmeyer, 2012) e que, de modo formal e ritualizado, uma parcela representativa da sociedade — os jurados — decidem sobre a culpabilidade do réu. Corrêa (1983) discutiu como os processos judiciais que julgavam casos de homicídios cometidos contra mulheres e homens em uma relação sexual-amorosa eram tratados nos júris paulistas, concluindo que uma decisão judicial (ou sentença) é construída ao longo do processo e dos dias de julgamento, tendo uma versão mais força que a outra, frente ao corpo do júri (CORRÊA, 1983).

A CF em seu Art. 5°, que trata da igualdade de direitos perante a lei, define e reconhece a instituição do júri da seguinte forma:

> XXXVIII — é reconhecida a instituição do júri, com a organização que lhe der a lei, assegurados:
>
> a) a plenitude de defesa;
> b) o sigilo das votações;
> c) a soberania dos veredictos;
> d) a competência para o julgamento dos crimes dolosos contra a vida (Brasil, 1988).

Do homicídio à condenação pelo júri, podem decorrer muitos anos. No caso da chacina analisada somente após três anos e nove meses decorridos das execuções é que começaram a ocorrer os júris para julgamento do ex-policial que era o réu. Tempos antes, entre 2017 e 2018, havia ocorrido em São Paulo os júris da Chacina de Osasco e Barueri, com condenação dos réus (Silva, 2021). O meu acompanhamento dos júris da chacina da Torcida demonstra como os operadores do direito, o corpo de jurados, o réu, as testemunhas e a plateia composta por amigos, familiares e integrantes da Torcida interpretaram a chacina e rememoraram, dentro dos ditames jurídicos e da mobilização do que acreditavam enquanto fazer justiça, neste real que é fracionado em diversas versões de modo a "[...] extrair dele um esquema elementar sobre o qual se construirá um modelo de culpa e um modelo de inocência" (Corrêa, 1983, p. 40). Como já expus no subitem 2.5, o investigador, ao tratar sobre o Tribunal do Júri relata a dificuldade de esclarecimento das chacinas, haja visto que os processos de criminalização de vítimas de execuções sob o chavão "bandido bom é bandido morto" podem interferir nas interpretações do júri sobre as vítimas e sobre os réus, quando quem está sendo julgado é o agente de segurança pública. No caso da Chacina da Torcida Pavilhão Nove, apenas o ex-PM foi pronunciado para ser julgado frente ao Tribunal do Júri sobre as oito execuções ocorridas na quadra da agremiação. O que exponho a partir do 4.4.1 deste subcapítulo é a descrição do júri que obtive através de minha observação participante. Assim, para além das muitas frações jurídicas da chacina, o que está descrito aqui são essas versões anotadas em caderno de campo, através do meu olhar de pesquisadora.

4.4.1. 23 de janeiro de 2019: o júri adiado

O primeiro júri foi marcado para ocorrer em 23 de janeiro de 2019 e, para esse júri, integrantes da Torcida fizeram publicações em suas redes sociais, tentando agregar mais pessoas para comparecer. Compareci ao Fórum Criminal da Barra Funda, no Complexo Judiciário Ministro Mário Guimarães, por volta das 9h30min da data marcada e encontrei com alguns familiares e integrantes da Torcida. Por volta de umas 11h da manhã, um familiar de uma das vítimas chegou informando que haveria o júri e que as pessoas entrariam para assistir por volta das 12h.

As pessoas começaram a ficar apreensivas com a espera. Os integrantes da Torcida estavam com bonés estampados com os rostos das pessoas que foram assassinadas e faixas em uma sacola (que não foram estendidas). Nesse momento já haviam alguns familiares e torcedores, integrando um grupo de umas dez pessoas. Dentro do Fórum, as testemunhas protegidas estavam sendo ouvidas. Os Defensores

Públicos[135] se deslocaram para o portão do Fórum, onde estávamos e realizaram uma pequena reunião com os presentes, pedindo para que todos ficassem calmos e que não se expressassem em plenário para não parecer aos jurados e corpo jurídico que estavam pressionando. Também foram aconselhados em relação ao tratamento dispensado à promotoria.

Cabe ressaltar que, além de todas as indicações sobre como se comportar e controlar as emoções no plenário, familiares e amigos das vítimas precisam lidar com a espera, que parece sempre preceder a entrada a um prédio da Justiça. As esperas para adentrar o Fórum costumam demorar horas e é realizada a céu aberto, sem local para sentar ou banheiro disponível. Durante as horas que estive junto às famílias e integrantes da Torcida à espera da realização do júri, diversos relatos davam conta sobre as esperas nas audiências de instrução, em que ficaram por horas na chuva, frio ou sol, sem sentar. Por volta das 12h30min, os defensores avisaram que o júri havia sido cancelado e adiado para dali dois meses, em março de 2019, pois os advogados de defesa do ex-PM tinham realizado um pedido para que o delegado que assinou o inquérito do caso estivesse presente e, como o delegado não se encontrava, o adiamento foi estabelecido.

Nesse momento, os familiares questionaram os defensores sobre a soltura do PM que estava junto com o ex-PM, sendo relatado por parte dos defensores que não havia provas consistentes contra o policial da ativa, visto que a testemunha que o reconheceu estava sumida e, se aparecesse outra nova prova, poderiam reabrir o inquérito.

135 De acordo com o Art. 134 da Constituição Federal, a Defensoria Pública é uma "[...] instituição permanente, essencial à função jurisdicional do Estado, incumbindo-lhe, como expressão e instrumento do regime democrático, fundamentalmente, a orientação jurídica, a promoção dos direitos humanos e a defesa, em todos os graus, judicial e extrajudicial, dos direitos individuais e coletivos, de forma integral e gratuita, aos necessitados" (Brasil, 1988). Desse modo, os Defensores Públicos têm o papel de desempenhar o acompanhamento jurídico daqueles que não possuem meios para pagar advogados particulares, de modo a garantir o acesso à justiça para essas pessoas.

Os familiares e integrantes da Torcida se despediram na porta do Fórum e fui embora com um grupo formado pelos torcedores.

4.4.2. 28 de maio de 2019: o dia inteiro de júri

Fiquei à espera do júri, acompanhada de integrantes da Torcida e familiares das vítimas e, por volta das 11h da manhã, o Defensor Público nos avisou que iríamos adentrar logo mais. Nesse momento já havia um grupo formado por cerca de vinte pessoas. Adentramos o plenário por volta das 12h e, nesse momento, já estava ocorrendo a oitiva de uma das testemunhas, estando presentes, além dessa testemunha, o réu[136], os jurados e todo o corpo do júri.

Nesse júri, duas testemunhas fizeram seus relatos de modo presencial e mais dois relatos foram apresentados em vídeo, entre eles, o do delegado[137] que assinou o inquérito. Além desses relatos, houve um interrogatório do réu.

4.4.2.1. AS TESTEMUNHAS

4.4.2.1.1. A testemunha que afirma ter visto o ex-PM atirar

Das quatro testemunhas arroladas para esse júri pela acusação, duas estavam na quadra da Torcida Pavilhão Nove no momento da chacina; outra é irmão de uma das vítimas e a última é o delegado responsável pelo inquérito e investigação.

Dessas duas que estavam no momento do crime e sobreviveram, uma diz ter visto o ex-P.M. e, para essa testemunha, os integrantes da Torcida que lá estavam e morreram, foram executados porque

136 Esclareço que as testemunhas de acusação podem requerer depor sem a presença do réu, caso considerem constrangedora ou ameaçadora a presença do mesmo.

137 Esse delegado se aposentou e mudou de cidade, o que dificultou o contato com o mesmo.

reconheceram o ex-PM. Sua narrativa foi realizada com a presença do réu, que permanecia sentado, de cabeça baixa e, por vezes, sinalizava que estava chorando, levando um lenço até seu rosto para enxugar as lágrimas. Esse comportamento do réu é comum em julgamentos. Schritzmeyer (2012) já destacava que nos júris que etnografou, a postura submissa de quem está sendo julgado é integrante do ritual do julgamento.

A reconstrução da chacina por essa testemunha, que é também um sobrevivente, traz a história de que alguém passou correndo ao seu lado, bateu no seu ombro e disse "corre" e, desse modo, ele se escondeu atrás de um portão vendo, pela fresta, que três homens haviam adentrado a quadra. Esses invasores estavam com blusas de capuz, sendo que um utilizava um boné embaixo desse capuz, esse era o ex-PM, que subiu e desceu uma pequena escada de seis degraus, falando para os outros atiradores algo como "são só esses mesmos". Nisso, essa testemunha correu e ouviu o primeiro disparo que atingiu um dos integrantes da Torcida que era conhecido do ex-PM, e é considerado, pela defesa do réu, o alvo da chacina.

A testemunha afirmou que pegou um táxi e se dirigiu à sede da Torcida Organizada Gaviões da Fiel, onde permaneceu por cerca de vinte minutos, quando o avisaram por telefone que ele era considerado uma testemunha e deveria se dirigir ao DHPP. Um dos advogados de defesa do réu questionou se era verdade que estando no DHPP, a testemunha havia declarado que todos os mortos eram traficantes e possuíam passagem policial. A testemunha negou essa declaração, dizendo que confirmava que eram trabalhadores e alguns faziam faculdade.

Outra questão levantada pelos advogados de defesa foi sobre o chamado "episódio de Oruro", onde em uma partida entre Corinthians e San José, do torneio da Taça Libertadores, em 2013, realizada na cidade de Oruro, na Bolívia, um sinalizador disparado por torcedores corintianos atingiu um jovem de quatorze anos, torcedor do San José, o levando a óbito. Na época, doze torcedores ligados à Gaviões da

Fiel e à Torcida Organizada Pavilhão Nove foram presos. Entre esses torcedores presos estava a vítima considerada alvo da chacina. Em que pese a prisão desses torcedores, outro torcedor do Corinthians, à época com dezessete anos, se apresentou como responsável por ter lançado o sinalizador, dizendo que o caso foi um acidente[138].

A questão posta pelo advogado de defesa interpelava o fato de a vítima alvo estar entre os presos, de modo a justificar uma carreira criminal da vítima ou de colocar a Torcida no papel de grupo violento. A testemunha ressaltou que muitos foram os presos e que o caso já havia sido solucionado. Essas falas que tentam ligar as vítimas da chacina a atividades criminais e ligadas ao tráfico de drogas, engendram uma perspectiva de, de algum modo, transformar os corpos dessas vítimas em matáveis (Agamben, 2007), através de uma sujeição criminal (Misse, 2010a) que opera no Brasil contemporâneo através da máxima "bandido bom é bandido morto".

Pouco antes do questionamento do advogado de defesa, um dos Defensores Públicos que estava presente questionou a testemunha sobre como estaria a Torcida após a chacina e a testemunha expôs que a vida de muitos torcedores acabou, pois sofrem até o presente momento, e que a Torcida somente continua existindo pela força das pessoas que lá estão, visto que os mortos estavam sempre na quadra, junto a outros torcedores, que iam aos jogos juntos, cruzando o Brasil em caravanas. Como já debati anteriormente, as execuções e chacinas reelaboram o cotidiano dos familiares de forma intensa. No caso da Chacina da Torcida Pavilhão Nove, há uma continuidade das lembranças dolorosas e dia a dia reconstruído a partir das perdas e de todo acompanhamento do processo jurídico por parte desses

138 Informações sobre o caso foram retiradas em matérias jornalísticas. Maiores informações. cf.: https://acervofolha.blogfolha.uol.com.br/2018/02/20/ha-5-anos-kevin-espada-morreu-em-partida-do-corinthians-na-libertadores/?loggedpaywall; http://globoesporte.globo.com/futebol/times/corinthians/noticia/2013/02/tragedia-em-oruro-morte-de-kevin-aos-14-e-noite-mais-escura-da-fiel.html.

torcedores e familiares, que colocou as mortes e não o amor ao time no centro das relações sociais estabelecidas nos anos pós-chacina.

Após a chacina e o primeiro depoimento no DHPP, a testemunha afirmou que passou quatro dias dormindo em hotéis e os seis meses posteriores fora da cidade de São Paulo, e até o presente momento tem dificuldades para dormir e disse que, caso o réu seja posto em liberdade, ele desapareceria da Torcida por medo pois saberia "o que pode lhe acontecer".

Outras pessoas sobreviveram à chacina, entre elas, uma que trabalhava no posto de gasolina em frente à sede. Essa pessoa fazia os chamados bicos, dormia e limpava o posto e a sede da Pavilhão Nove. Para não ser atingido na chacina, ele se escondeu embaixo de uma bandeira. Essa testemunha, relatada como o faxineiro, já foi abordada anteriormente neste livro. Esse sobrevivente teria sido ameaçado por dois policiais da ROCAM e haveria boatos de que ele estaria morto[139], conforme colocou a testemunha. Além desse suposto episódio da ROCAM, a testemunha relatou que, no dia que antecedeu a chacina, policiais da Força Tática foram até a quadra da Torcida, onde enquadraram[140] torcedores e após isso, disseram que voltariam, reforçando o depoimento tomado em uma assentada[141] e discutido no subcapítulo 4.3.

Se, de um lado, o testemunho corrobora a tese de que a chacina foi uma ação realizada por agentes de segurança pública, com possível auxílio de outros agrupamentos policiais na intimidação de testemunhas ou em um provável aviso por meio de uma ação dentro da quadra dias antes, de outro lado, a defesa do réu, ao inquirir essa testemunha, desenvolveu uma tese para a chacina, onde o réu e a instituição policial

139 Não foi em nenhum momento discorrido sobre as circunstâncias e razões dessa morte e se ela realmente ocorreu.

140 "Enquadrar", ou "levar um enquadro" é um termo nativo muito utilizado para se referir às abordagens policiais, em rondas extensivas, para revista das pessoas abordadas.

141 Assentadas são depoimentos tomados e inseridos no IP.

são inocentes, atribuindo a culpa dos oito homicídios ao que chamaram de facções criminosas. Assim, essas duas perspectivas sobre a chacina desenvolveram as linhas premeditadas sobre o caso. Corrêa (1983, p. 41) destaca em seu estudo as palavras de um promotor sobre versões e verdade acerca de homicídios: " [...] "claro, por último existem sempre três versões: a sua, a minha e a verdadeira".

O advogado de defesa, ao desenvolver sua versão, perguntou ao réu — seu cliente — se ele sabia dos piauienses e disse que haveria uma Família do Piauí[142], que seria algo como uma ramificação da Família do Norte (FDN), que atuava no tráfico de drogas na região da CEAGESP de São Paulo e que, quatro dias antes da chacina, um integrante dessa Família do Piauí[143] havia sido assassinado perto da quadra da Torcida Pavilhão Nove, dando a entender que a chacina havia sido uma retaliação dessa organização criminosa contra esse assassinato. A testemunha, no entanto, negou ter conhecimento sobre essa organização ligada à FDN e relatou que o que ele sabia era que o réu seria, nas suas palavras, "envolvido com o crime", desde que foi exonerado da polícia.

4.4.2.1.2. A testemunha que não pode falar que viu e que não viu o ex-PM

Essa segunda testemunha também se encontrava na quadra no momento do crime e chegou a ser posta no chão como as demais vítimas, mas conseguiu escapar. Ele era aderecista do bloco de carnaval da Torcida Pavilhão Nove. Diferente do depoimento da primeira

142 Não há notícias ou estudos que comprovem a existência de grupo ligado a atividades criminais que se denomine Família do Piauí.

143 No júri posterior a esse, foi relatado o nome do integrante desse grupo que teria sido assassinado antes do ocorrido. Em procura em sites da internet, descobri um processo de 2019 na 4° Vara de Picos/PI em que alguém com o mesmo nome está sendo indiciado por tráfico naquele estado. Nada mais encontrei sobre esse caso ou sobre qualquer grupo chamado Família do Piauí.

testemunha, disse que "não pode reconhecer o ex-PM como autor, assim como não pode dizer que o ex-PM não foi o autor". Ao mesmo tempo em que relatou isso, ao ser questionado pelo promotor se saberia se as outras testemunhas teriam razões para incriminar o ex-PM, mentindo sobre a autoria, ele diz que não teriam motivo para mentir. Durante o depoimento dessa testemunha, o réu não estava presente a pedido do depoente. O promotor o questionou se esse pedido foi realizado por medo do réu, e a testemunha respondeu que teria medo porque tem família.

Essa testemunha relatou que os três homens estavam de blusa de moletom com capuz, mas que não havia ninguém com boné, que viu as pernas de um deles e que era "moreno como o advogado de defesa", que não subiram ou desceram as escadas e que o primeiro tiro não foi na vítima considerada alvo do conflito e que os atiradores estavam aparentemente calmos. Todas essas afirmações acima entraram em contradição com as afirmações da primeira testemunha. Ainda nesse depoimento, afirmou que a polícia esteve na quadra da Pavilhão Nove antes da chacina e que os policiais bateram em membros da Torcida que lá estavam e que uma das vítimas da chacina, no momento em que os atiradores entraram, no dia em que ocorreram os homicídios, disse às outras vítimas e a ele — que sobreviveu — que ficassem calmos, pois aqueles homens que ali estavam eram policiais e que os torcedores sabiam o procedimento[144]. Seu relato foi categórico em afirmar que a chacina foi realizada por policiais e que na região em que ocorreu havia um comentário de que a polícia seria responsável, e relatou, ainda, que ficou sabendo que a testemunha que trabalhava no posto e que estava sumida, com boatos de estar morta, havia reconhecido o ex-PM como um dos atiradores.

144 Não se sabe qual era esse procedimento, mas tendo em vista os relatos de enquadro que ocorreram antes da chacina, acredito que as vítimas presumiam que o procedimento seriam as abordagens policiais rotineiras das rondas ostensivas.

Um dos Defensores Públicos questionou a testemunha sobre as vítimas, que respondeu que eram "meninos muito bons", que a chacina o abalou demais, que gostava muito de uma das vítimas e que era muito respeitado por eles. Relata que não havia tráfico de drogas dentro da quadra e que, após o ocorrido, ele sumiu, pois estava com a "cabeça perturbada".

Os relatos dessas testemunhas trazem diversas contradições: atirador estar ou não de capuz; quem foi a primeira vítima; atirador ter subido ou não as escadas; reconhecimento do atirador como sendo o ex-PM; e, devido a isso, as duas testemunhas, foram novamente inquiridas, mas desta vez estavam juntas. Ambas sustentaram suas versões. Assim, recompor juridicamente a chacina se mostrou uma busca da verdade a partir de uma reelaboração da memória e de percepções distintas sobre quem eram os acusados, as vítimas e os entremeios de todo o acontecimento. O poeta Waly Salomão em uma célebre frase dizia que "a memória é uma ilha de edição" e, assim, temos as memórias das testemunhas editando após quatro anos da chacina, naquele momento do júri, o que havia ocorrido e como percebiam essa violência.

4.4.2.2. O DELEGADO

O depoimento do delegado que conduziu as investigações — que não esteve presente no primeiro júri e não foi encontrado para o segundo — foi apresentado ao plenário e ao corpo de júri por meio de um vídeo realizado em um momento anterior ao do julgamento.

No dia da chacina, outro delegado da 3ª Delegacia de Homicídios Múltiplos de São Paulo se dirigiu à quadra da Torcida Organizada Pavilhão Nove, para acompanhar o caso e coletar os primeiros depoimentos, mas, posteriormente, foi o delegado depoente que deu o encaminhamento do inquérito.

Para o delegado depoente, as chacinas sempre têm um alvo, uma pessoa que seria o motivo da ação, e as outras pessoas acabam sendo assassinadas dentro desse conflito. Ainda de acordo com seu relato, esse tipo de crime é muito difícil de investigar, pois, em regra, quando um policial participa de uma ação criminosa como essa, ele sabe como essas práticas são investigadas e, assim, consegue se antecipar à investigação, atrapalhando a elucidação do caso. O delegado deu os exemplos de que, há um tempo atrás prendia-se policiais que participavam de chacinas, através da quebra do sigilo telefônico, depois pelo uso do GPS[145] da viatura, mas conforme a investigação foi avançando em métodos, os policiais que se envolvem em chacinas desenvolveram outros mecanismos para evitar as prisões. Além disso, os policiais do entorno, comumente sabem o que vai acontecer e limpam a área, dificultando que sejam encontradas pela perícia as cápsulas das balas ou outras provas materiais, por exemplo.

O delegado disse acreditar que as chacinas perpetradas por policiais se dão porque alguns desses agentes de segurança pública se desviam da sua função de servir e proteger, apostando entre eles quem mata mais. Esse relato do delegado conjectura que as execuções através das chacinas realizadas por agentes de segurança pública são atos individuais e que têm por preposição disputas entre esses agentes. A pesquisa demonstrou, no entanto, que as chacinas realizadas por agentes de segurança pública são movidas, em sua grande maioria, por mercadorias políticas (Misse, 2011a), vinganças pessoais ou institucionais (quando um agente de segurança é alvejado ou morto em determinado território), e que essas execuções agrupam diversos agentes não necessariamente da mesma instituição de segurança para a realização das chacinas.

Acerca do caso da chacina da Torcida Organizada Pavilhão Nove, o delegado disse que três pessoas participaram da ação, sendo um deles um policial que era um homem negro e uma testemunha havia visto

145 Desde o começo de 2011, as viaturas das polícias paulistas fazem uso de GPS (sistema de posicionamento global), que indica o trajeto dos carros. Cf.: http://www.saopaulo.sp.gov.br/spnoticias/na-imprensa/policia-testa-carros-com-camera-gps-e-computador/.

esse policial na rua após a chacina e o reconhecido. Esse terceiro policial é o que não consta do processo. Sobre o outro policial, que chegou a ser indiciado e preso, sendo posteriormente solto por falta de provas, o delegado afirmou que esse PM é uma pessoa ligada a grupos de extermínio, e que inclusive estava sendo investigado em outras chacinas. Esse policial atuou em Osasco e, segundo o delegado, exercia um comando da área, pois a Vila dos Remédios é limítrofe com Osasco, havendo assim, um domínio de território por esse policial. Esse policial em questão foi reconhecido por uma testemunha que o viu na televisão e que esclareceu na delegacia que o PM e o ex-PM, réu do processo, eram conhecidos. Como nenhum dos sobreviventes afirmou que o viu em cena, ele foi retirado do processo, pois a única testemunha que o reconheceu, por ter sido ameaçada, se negou a relatar o que viu. Débora Silva, em entrevista para essa pesquisa, relatou que os movimentos de familiares são contra o testemunho por parte de sobreviventes enquanto peças fundamentais dos processos, visto o perigo sobre a vida de quem relata e acusa agentes de segurança pública.

O delegado também afirmou que, dias antes da chacina, a Força Tática esteve na quadra da Torcida e agrediu torcedores e disse que integrantes da Pavilhão Nove traficavam na quadra, não havia um tráfico institucionalizado, mas havia tráfico entre torcedores.

A linha de investigação desse delegado e, consequentemente, da 3ª Delegacia de Homicídios Múltiplos, foi a de que um dos integrantes da Torcida era o alvo da chacina, pois traficava na CEAGESP e na quadra da Pavilhão Nove e esse alvo tinha uma dívida com o ex-PM, réu do processo. Mas se haviam outros policiais na cena da chacina, que foram esvaecendo nas investigações até não estarem no julgamento, depreendo que, possivelmente, houve nessa chacina um agrupamento de agentes de segurança pública, movidos por mercadorias políticas e disputas de território e que foram agenciados por esse ex-PM, posto como único réu pelas singularidades que o envolviam, como ter sido da Torcida Organizada e ter sido expulso da Polícia Militar por crimes cometidos enquanto era ativo.

4.4.2.3. O IRMÃO DA VÍTIMA ALVO

Em que pese o fato de as investigações colocarem a vítima como alvo por dívida de tráfico de drogas e as outras vítimas como assassinatos em consequência dessa primeira, o irmão da vítima[146] negou a participação desse que seria o alvo no tráfico de drogas ou em quaisquer outros crimes, destacando que seu irmão trabalhava com ele na feira da CEAGESP e não traficava lá. Que, se o fizesse, ele saberia. Reportaram à testemunha o fato de outra testemunha ter dito que seu irmão traficava para os caminhoneiros do CEAGESP. Ele negou, dizendo que, se o fizesse, teria que ser muito escondido, que conhecia a testemunha que relatou isso e que ela sequer ia ao CEAGESP. Disse que somente após a chacina é que começou a saber que existiam esses comentários sobre seu irmão traficar. Essa testemunha também negou que seu irmão estivesse sendo ameaçado e relatou que não via seu irmão acuado ou com medo. Esse familiar de vítima que serviu de testemunha também elencou a mesma história sobre a Força Tática.

Acerca da proximidade do ex-PM com seu irmão, a testemunha expôs que eles foram amigos no passado, mas que não conversavam há anos, pois tinham uma desavença por conta de uma disputa pela presidência da Torcida Organizada. Por fim, relata que o ex-PM era considerado uma pessoa violenta.

4.4.2.4. O INTERROGATÓRIO DO RÉU

Após os vídeos do delegado e do irmão da vítima, procedeu-se o interrogatório do ex-P.M. acusado pela chacina, que se declarou inocente, dizendo que era a nona vítima desse crime e que estava sendo acusado por estarmos em um país preconceituoso. O réu em questão, que era filho de policial militar, atuou na Polícia Militar

146 Assim como no depoimento do delegado, o dessa testemunha foi transmitido por vídeo.

entre os anos de 1996 e 2004, quando foi expulso por porte ilegal de arma. Além desse porte ilegal, o réu esteve envolvido em outras atividades criminais que geraram processos criminais que incidiram em 09 anos de prisão.

Sobre seu histórico na Torcida, o réu expôs que participou da fundação e que, em 2010 foi tesoureiro da agremiação e em 2011 abriu uma subsede em Carapicuíba. O réu disse que, ainda em 2010, assumiu o bar da sede principal da sede, junto com a testemunha que o viu atirar contra os oito torcedores. Para o réu, no momento em que assumiram juntos o bar, ele e a testemunha começaram a ter divergências, pois, segundo o réu, essa testemunha começou a usar drogas e a traficar no bar, dando um desfalque no caixa. Diante dessa acusação, o réu contou que fez uma reunião com a diretoria da Torcida e que resolveram afastar a testemunha do bar e o desfalque foi repassado para o caixa da Torcida Organizada.

Se as testemunhas e o delegado relataram em depoimento que o réu era uma pessoa violenta, ele, em sua fala, relatou não ser violento, mas apenas "enérgico". Na sua versão dos fatos, a testemunha era quem traficava e andava armada na sede da torcida, sendo a acusação em julgamento, pelos crimes, uma forma de vingança por ter sido afastada do bar da Torcida, além de uma denúncia que o réu teria feito para seus superiores sobre o comportamento da testemunha de usar cocaína no banheiro de uma empresa em que ambos trabalhavam juntos.

O réu e seus advogados de defesa construíram uma argumentação em que colocavam grupos criminais, chamados por eles de facções, como capilarizadas dentro da Torcida, além de levantarem a tese de que a principal testemunha agia através do sentimento de vingança. Na fala do réu, por exemplo, a sua saída da Pavilhão Nove se deu pelo fato dela estar "deixando de ser uma entidade de torcida e se tornando uma entidade do crime". Desse modo, é traçada uma conexão entre a Torcida Organizada que homenageia um dos raios do Carandiru e o mundo do crime.

A narrativa em torno de capilaridades de grupos criminais dentro da torcida foi posta, também, pelo réu para ventilar a hipótese de que quem cometeu a chacina foi uma facção criminosa, e que foram pessoas ligadas ao chamado crime organizado que teriam cometido a execução. Entretanto, o réu disse que não poderia se expressar mais porque sua família correria riscos, caso o fizesse. Para concluir sua versão sobre a real autoria dos homicídios, o réu negou que agentes de segurança pública fossem os responsáveis pela chacina.

Em seus relatos sobre o dia da chacina, o réu desencadeou os seguintes fatos: 1) naquele dia estava trabalhando, pois era contratado de uma rede de supermercados; 2) após o trabalho foi para sua casa e ficou entretido na colocação de pisos da reforma de seu banheiro; 3) um vizinho passou em frente à quadra, viu uma movimentação estranha e avisou o filho do réu que algo poderia ter ocorrido; 4) seu filho resolveu ir até a quadra e ligou avisando que sete pessoas haviam sido mortas; 5) seu filho relatou que viu na quadra entre quarenta e cinquenta barras de ferro e perguntou de quem eram, obtendo a resposta de que "eram usadas para brigas".

Ainda para atestar sua inocência, o réu contou que era muito amigo da vítima considerada alvo, que inclusive o havia salvado de um afogamento no ano de 1997 e que seu filho era muito amigo de outra vítima, que eram conhecidos como a dupla. Na interpretação do réu, essa acusação da chacina se deu via um complô encabeçado pela testemunha que disse que o viu atirar. Essa testemunha, por vingança, estaria sustentando que ele seria o atirador, e uma das defensoras públicas acatou a denúncia para fazer seu nome, já que o caso era midiático. Em relação ao governo do estado de São Paulo, o réu colocou que, também pela exposição do caso na mídia, o governo e, mais especificamente, o PSDB estariam sendo pressionados para resolução do caso e, com isso, o governador pressionou o Secretário de Segurança Pública que, por sua vez, pressionou o DHPP, pois "em São Paulo se resolve crime". Para o réu, o DHPP não quis investigar o caso a fundo, pois caso o fizesse, teriam que deixar "toda a farsa de lado". O réu ainda afirmou que não conhece policiais da ROCAM, nem da Força Tática, assim como nunca viu o outro PM que foi acusado e que pediu a quebra do sigilo bancário e telefônico dele, que foi ignorado.

Assim, o que se nota é que a argumentação de defesa do réu tentava desqualificar a testemunha que afirmava que o viu na cena do crime e a Torcida Organizada que ele mesmo já teria sido membro, além dos operadores do direito que trabalhavam na sua acusação. Portanto, a narrativa da defesa é construída a partir da retirada dos policiais da cena da chacina e de uma perspectiva de que a Torcida Pavilhão Nove seria violenta e envolvida com o tráfico de drogas. Em relação às instituições estatais, tanto governo estadual como DHPP estariam usando o réu para demonstrar eficiência através da sua acusação, ao invés de investigar o caso a fundo e descobrir a verdade que ele sabia, mas não podia contar, ou seja, que certas pessoas ligadas a grupos criminais seriam os responsáveis pela chacina. Essa versão da defesa não ganhou força durante o julgamento, sendo percebida pela acusação do réu e pela plateia como uma versão que criava fantasias sobre o caso. Enquanto isso, a possibilidade de as execuções terem sido realizadas em conjunto com policiais da ativa e com o conhecimento de agrupamentos da polícia foi se dissipando.

4.4.2.5. O INTERVALO, A ACUSAÇÃO E A SUSPENSÃO DO JÚRI

Por volta das 20h, com o final do interrogatório do réu, houve uma pausa no julgamento. Integrantes da Torcida, familiares, jornalistas e demais pessoas que assistiam saíram do plenário. No meio dessa pausa, todos nós começamos a ouvir uma discussão e, ao nos aproximar, vimos um dos advogados de defesa acusando o promotor de viciar[147] o júri, pois esse teria entrado na sala onde estavam os jurados e servido café para alguns deles e pegado café para si. Enquanto o advogado gesticulava e falava alto, o promotor dizia que não havia viciado o júri. A juíza acabou retornando ao plenário para tentar solucionar a questão. Nesse momento, todas as pessoas que estavam fora do plenário retornaram para acompanhar a discussão. O advogado de defesa dizia que não havia como continuar o júri pois, diante do ocorrido entre promotoria e jurados, a continuidade poderia fazer uma pessoa *perder a sua vida*, se reportando ao fato da possibilidade de o réu ser condenado. Toda essa dinâmica conflitiva se deu pelo entendimento por parte do advogado de defesa de que o promotor haveria violado um ritual importante. Schritzmeyer (2012) já havia destacado que a sala dos jurados e a chamada sala secreta são exemplos máximos da sacralização do júri. O promotor, ao servir café para os jurados, havia então profanado esse espaço, quebrando uma regra importante do ritual do julgamento.

Diante da fala do advogado de defesa, diversos integrantes da Torcida não se contiveram e disseram ao advogado frases como "é mais um, oito já perderam a vida". Nesse momento, a testemunha que diz ter visto o réu atirando estava entre os integrantes da Torcida, no plenário. Essas manifestações da plateia durante a contenda entre advogado de defesa e promotor não são atitudes esperadas ou bem quistas por parte dos operadores do direito. Dentro desse ritual, o público não deve se manifestar e os possíveis pronunciamentos por parte da plateia recebem advertências por parte do juiz (Schritzmeyer, 2012).

Conforme já apontou Schritzmeyer (2012, p. 148) a plateia tem caráter aglutinador durante o julgamento, assim, pessoas e grupos sociais se organizam para o desenrolar do júri, que é também um

147 O termo "viciar" foi usado no plenário no sentido de influenciar a percepção do júri sobre o caso, rompendo assim com o princípio da incomunicabilidade e do sigilo das votações.

evento "extraordinário e ordenado, que foge do domínio do cotidiano". No caso dessa plateia, tínhamos uma formação em que além de alguns poucos familiares do réu, advogados e estudantes de direito interessados em ver o desenrolar do caso e a presença de jornalistas e da pesquisadora, uma forte presença de integrantes da Torcida Organizada, assim como dos familiares das vítimas encontravam-se entre o público presente. Para os torcedores, como já abordei, o cotidiano do torcer é expresso de modo expansivo, com gritos, gesticulações e performances, o que entra em choque com o extraordinário do julgamento, em que uma atitude de reverência e silêncio é exigida. Esse choque se expressou nesse momento de conflito entre o advogado de defesa e o promotor, trazendo à tona a performance de torcida para o plenário. Nesse mesmo dia, um homem adentrou o plenário vestindo uma jaqueta do time de futebol Palmeiras, sendo retirado naquele momento pela polícia. Essa atitude foi interpretada como provocação pela Torcida Organizada. Desse modo, naquele momento, o cotidiano do torcer foi atravessado pelo extraordinário do julgamento. Esse homem com a jaqueta do Palmeiras foi posteriormente apresentado como uma testemunha de defesa do réu.

Frente ao conflito, a juíza, questionou os advogados de defesa se esses queriam abandonar o caso e estes disseram que não. Ela ordenou aos oficiais de justiça para que ficassem junto aos jurados e questionou se o promotor em algum momento tratou do caso com os jurados. Os oficiais negaram ter presenciado qualquer conversa entre promotoria e jurados que pudesse viciar o caso. A juíza reportou que, entrar na sala dos jurados, pegar café ou servir café aos jurados é prática comum no referido Fórum e que entende que não houve nada grave na ação, mas que, diante do adiantado da hora e do impasse, suspenderia a sessão, com retorno no outro dia. A resolução do conflito por parte da juíza foi estabelecida através da evocação da família judicial (Nuñez, 2018) do 5º Tribunal do Júri da Capital, ou seja, como trabalhado por Nuñez (2018), em seu estudo etnográfico sobre administração dos conflitos em júris do Tribunal do Júri do Rio de Janeiro, para facilitar o fazer judicial, os operadores do direito que compõem as varas e que atuam em diversos casos, acabam desenvolvendo acordos, alianças e formas de estabelecerem o ritual do júri. Desse modo, se de um lado, o advogado de defesa trouxe a existência de uma quebra do ritual por parte do promotor, de outro, a juíza interditou o conflito a partir de uma perspectiva de que o servir café por parte do promotor integrava o ritual daquela família judicial.

Após o encerramento do júri, o Defensor Público chamou os integrantes da Torcida e os familiares e relatou que os advogados de defesa do réu estavam interessados em anular o julgamento, recomendando que fossem embora desviando da entrada do Fórum, para evitar que encontrassem com familiares do réu e que esses pudessem acusá-los de ameaças e, assim, conseguirem a anulação.

4.4.3. 29 de maio de 2019: após o dia inteiro de júri, a anulação

No dia 29, por volta das 11h da manhã, familiares e integrantes da Torcida se reuniram em frente ao Fórum. Uma jornalista que estava cobrindo o julgamento, conversou brevemente com familiares e adentrou ao Fórum para cobrir mais esse dia de julgamento. Por volta das 12h, essa jornalista retornou, dizendo que o júri havia sido anulado pois os advogados de defesa haviam relatado ameaças ao réu pela testemunha que disse tê-lo visto atirar.

A juíza considerou a postura dos advogados como abandono, conforme consta nos autos:

> [...] Em razão do adiantado da hora, deliberou-se, com a concordância de todos, pela suspensão dos trabalhos e retomada no dia seguinte, às 10 horas, motivo pelo qual os sete jurados tiveram que pernoitar neste Complexo Judiciário. Contudo, no momento em que se daria a retomada dos trabalhos no dia 29 de maio de 2019, mas ainda sem a presença do

público ou do Conselho de Sentença, o juízo foi surpreendido pela postura da Defesa em abandonar o plenário, sem a apresentação de qualquer nova justificativa. Ressalte-se que a informação erroneamente consignada pelos Defensores como: "em face de notícia que nos chega na manhã de hoje de que a testemunha (...)" já havia sido registrada por eles próprios no dia anterior, com os dizeres: "o clima não estava mesmo para julgamento porque a testemunha [...][148], saindo às claras com os todos os familiares das vítimas, tecia discursos ameaçadores e, na parte de fora do salão de júri, disse que pegaria [...] a tiros de fuzil, sendo os defensores também intimidados" (fls. 4879 e 4882), oportunidade em que teriam dito: "faremos a sustentação" (fls. 4879). Portanto, fato novo, a ensejar a mudança de postura, não houve. Ao contrário, este Juízo restou perplexo em razão da desleal conduta processual, posto que a situação narrada pela defesa ora teria ocorrido no dia anterior, tal como inicialmente constou, ora teria chegado ao seu conhecimento apenas no dia seguinte e, assim, motivado o abandono apenas na manhã do segundo dia da sessão de julgamento. Contudo, mesmo que superado o antagonismo das informações prestadas ao Juízo, certo é que a suposta ameaça narrada não foi presenciada pela Juíza Presidente, pelo Conselho de Sentença ou por qualquer dos serventuários que participavam da referida solenidade, de modo que o julgamento transcorria com tranquilidade, estando o Conselho de Sentença absolutamente preservado de qualquer influência externa, mesmo porque os próprios advogados informam que as ameaças teriam ocorrido "na parte de fora do salão de júri" (TJSP, 2015).

Diante da anulação, nova data foi marcada para dia 27 de junho de 2019. A anulação se deu, no entanto, não por ameaça, mas sim pela consideração da juíza de que os advogados de defesa abandonaram o júri.

148 Retirei o nome da testemunha que constava nos autos para garantir o sigilo da mesma.

4.4.4. 27 de junho de 2019: a nova data do júri

Devido às acusações de ameaça realizadas no júri anterior, esse teve a entrada de público restrita, assim, amigos das vítimas e integrantes da Torcida Organizada não puderam entrar no plenário. Minha entrada foi permitida enquanto pesquisadora e nesse júri acompanhei os familiares ao mesmo tempo em que desempenhei a atividade de levar informações aos integrantes da Pavilhão Nove que acompanharam o desenrolar do dia fora do plenário, mas dentro do prédio do Fórum.

Nesse júri[149] havia familiares de cinco vítimas que, ao adentrarem o plenário, presenciaram a testemunha que afirmava que viu o réu atirar dando novamente seu testemunho. Os familiares se surpreenderam ao adentrar a sala do júri, pois se depararam com as fotos dos corpos das oito vítimas no chão da quadra, logo após a chacina. Essas fotos estavam sendo exibidas nos dois telões localizados na parede atrás da mesa da juíza. Para alguns familiares das vítimas, essa foi a primeira vez que tiveram acesso a essas fotos. Os familiares não foram informados que as fotos das vítimas no local do crime passariam na sessão do júri.

A testemunha em questão relatou novamente como ocorreu a chacina e todos os desdobramentos, falou sobre o medo que sente pelo fato dos outros atiradores estarem na rua e sobre morar em um endereço que somente pessoas muito próximas sabem, também disse sobre o fato de não poder trabalhar por medo de sair à rua.

O Defensor Público perguntou dessa vez sobre o impacto que a chacina produziu na Torcida Organizada e a testemunha relatou que a Torcida quase acabou, muitos se afastaram da Pavilhão Nove, que as famílias ficaram destruídas e que muitas pessoas mudaram de bairro.

Os advogados de defesa do réu insistiram, como no júri anterior, em questionar se a testemunha tinha passagem pela polícia, assim

149 O relato desse júri destaca somente os novos elementos trazidos, assim, informações postas no júri anterior não se encontram descritas aqui.

como na tese de que grupos criminais — chamados de "piauienses" por esses advogados — estivessem por trás da chacina ou de que haveria uma conspiração entre DHPP e a testemunha.

Os advogados de defesa disseram que foram na quadra embaixo da Ponte dos Remédios e que consideraram um local sombrio, que pontes estão caindo em São Paulo e que o lugar parecia uma "ratoeira", quem entra não sai. A testemunha interrompeu essa fala exigindo respeito, dizendo que lá não havia rato, nem verme e que se agora é sombrio, é pela chacina que aconteceu. Essa fala dos advogados se coaduna com a percepção social dos baixos de viadutos das cidades enquanto residuais do rodoviarismo, como expôs Victor Aguiar (2017), espaços do que resta da cidade, locais degradados. Já tratei, entretanto, como os baixos de viaduto são utilizados em São Paulo, como suporte de atividades diversas, fazendo parte das vivências da cidade.

4.4.4.1. A TESTEMUNHA ÁLIBI DO RÉU

Após a fala dessa testemunha de acusação, entrou no júri a testemunha de defesa do réu. Em sua fala, relatou morar na frente da casa do réu e que o encontrou na noite do crime, pois o mesmo foi pedir jornal para ele, visto que estava fazendo uma reforma. Essa testemunha disse que, à época, trabalhava na distribuição de um jornal de esportes que estava cobrindo o campeonato brasileiro e, por trabalhar nessa função, fornecia jornal para o réu usar na reforma. Essa testemunha afirmou que passou próximo à quadra, logo após a chacina e que não teria como o réu estar em dois locais ao mesmo tempo.

4.4.4.2. NOVO INTERROGATÓRIO DO RÉU

Diferentemente do júri passado, nesse, o réu passou boa parte sentado na mesa dos advogados de defesa, revisando o processo. Esse posicionamento do réu o retirava da performance de submissão frente ao ritual e colocava em uma relação próxima às ações dos operadores de direito. Nesse novo interrogatório, o réu mudou sua postura passiva, mas não alterou a narrativa que buscava desqualificar testemunhas e acusadores. Ele se declarou inocente, dizendo que muitas pessoas falavam que a chacina tinha sido realizada pela Força Tática, que ele acreditou nessa história devido ao "enquadro" que havia ocorrido na torcida e que, somente após ir ao encontro de outro integrante da Torcida e conversar é que, juntos, descobriram que os executores eram pessoas de facção. Chegou a repetir que saiu da torcida por causa da entrada de facção.

Disse que seu filho esteve na quadra no dia do ocorrido e que foi chamado para voltar lá por uma das vítimas. Tentou reiterar que seria amigo dos familiares das vítimas, chegando a chamar a mãe de uma das vítimas de "tia", dizendo, inclusive, que considerava uma das vítimas como um irmão, o que gerou repúdio por parte da mãe da vítima.

4.4.5. 28 de junho de 2019: o dia da condenação

4.4.5.1. DEBATES

Nesse dia, foram realizados os debates entre promotoria, defensoria e assistente de acusação[150] com os advogados de defesa. A promotoria ressaltou que o réu teria um "perfil descontrolado", usando os testemunhos de um ex-vice-presidente da Torcida Organizada Pavilhão Nove, de que o acusado seria "xarope das ideias e violento", além de levantar todas as séries de condenações do réu, e de colocar que o advogado de defesa é "advogado de bandido", já que foi advogado do Marcola[151].

150 O assistente de acusação foi contratado pelos familiares de uma das vítimas da chacina.

151 Marcola é o apelido de Marcos Camacho, considerado pela segurança pública paulista como uma das lideranças do PCC.

O promotor encerrou dizendo que todas as testemunhas que foram ouvidas no inquérito reconheceram o réu como autor da chacina, assim como o consideraram violento.

O advogado de acusação trouxe que, embora o réu expusesse que o PCC seria o responsável pela chacina, é sabido por todos e pelo júri que o PCC não admitiria essa conduta, tanto que o réu está no seguro do CDP[152], visto que é o único lugar que pode se manter, já que os integrantes do PCC, por terem pais, irmãos e filhos, condenam as chacinas[153].

Já o Defensor Público, em sua fala, ressaltou o fato de que, das 08 vítimas, 03 teriam passagem pela polícia, sendo os outros réus primários. Como já discuti no subitem 2.4 deste livro, analisando a composição das chacinas, o "*ter passagem*" é um dos modos de *assujeitamento* que estabelece a sujeição criminal sobre determinadas pessoas ou grupo. Assim, alguém que tem passagem é mais passível de sofrer violências por ser considerado como bandido em potencial e, por isso, é inserido na lógica do "bandido bom é bandido morto", sendo essa vida transformada em vida matável. Desse modo, ter passagem ou ser visto onde se vende drogas são elementos que organizam as chacinas paulistas.

Esse defensor continuou o debate destacando que a testemunha de defesa mentiu ao falar sobre o jogo do campeonato brasileiro, visto que, em abril, ocorrem os campeonatos estaduais e regionais. Ao fim, pediu a condenação do réu, lendo os nomes de todas as vítimas.

Já os advogados de defesa do réu insistiram na desqualificação das provas, dizendo que "são péssimas, se é que são provas". Ressaltaram

152 CDP se refere ao Centro de Detenção Provisória, um tipo prisional no estado de São Paulo, destinado àqueles que aguardam julgamento. Esse réu, por ter sido expulso da PM, estava no CDP de Pinheiros.

153 Não encontrei pesquisas que tratassem particularmente sobre as percepções do PCC e seus membros sobre as chacinas, mas nas análises que traçamos, o que temos é que as chacinas muitas vezes ocorrem como formas de vingança após mortes de policiais, sendo que, por vezes, os responsáveis pelas mortes desses agentes de segurança pública são integrantes do Primeiro Comando.

que o policial militar da ativa que havia sido preso por participação nessa chacina foi solto após sete meses por falta de provas. Relataram que a perícia do celular do réu não foi conclusiva e que o processo foi montado para incriminar policiais militares. Também acusaram a testemunha, que disse que viu o réu atirar, de usar drogas e comprá-las do PCC.

O advogado que foi acusado de ser "advogado de bandido" pela promotoria, voltou-se ao plenário, dizendo ao pai de uma das vítimas que pensou em ir conversar com o PCC para saber quem matou seu filho, pois nem o PCC mata 8 pessoas dessa forma, visto que a organização tem que conversar entre si para chegar a uma decisão. Essas conversas do PCC relatadas por esse advogado são os chamados debates. Os debates são momentos em que uma situação é discutida por diversos membros do Primeiro Comando, a partir de confronto de *ideias* para se chegar a uma resolução da questão em pauta (Biondi, 2018). Um debate pode gerar ou não uma punição para a pessoa que está envolvida na situação. Os debates são chamados pelos meios jornalísticos e pelos agentes estatais de "tribunais do crime" (Silvestre, 2016). Não se pode dizer que esses debates mimetizam o que seria um Tribunal do Júri, visto que, como analisou Biondi (2018), os arranjos e modos de tratar a partir das *ideias* uma determinada situação são próprias do PCC.

Além dessa afirmação, esse advogado rebateu o ataque do promotor dizendo que os piores acontecimentos de São Paulo ocorreram sob a égide de promotores: a invasão do Carandiru e os ataques do PCC de 2006. Esse advogado se referia aos respectivos Secretários de Segurança Pública, Pedro Franco de Campos[154] e Saulo de Castro Abreu Filho[155], que também atuaram na promotoria.

154 Pedro Franco de Campos esteve à frente da SSP/SP no período de 16 de março de 1991 a 08 de outubro de 1992.

155 Saulo de Castro Abre esteve à frente da SSP/SP de janeiro de 2002 a dezembro de 2006.

4.4.5.2. RÉPLICA

Na réplica, o promotor rebateu a fala do advogado de defesa dizendo que quem se propõe a ir até a alta cúpula do PCC para resolver crimes busca a "justiça do crime". Sobre essa fala, o advogado de defesa questionou o promotor dizendo que sabe que o promotor não falaria com o PCC nem se fosse para pedir para que eles parassem de matar policiais. Nesse momento a juíza interfere.

O promotor explorou a existência de várias cápsulas diferentes encontradas pela perícia no local do crime e nos corpos das vítimas, ressaltando que isso provaria que haveria mais de um atirador. Também disse que concordaria que o local em que ocorreu a chacina era uma "ratoeira" e, devido a isso, entenderia que quem entrou lá para realizar a chacina conhecia o local, não sendo um aventureiro.

4.4.5.3. TRÉPLICA

A tréplica da defesa girou em torno de supostas falhas processuais: no retrato falado que não se assemelhava com o réu e na leitura de depoimentos que diziam que o réu não era violento. Além disso, retornaram a colocar que o processo era uma farsa montada pelo DHPP. Os advogados de defesa também disseram que o teste de balística encontrou cartuchos de 9mm, sendo interpelados pelo promotor que relatou que nas vítimas haviam balas de 38.

Em sua fala final, um dos advogados de defesa tentou, novamente, desqualificar uma das testemunhas dizendo que "não dá para meter na cadeia um homem com base na palavra de um usuário de drogas que viu a cena por dois segundos".

4.4.5.4. A CONDENAÇÃO

A leitura da sentença foi realizada com abertura do plenário para que, além dos familiares, os amigos das vítimas e integrantes da Torcida pudessem acompanhar. O réu foi condenado a cento e quarenta e nove anos e quatro meses de reclusão sem poder recorrer em liberdade.

Antes de fixar a pena do réu, a juíza em sua leitura, expôs que considerava os homicídios como chacina — mesmo sem corresponder a uma tipificação penal — a partir da interpretação da seguinte decisão do Superior Tribunal de Justiça:

> HABEAS CORPUS. "CHACINA DA CANDELÁRIA". HOMICÍDIOS DUPLAMENTE QUALIFICADOS. OITO CONSUMADOS. CINCO NA FORMA TENTADA. CONCURSO MATERIAL. PRETENDIDO RECONHECIMENTO DA CONTINUIDADE DELITIVA. REQUISITO SUBJETIVO. UNIDADE DE DESÍGNIOS. EXAME DE PROVAS. IMPROPRIEDADE DA VIA ELEITA. 1. Pacífico o entendimento desta Corte de que, para a caracterização da continuidade delitiva, devem estar presentes, além dos requisitos objetivos — pluralidade de ações, nexo temporal e circunstancial quanto ao local e modo de execução — o subjetivo, vale dizer, a unidade de desígnios. 2. Concluindo o Tribunal de origem que inexistiu unidade de desígnios na prática dos crimes, ausente, portanto, o requisito subjetivo, não é possível se chegar a conclusão diversa sem um exame aprofundado de provas, providência incompatível com a via estreita do habeas corpus. 3. Ordem denegada (TJSP, 2015)[156].

Na sentença, além de trazer o caso da Chacina da Candelária para argumentar a pena do réu, a juíza destacou o Massacre do Carandiru, expondo que:

156 O documento do *Habeas Corpus* da Chacina da Candelária não é público. Contudo, encontra-se parcialmente nos autos da Torcida Pavilhão Nove, motivo pelo qual consegui esta informação.

> [...] as vítimas em nada contribuíram para os crimes, estando reunidas para uma confraternização desportiva e, em sua maioria, não possuíam envolvimentos com a criminalidade, mas foram mortas apenas e tão somente porque estavam no interior da quadra de uma torcida organizada que faz alusão a um dos pavilhões da antiga Casa de Detenção do Carandiru, também alvo de inúmeras mortes (TJSP, 2015).

Desse modo, houve a consideração de que o nome da Torcida fazer referência ao pavilhão em que ocorreu o Massacre do Carandiru foi um elemento importante para a efetivação dessa chacina, que aconteceu 23 anos após o massacre na Casa de Detenção. Após a leitura da sentença e a saída do plenário, os familiares, amigos e integrantes da Torcida aplaudiram efusivamente o advogado de acusação, o defensor público e o promotor. Integrantes da Pavilhão Nove e familiares chegaram a agradecer pessoalmente o promotor e a tirarem fotos com esses operadores do direito, abrandando naquele momento a relação de desconfiança existente em relação à figura do promotor.

Muitos familiares e integrantes da Torcida consideraram que a justiça havia sido feita e outros ressaltavam o fato de que, após essa condenação poderiam conseguir reabrir[157] o processo contra o policial militar que foi solto, já que também consideravam que a chacina havia sido cometida por outros policiais, além do ex-PM.

157 Até o momento da escrita da tese, que originou este livro, em junho de 2022, não houve a reabertura do processo para incriminação de outros policiais.

CONSIDERAÇÕES FINAIS

A Chacina da Torcida Organizada Pavilhão Nove na história das execuções paulistas e a eterna lembrança da chacina

A finalização desta pesquisa não traz conclusões definitivas sobre as chacinas. Ao invés disso, trago considerações sobre o que consegui desvendar ao longo desses cinco anos de pesquisa. Realizei levantamentos de quatro décadas de chacinas (1980-2020) e extraí desses levantamentos dados sobre como se estabelecem as chacinas e quais as modificações ao longo do tempo e acompanhei de perto como uma dessas chacinas impactou familiares, amigos e integrantes da Torcida Organizada Pavilhão Nove, assim como documentos jurídicos e midiáticos a construíram. Todo esse caminho me trouxe a possibilidade de entender esse processo social que marca a sociedade a partir de uma forma de violência extremamente cruel. As chacinas são, portanto, a expressão do horror de uma letalidade expandida que demonstram, através dos corpos expostos nos espaços públicos, como se dá uma militarização urbana (Grahram, 2016) encerrada na metáfora da guerra (Leite, 2012) e que atinge em grande maioria os territórios periféricos.

Como apontado no Capítulo 1, se há algo que conecta o que chamamos de chacina — que nas zonas cinzentas dos dizeres, por vezes também chamamos de massacre — esse algo é o horror das mortes múltiplas no mesmo território, através dos mesmos agentes, sob aparentemente a mesma motivação (Sinhoretto; Marques, 2019). Agentes esses que chegam de súbito em carros ou motos, muitas vezes encapuzados e que atiram contra pessoas nas ruas, becos, vielas, bares e outros espaços públicos nos quais se considera que existam pessoas com passagem ou que sejam locais nos quais se vendem drogas. Assim, criminalizações, sujeição criminal (Misse, 2010a) em conjunto com as mercadorias políticas (Misse, 2014) são os elementos estruturantes das chacinas. Homens, jovens e das periferias são as principais vítimas.

Uma questão que não consegui tratar nesta pesquisa foi a relação entre vítimas de chacinas e passagem policial. Há o questionamento por parte dos executores em diversas chacinas sobre se ali há pessoas com passagem, no entanto, não temos dados sobre quantas pessoas vítimas de chacinas tinham, de fato, passagem e o quanto essa relação implica na vitimização dos executados. Acredito que tratar dessa questão se faz importante.

A pesquisa demonstrou que as chacinas são realizadas dentro de uma polissemia de conflitos nos territórios, incluindo diversas possibilidades de conflitos e, dentre esses, as disputas entre polícia e grupos criminais para domínio de mercados ilegais. Como debati, parte das chacinas ocorridas nas periferias de São Paulo e RMSP, são ações organizadas por policiais, ex-policiais e outros agentes de segurança pública. Ao longo do Capítulo 2, analisei essas possibilidades de conflitos, assim como as vitimizações, executores e *modus operandi* das chacinas, os mapas das chacinas proporcionaram realizar uma análise socioespacial das mesmas.

Os picos das chacinas em São Paulo e RMSP, como tratei nos subitens 2.2 e 2.3 deste livro, se deram ao final dos anos 1990 e início dos anos 2000, diminuindo após o que foi chamado de pacificação das periferias (Biondi, 2018; Feltran, 2012; Dias *et al.*, 2015), tendo novos picos na chamada crise de 2012 (Dias *et al.*, 2015), e em 2015, época das grandes chacinas. 2006 é um ano em que não são noticiadas muitas chacinas, mas que ocorrem os chamados Crimes de

Maio, com alto índice de execuções de civis por agentes de segurança pública. Muito possivelmente essas mortes se deram em execuções com menos de três pessoas em cada local, sendo registradas como homicídios simples e/ou duplos homicídios. É nesse momento que o movimento de familiares de vítimas Mães de Maio surge, trazendo o aspecto da luta política pela justiça em relação às execuções e chacinas que em 2006 atingiram seus filhos (Almeida, 2021) ampliando essa luta para diversos movimentos e grupos de familiares nas periferias paulistas, como analisado no Capítulo 1.

Destaquei, no Capítulo 3, como na Chacina da Torcida Organizada Pavilhão Nove, familiares e amigos se organizaram em busca da justiça, apoiados por diversos grupos e movimentos. Não só nessa chacina ocorreu essa mobilização, mas em diversas outras. Para além dos familiares, operaram nessa busca por justiça os integrantes da Torcida enquanto aglutinadores. As lembranças da chacina e das vítimas são constantes não só entre familiares e amigos, mas também na Torcida. A capa do *Facebook* da Torcida com o rosto das vítimas estampado, o grafite na antiga sede, as bandeiras como forma de expressar a memória às vítimas e as postagens todo dia 18 de abril rememorando a chacina, permeiam hoje as atividades de uma agremiação que teria por finalidade o torcer.

Há algo que liga essa torcida e que liga os familiares e amigos das vítimas aos movimentos de familiares de outras vítimas de chacinas e execuções por parte do Estado, esse algo é a dor, a dororidade (Piedade, 2017) que liga as mães, companheiras, filhas, amigos das vítimas, além dos torcedores que perderam parte da alegria do torcer pela violência[158] da morte promovida pela chacina.

Os que sobreviveram a essa chacina e às chacinas, sejam os integrantes da Torcida que estavam na quadra ou passaram pela quadra

158 No subitem 3.4 analisei as dinâmicas de violência contra, nas e entre as torcidas organizadas, mas atento que essas dinâmicas não são centrais em minhas análises, assim como não as tomo para analisar o acometimento da chacina da Pavilhão Nove.

momentos antes da chacina, são as testemunhas que rememoram e representam as testemunhas integrais, aquelas que tocaram o fundo da experiência (Agamben, 2008) da crueldade da chacina: as vítimas fatais. Esses testemunhos, assim como as memórias dos familiares e amigos, em conjunto com as diversas lutas de familiares de vítimas que transformam seus lutos em luta, que trazem com suas memórias e lutas a reivindicação do testemunho daqueles que tocaram o fundo da experiência, através da expressão "nossos mortos têm voz".

Essas memórias e testemunhos criam uma memória coletiva, que penteia a história a contrapelo (Benjamin, 1996) a partir daquilo que Pollak (1989) expõe como memórias subterrâneas. As memórias, as lembranças, os testemunhos incompletos, trazidos pela pesquisa são parte do que tem se construído enquanto uma memória coletiva de luta que expõe a exceção permanente do que se chama de segurança pública.

Ocorrida em 2015, a Chacina da Torcida Organizada Pavilhão Nove está inserida na série das chamadas grandes chacinas de 2015, que culminou na Chacina de Osasco e de Barueri. Não há uma ligação entre as duas chacinas, mas no ano específico de 2015, essas duas chacinas em conjunto com uma ocorrida no Jardim São Luiz que vitimou 10 pessoas, foram as com maiores números de vítimas fatais, sendo que 2009 a 2014 nenhuma chacina noticiada havia tido 8 vítimas ou mais, como apresentei no subitem 2.3.

Das similaridades da Chacina da Torcida Organizada Pavilhão Nove com as demais chacinas ocorridas em São Paulo e RMSP, destaco: 1) as vítimas eram homens, jovens e estavam em espaços de socialização em uma localidade periférica; 2) os executores chegaram em um carro, encapuzados e com bonés e anunciaram serem da polícia; 3) a motivação ter sido aventada pela possibilidade de disputa por tráfico de drogas.

As dessemelhanças entre a Chacina da Torcida Organizada Pavilhão Nove e a série histórica que levantei se dá pelo fato de um dos executores ser um ex-integrante da Torcida. Esse ex-integrante era também um ex-policial e as investigações foram demonstrando que houve a participação de policiais da ativa na chacina, mas somente esse ex-PM foi julgado, visto que a participação de outros policiais foi, aos poucos, esvaecendo do processo judicial. Esse ex-policial conseguiu, no entanto, agrupar agentes de segurança pública em torno da execução dessa chacina. Outra diferença entre a chacina que analisei e a série histórica que elenquei se dá pelo fato dessa ter ocorrido contra uma torcida organizada.

O fato de a chacina ter ocorrido contra uma torcida organizada foi levantado em diversos momentos como elemento de criminalização, visto que as torcidas são muitas vezes entendidas como violentas. Um elemento importante na sujeição criminal dos integrantes da Torcida Organizada Pavilhão Nove se dá pela relação histórica e simbólica entre a agremiação e o pavilhão 9, raio de presos do Carandiru que sofreu massacre estatal em 1992, embora a pesquisa demonstre como essa relação é anterior ao massacre, datando do ano de 1990. A Torcida surge de uma sociabilidade entre torcedores do Corinthians fora e dentro dos muros prisionais e não de uma relação com as mortes, como debati no Capítulo 3. No entanto, os elementos e símbolos prisionais que a Torcida traz e exibe com orgulho torcedor, assim como a ligação simbólica com o raio onde centenas de encarcerados foram executados imprimiram na Torcida Organizada Pavilhão Nove a marca da sujeição criminal e de que os integrantes, que tinham como sede um baixo de viaduto, poderiam ser considerados vidas matáveis (Agamben, 2007).

As dificuldades em se investigar e solucionar um crime de chacina foi tratado no subitem 2.5 quando analisei como a Ouvidoria das Polícias e a 3ª Delegacia de Homicídios Múltiplos, ligada ao DHPP, tratavam esse crime e como se dava a tentativa de controle da atividade policial por essas instituições. Mas, embora esse controle da atividade policial seja um elemento importante para diminuição da letalidade policial e das execuções realizadas por agentes de segurança pública fora de serviço, não será somente esse controle que dará fim a essas mortes, visto que como demonstrado no Capítulo 1, através de Davis (2002) e Fanon (1968), fomos erigidos enquanto nação a partir do extermínio realizado por forças do Estado.

Uma questão importante a se pensar sobre as chacinas, quando praticadas por agentes de segurança pública é: como se pode falar de controle da atividade policial se se encontram nas mesmas instituições agentes que controlam e que executam crimes como chacinas? Nesta pesquisa não foram abordadas as Corregedorias de Polícia e como atuam sobre as chacinas. Essa é uma lacuna que espero ser preenchida por outros estudos.

Abordei, entretanto, como se processou juridicamente a Chacina da Torcida Pavilhão Nove e detalhei, no Capítulo 4, que no decorrer do processo jurídico as organizações policiais foram esvaecendo da cena do crime. Não havia provas sólidas contra ninguém nem nenhuma instituição a não ser contra o ex-PM, que além de ter sido expulso da corporação, tinha laços com a Torcida. Entender como outras chacinas, quando praticadas por agentes de segurança pública, são tratadas no Tribunal do Júri, é uma tarefa de pesquisa que considero importante.

Destaco que este estudo não aborda se as chacinas ocorrem em maior ou menor quantidade em momentos de maior pobreza e/ou crise econômica. As análises em torno das décadas de chacinas são centradas nos territórios, vitimizações e execuções. Atento para o fato de que não só familiares e movimentos negros são mobilizados em torno das chacinas para denunciá-las e interrompê-las, mas que há uma mobilização e circulação produtiva das instituições estatais e jurídicas em torno das chacinas, seja na execução, seja na tentativa de desvendamento. São assim mobilizados agentes, documentos, operações e uma série de elementos.

Por fim, questiono: como a violência das chacinas se articula com a produção social da existência? As questões levantadas aqui, por óbvio, não serão respondidas por este estudo, mas se fazem necessárias.

REFERÊNCIAS

ADÃO, C. R. *Territórios de morte:* homicídios, raça e vulnerabilidade social na cidade de São Paulo. 2017. 65 f. Dissertação (Mestrado em Mudança Social e Participação Política), Universidade de São Paulo, São Paulo, 2017.

ADORNO, S.; CARDIA, N. *Dilemas do controle democrático da violência:* execuções sumárias e grupos de extermínio em São Paulo. Núcleo de Estudos da Violência (NEV/USP), 1997.

ADORNO, S.; NERY, M. B. Crime e violências em São Paulo: retrospectiva teórico-metodológica, avanços, limites e perspectivas futuras. *Cadernos da Metrópole*, São Paulo, v. 21, n. 44, jan./abr., 2019. p. 169-194.

AGAMBEN, G. *Estado de Exceção*. São Paulo: Boitempo, 2004.

AGAMBEN, G. *Homo Sacer* — O poder soberano e a vida nua I. Belo Horizonte: UFMG, 2007.

AGAMBEN, G. *O que resta de Auschwitz*. O arquivo e a testemunha. São Paulo: Boitempo, 2008.

AGUIAR, C. C. T. de. *A praça Sete Jovens e a expansão do poder punitivo*. 2017. 109 f. Dissertação (Mestrado em Psicologia Social), Pontifícia Universidade Católica de São Paulo, São Paulo, 2017.

AGUIAR, V. M. de. *Baixios de viadutos como desafio urbanístico:* uma leitura das "terras de ninguém" nos viadutos Alcântara Machado e do Glicério. 2017. 168 f. Dissertação (Mestrado em História e Fundamentos da Arquitetura e do Urbanismo), Faculdade de Arquitetura e Urbanismo, Universidade de São Paulo, São Paulo. 2017.

ALBUQUERQUE, F. C. *Corpo suspenso*: o(a) imigrante na mídia italiana. 2020. 365 f. Tese (Doutorado em Sociologia), Instituto de Filosofia e Ciências Humanas, Universidade Estadual de Campinas, Campinas, 2020.

ALEXANDER, M. *A nova segregação*: racismo e encarceramento em massa. São Paulo: Boitempo, 2017.

ALMEIDA, F. de. Raça, gênero e classe na justiça brasileira: um debate. *Jota*. São Paulo, 18 de dezembro de 2020a. Disponível em: https://www.jota.info/opiniao-e-analise/colunas/judiciario-e-sociedade/raca-genero-e-classe-na-justica-brasileira-um-debate-18122020.

ALMEIDA, F. de. "Vândalos", "trabalhadores" e "cidadãos": sujeição criminal e legitimidade política na criminalização dos protestos de junho de 2013. *Dados* — Revista de Ciências Sociais, Rio de Janeiro, v. 63, n. 4, 2020b. Disponível em: https://www.scielo.br/j/dados/a/dgq97jwnhvDD8HZQKSd9Sgk/?lang=pt.

ALMEIDA, M. de A. *Do luto à luta:* o movimento Mães de Maio da baixada santista de São Paulo. 2021. 337 f. Dissertação (Mestrado em Antropologia Social), Faculdade de Filosofia, Letras e Ciências Humanas, Universidade de São Paulo, São Paulo, 2021.

ANTUNES, F. M. R. F. O futebol nas fábricas. *Revista USP*, São Paulo, n. 22, 1994. p. 102-109. Disponível em: https://www.revistas.usp.br/revusp/article/view/26963.

ARANTES, R. B. Direito e política: o Ministério Público e a defesa dos direitos coletivos. *Revista Brasileira de Ciências Sociais*, v. 14, n. 39, 1999, p. 83-102. Disponível em: https://www.scielo.br/j/rbcsoc/a/8jDHGNxzhXGZ5RJbmBcW3Jm/abstract/?lang=pt.

ASSEMBLEIA GERAL DAS NAÇÕES UNIDAS. *Convenção para prevenção e repressão ao crime de genocídio*. 1948. Disponível em: http://www.dhnet.org.br/direitos/sip/onu/genocidio/conv48.htm.

BARCELLOS, C. *Rota 66* — a história da polícia que mata. São Paulo: Globo, 1992.

BARREIRA, C. Crueldade: a face inesperada da violência difusa. *Revista Sociedade e Estado*, v. 30, n. 1, jan./abr., 2015.

BARREIRA, C. Massacres: monopólios difusos da violência. *Revista Crítica de Ciências Sociais*, n. 57/58, jun./nov., 2000.

BARREIRA, C. Violência difusa, medo e insegurança: as marcas recentes da crueldade. *Revista Brasileira de Sociologia*, v. 01, n. 01, jan./jul., 2013.

BENJAMIN, W. Sobre o conceito de história. *In*: BENJAMIN, Walter. *Magia e técnica, arte e política*: ensaios sobre literatura e história da cultura. São Paulo: Brasiliense, 1996.

BEATO, C. *Crime e cidades*. Belo Horizonte: UFMG, 2012.

BECKER, H. *Outsiders*: estudos de sociologia do desvio. Rio de Janeiro: Zahar, 2008.

BIANCHINI, D. A. *Do Carandiru ao Parque da Juventude*: reconstrução da paisagem urbana. 2018. 118 f. Dissertação (Mestrado em Arquitetura e Urbanismo), Faculdade de Arquitetura e Urbanismo, Universidade Presbiteriana Mackenzie, São Paulo, 2018.

BICUDO, H. P. *Do esquadrão da morte aos justiceiros*. São Paulo: Paulinas, 1988.

BICUDO, H. P. *Meu depoimento sobre o esquadrão da morte*. São Paulo: Pontifícia Comissão de Justiça e Paz de São Paulo, 1976.

BIERNACKI, P.; WALDORF, D. Snowball sampling: Problems and techniques of chain referral sampling. *Sociological Methods & Research*, v. 10, n. 2, 1981. p. 141-163.

BIONDI, K. *Junto e misturado:* imanência e transcedência no PCC. 2009. 198 f. Dissertação (Mestrado em Antropologia Social), Universidade Federal de São Carlos, São Carlos, 2009.

BIONDI, K. *Proibido roubar na quebrada*: território, hierarquia e lei no PCC. São Paulo: Terceiro Nome, 2018.

BONDUKI, N.; KOWARICK, L. São Paulo: espaço urbano e espaço político. *In*: *São Paulo passado e presente*: as lutas sociais e a cidade. São Paulo: Paz e Terra, 1994.

BORBA, F. *Dicionário Unesp do português contemporâneo*. Curitiba: Piá, 2011.

BOSI, E. *Memória e sociedade*: lembrança de velhos. São Paulo: Companhia das Letras, 2010.

BRASIL. *Constituição da República Federativa do Brasil de 1988*. Brasília: Presidência da República [1998]. Disponível em: https://www.planalto.gov.br/ccivil_03/constituicao/constituicao.htm.

BRASIL. *Decreto-Lei nº 317*, de 13 de março de 1967. Reorganiza as Polícias e os Cargos de Bombeiros Militares dos Estagiados, dos Territórios e do Distrito Federal e dá outras providências. Brasília: Presidência da República [1967]. Disponível em: http://www.planalto.gov.br/ccivil_03/decreto-lei/1965-1988/Del0317.htm.

BRASIL. *Decreto-Lei nº 2.848*, de 7 de dezembro de 1940. Código Penal. Brasília: Presidência da República [1940]. Disponível em: http://www.planalto.gov.br/ccivil_03/decreto-lei/del2848compilado.htm.

BRASIL. *Lei nº 2.889*, de 1º de outubro de 1956. Define e pune o crime de genocídio. Brasília: Presidência da República [1956]. Disponível em: http://www.planalto.gov.br/ccivil_03/leis/l2889.htm.

BRASIL. *Lei n° 10.671*, de 15 de maio de 2003. Dispõe sobre o Estatuto de Defesa do Torcedor e dá outras providências. Brasília: Presidência da República [2003]. Disponível em: http://www.planalto.gov.br/ccivil_03/leis/2003/l10.671.htm.

BRASIL. *Lei nº 12.527*, de 18 de novembro de 2011. Regula o acesso a informações previsto no inciso XXXIII do art. 5º , no inciso II do § 3º do art. 37 e no § 2º do art. 216 da Constituição Federal; altera a Lei nº 8.112, de 11 de dezembro de 1990; revoga a Lei nº 11.111, de 5 de maio de 2005, e dispositivos da Lei nº 8.159, de 8 de janeiro de 1991; e dá outras providências. Brasília: Presidência da República [2011]. Disponível em: http://www.planalto.gov.br/ccivil_03/_ato2011-2014/2011/lei/l12527.htm.

BRASIL. *Relatório sobre os crimes de maio de 2006*. Comissão Especial "Crimes de Maio" — Resolução nº. 16/2010. Brasília: Presidência de República [2012]. Disponível em: https://www.gov.br/mdh/pt-br/acesso-a-informacao/participacao-social/old/cndh/relatorios/relatorio-c.e-crimes-de-maio.

BRETAS, M. L. *A guerra nas ruas*: povo e polícia na cidade do Rio de Janeiro. Rio de Janeiro: Arquivo Nacional, 1997.

BRETAS, M. L.; ROSEMBERG, A. A história da polícia no Brasil: balanços e perspectivas. *Topoi*, v. 14, n. 26, jan./jul., 2013. p. 162-173.

BUENO, A. Uma torcida que samba: o Grêmio Recreativo Gaviões da Fiel. *In*: HOLLANDA, Bernardo Borges Buarque de; NEGREIROS, Plínio Labriola. (Org.). *Os Gaviões da Fiel*: ensaios e etnografias de uma torcida organizada de futebol. Rio de Janeiro: 7Letras, 2015.

BUENO, S. Letalidade na ação policial. *In*: LIMA, Renato Sérgio; RATTON, José Luiz; AZEVEDO, Rodrigo Ghringhelli. (Org.). *Crime, polícia e justiça no Brasil*. São Paulo: Contexto, 2014.

BUENO, S. *Trabalho sujo ou missão de vida?* Persistência, reprodução e legitimidade da letalidade na ação da PMESP. 2018. 225 f. Tese (Doutorado em Administração Pública e Governo), Escola de Administração e Empresas de São Paulo, Fundação Getúlio Vargas, São Paulo. 2018.

BUTLER, J. *Quadros de guerra*: quando a vida é passível de luto? Rio de Janeiro: Civilização Brasileira, 2015.

CALDEIRA, T. *Cidade de muros*. Crime, segregação e cidadania em São Paulo. São Paulo: Edusp/Ed. 34, 2000.

CALDEIRA, T. Direitos Humanos ou "Privilégios de Bandidos"? — Desventuras da democratização brasileira. *Novos Estudos*, n. 30, jul., 1991.

CAMPOS, H. B.; LOUZADA, R. A trajetória das associações de torcedores de futebol da cidade de São Paulo: de torcidas de futebol a escolas de samba. *Maguaré*, v. 26, n. 2, jul./dez., 2012. p. 147-171. Disponível em: **https://revistas.unal.edu.co/index.php/maguare/article/view/37915**.

CARLOS, A. F. *O Espaço Urbano*: novos escritos sobre a cidade. São Paulo: FFLCH, 2007.

CARVALHO, M. de. Carnaval e samba na terra da garoa. *Textos escolhidos de cultura e artes populares*, Rio de Janeiro, v. 6, n. 1, 2009. p. 83-96.

CD PAVILHÃO NOVE. *CD Pavilhão Nove*. Facebook: cdpavilhao9. Disponível em: **https://www.facebook.com/cdpavilhao9**. Acesso em: 15 mar. 2022.

CENTRO DE ESTUDOS DA METRÓPOLE. (CEM). *CEM — Portal Resolution*. Disponível em: **http://200.144.244.157:8000/resolution/**.

CHALHOUB, S. *Cidade febril*. Cortiços e epidemias na corte imperial. São Paulo: Companhia das Letras, 1996.

CHALHOUB, S. *Trabalho, lar e botequim*. Campinas: Unicamp, 2012.

COMPARATO, B. K. *As Ouvidorias de polícia no Brasil*: controle e participação. 2005. 262 f. Tese (Doutorado em Ciência Política), Faculdade de Filosofia, Letras e Ciências Humanas, Universidade de São Paulo, São Paulo, 2005.

CONCEIÇÃO, A. L. Usos e abusos da categoria território. *Revista da ANPEGE*, v. 17, n. 32, 2021. p. 07-21.

CORRÊA, M. *Morte em família*. Representações jurídicas em papéis sexuais. Rio de Janeiro: Graal, 1983.

COSTA, A. T.; LIMA, R. S. Segurança Pública. *In*: LIMA, Renato Sérgio; RATTON, José Luiz; AZEVEDO, Rodrigo Ghringhelli. (Org.). *Crime, polícia e justiça no Brasil*. São Paulo: Contexto, 2014.

COSTA, M. R. da. Rio de Janeiro e São Paulo nos anos 60: a constituição do Esquadrão da Morte. *In*: 22° ENCONTRO ANUAL DA ANPOCS. *Anais do 22º Encontro Anual da ANPOCS*, Caxambu, 1998.

CROZERA, F. Apresentação — Onde começam os massacres? *In*: MALLART, Fábio; GODOI, Rafael. (Org.). *BR 111* — a rota das prisões brasileiras. São Paulo: Veneta; Le Monde Diplomatique, 2017.

CROZERA, F. Quem lembrará dos nove de Paraisópolis? Le Monde Diplomatique *Brasil*, São Paulo [online], 05 de outubro de 2020. Disponível em: **https://diplomatique.org.br/quem-lembrara-dos-nove-de-paraisopolis/**.

DAMO, A. S. *Do dom à profissão*: uma etnografia do futebol de espetáculo a partir da formação de jogadores no Brasil e na França. 2005. 435 f. Tese (Doutorado em Antropologia Social), Instituto de Filosofia e Ciências Humanas, Universidade Federal do Rio Grande do Sul, Porto Alegre, 2005.

DAS, V.; POOLE, D. El estado y sus márgenes. Etnografias comparadas. *Cuadernos de Antropologia Social*, Buenos Aires, n. 27, 2008. p. 19-52.

DAVIS, A. *A liberdade é uma luta constante*. São Paulo: Boitempo, 2018.

DAVIS, M. *Holocaustos coloniais*. Rio de Janeiro: Record, 2002.

D'ANDREA, T. P. *A formação dos sujeitos periféricos*: cultura e política na periferia de São Paulo. 2013. 309 f. Tese (Doutorado em Sociologia), Departamento de Sociologia, Universidade de São Paulo, São Paulo, 2013.

D'ANDREA, T. P. Segregação socioespacial e escolas de samba na cidade de São Paulo. *Histórica* — Revista Eletrônica do Arquivo Público do Estado de São Paulo, n. 40, fev., 2010. Disponível em: http://www.historica.arquivoestado.sp.gov.br/materias/anteriores/edicao40/materia04/texto04.pdf.

DE LUCCA, D. Morte e vida nas ruas de São Paulo. A biopolítica vista do centro. *In*: RUI, Taniele; MARTINEZ, Mariana; FELTRAN, Gabriel. (Org.). *Nova face da vida nas ruas*. São Carlos: EdUFSCAR, 2016.

DIAS; C. N. *et al*. A prática de execuções na região metropolitana de São Paulo na crise de 2012: um estudo de caso. *Revista Brasileira de Segurança Pública*, Belo Horizonte, v. 9, 2015. p. 160-179.

DIAS, C. N. *Da pulverização ao monopólio da violência:* expansão e consolidação do Primeiro Comando da Capital (PCC) no sistema carcerário paulista. 2011. 386 f. Tese (Doutorado em Sociologia), Faculdade de Filosofia, Letras e Ciências Humanas, Universidade de São Paulo, São Paulo, 2011.

DIAS, C. N. Pacificação em São Paulo, caos no Brasil. Tendências e Debates. *Folha de São Paulo*, São Palo, 17 de janeiro de 2017. Disponível em: https://www1.folha.uol.com.br/opiniao/2017/01/1850402-pacificacao-em-sao-paulo-caos-no-brasil.shtml.

DEPARTAMENTO PENITENCIÁRIO NACIONAL (DEPEN). *Levantamento de Informações Penitenciárias* — Atualização Junho 2016. Brasília: Ministério da Justiça e Segurança Pública, 2017.

DU RAP, A. *Sobrevivente André Du Rap* (do massacre do Carandiru). São Paulo: Labortexto Editorial, 2002.

DUARTE, L.; BARROS, J. Entrevista com Francisco de Oliveira. *In*: BARROS, Joana; SILVA, Evanildo Barbosa da Silva; DUARTE, Lívia. (Org.). *Caderno de Debates 2*. Cidades e conflito: o urbano na produção do Brasil contemporâneo. Rio de Janeiro: Fase, 2013. Disponível em: https://fase.org.br/wp-content/uploads/2013/09/Caderno_de_Debates_2.pdf.

EFREM FILHO, R. Corpos brutalizados: conflitos e materializações nas mortes de LGBT. *Cadernos Pagu*, n. 46, 2016. p. 311–340. Disponível em: https://periodicos.sbu.unicamp.br/ojs/index.php/cadpagu/article/view/8645911.

FARIAS, J. Burocracias e violências de Estado: analisando a trajetória documental de um caso de execução sumária. *In*: FERREIRA, Letícia; LOWENKRON, Laura. (Org.). *Etnografia de documentos*: Pesquisas antropológicas entre papéis, carimbos e burocracias. Rio de Janeiro: E-papers, 2020a.

FARIAS, J. Fuzil, caneta e carimbo: notas sobre burocracia e tecnologias de governo. *Confluências — Revista Interdisciplinar de Sociologia e Direito*, v. 17, 2015. p. 75-91.

FARIAS, J. *Governo de mortes*. Uma etnografia da gestão de populações de favelas no Rio de Janeiro. Rio de Janeiro: Papéis Selvagens Edições, 2020b.

FANON, F. *Os condenados da terra*. Rio de Janeiro: Civilização Brasileira, 1968.

FAUSTO, B. *Crime e cotidiano*. São Paulo: Brasiliense, 1984.

FAUSTO, B. *O crime do restaurante chinês*: carnaval, futebol e justiça na São Paulo dos anos 30. São Paulo: Companhia das Letras, 2009.

FEIERSTEIN, D. *El genocidio como práctica social*: entre el nazismo y la experiencia argentina: hacia un análisis del aniquilamiento como reorganizador de las relaciones sociales. Buenos Aires: Fondo de Cultura Economica, 2007.

FEFFERMANN, M. *Vidas arriscadas* — o cotidiano dos jovens trabalhadores do tráfico. Petrópolis: Vozes, 2006.

FELTRAN, G. de S. Crime e Castigo na Cidade: os repertórios da justiça e a questão do homicídio nas periferias de São Paulo. *Caderno CRH*, Salvador, v. 23, n. 58, jan./abr., 2010a. p. 59-73.

FELTRAN, G. de S. *Fronteiras de Tensão*. Um estudo sobre política e violência nas periferias de São Paulo. 2008. 376 f. Tese (Doutorado em Ciências Sociais), Instituto de Filosofia e Ciências Humanas, Universidade Estadual de Campinas, Campinas, 2008.

FELTRAN, G. de S. Governo que produz crime, crime que produz governo: o dispositivo de gestão do homicídio em São Paulo (1992 — 2011). *Revista Brasileira de Segurança Pública*, Belo Horizonte, v. 6, n. 2, ago./set., 2012. p. 232-255.

FELTRAN, G. de S. O valor dos pobres: a aposta no dinheiro como mediação para o conflito social contemporâneo. *Caderno CRH*, Salvador, v. 27, n. 72, set./dez., 2014.

FELTRAN, G. de S. Periferias, direito e diferença: notas de uma etnografia urbana. *Revista de Antropologia*, São Paulo, v. 53, n. 2, 2010b.

FERNANDES, F. *A integração do negro na sociedade de classes*. Volume 1. São Paulo: Globo, 2008.

FERNANDES, F. *Barbárie e direitos humanos:* as execuções sumárias e desaparecimentos forçados de maio (2006) em São Paulo. 2011. 142 f. Dissertação (Mestrado em Serviço Social), Pontifícia Universidade Católica de São Paulo, São Paulo, 2011.

FERREIRA, P. *A responsabilização da polícia que mata:* um estudo de caso sobre o tratamento jurídico das abordagens policiais com resultado morte. 2019. 206 f. Dissertação (Mestrado em Direito), Escola de Direito de São Paulo, Fundação Getulio Vargas, São Paulo, 2019.

FIRMINO, R. J. Securitização, vigilância e territorialização em espaços públicos na cidade neoliberal. *In*: BRUNO, Fernanda *et al.* (Org.). *Tecnopolíticas da vigilância*: perspectivas da margem. São Paulo: Boitempo, 2018.

FÓRUM BRASILEIRO DE SEGURANÇA PÚBLICA. (FBSP). *Anuário Brasileiro de Segurança Pública*, ano 10, 2016. Disponível em: https://apidspace.universilab.com.br/server/api/core/bitstreams/30f9a554-7d6f-4baf-8a01-67a15884a1a4/content.

FÓRUM BRASILEIRO DE SEGURANÇA PÚBLICA. (FBSP). *Anuário Brasileiro de Segurança Pública*, ano 12, 2018. Disponível em: https://forumseguranca.org.br/wp-content/uploads/2019/03/Anuario-Brasileiro-de-Seguranc%CC%A7a-Pu%CC%81blica-2018.pdf.

FÓRUM BRASILEIRO DE SEGURANÇA PÚBLICA. (FBSP). *Anuário Brasileiro de Segurança Pública*, ano 15, 2021. Disponível em: https://forumseguranca.org.br/wp-content/uploads/2021/10/anuario-15-completo-v7-251021.pdf.

FÓRUM BRASILEIRO DE SEGURANÇA PÚBLICA. (FBSP). *Anuário Brasileiro de Segurança Pública*, ano 16, 2022. Disponível em: https://forumseguranca.org.br/wp-content/uploads/2022/06/anuario-2022.pdf?v=4.

FLAUZINA, A. L. P. *Corpo negro caído no chão*: o sistema penal e o projeto genocida do estado brasileiro. 2006. 145 f. Dissertação (Mestrado em Direito), Faculdade de Direito, Universidade de Brasília, Brasília, 2006.

FOUCAULT, M. *A sociedade punitiva*. São Paulo: Martins Fontes, 2020.

FOUCAULT, M. *A verdade e as formas jurídicas*. Rio de Janeiro: NAU, 2013.

FOUCAULT, M. *História da sexualidade*. 1 — A vontade de saber. Rio de Janeiro: Graal, 1999.

FOUCAULT, M. *Segurança, território, população*: curso dado no Collège de France (1977-1978). São Paulo: Martins Fontes. 2008.

FOUCAULT, M. *Vigiar e punir*. Petrópolis: Vozes, 2002.

FRANÇA, D. S. do N. *Segregação racial em São Paulo*: residências, redes pessoais e trajetórias urbanas de negros e brancos no século XXI. 2017. 253 f. Tese (Doutorado em Sociologia), Faculdade de Filosofia, Letras e Ciências Humanas, Universidade de São Paulo, São Paulo, 2017.

GATO, M. *O Massacre dos libertos*. Sobre raça e república no Brasil. São Paulo: Perspectiva, 2020.

GAWRYSZEWSKI, V. P.; JORGE, M. H. P. de M. Mortalidade violenta no Município de São Paulo nos últimos 40 anos. *Revista Brasileira de Epidemiologia*, v. 3, n. 1-3, 2000.

GEERTZ, C. *A interpretação das culturas*. Rio de Janeiro: Zahar Editores: 1978.

GODOI, R. *Ao redor e através da prisão*: cartografias do dispositivo carcerário contemporâneo. 2010. 203 f. Dissertação (Mestrado em Sociologia), Faculdade de Filosofia, Letras e Ciências Humanas, Universidade de São Paulo, São Paulo, 2010.

GODOI, R. *Fluxos em cadeia*: as prisões em São Paulo na virada dos tempos. 2015. 246 f. Tese (Doutorado em Sociologia), Faculdade de Filosofia, Letras e Ciências Humanas, Universidade de São Paulo, São Paulo, 2015.

GODOI, R. *et al*. Letalidade policial e respaldo institucional: perfil e processamento dos casos de "resistência seguida de morte" na cidade de São Paulo. *Revista de Estudios Sociales*, Bogotá, n. 73, 2020. p. 58-72. Disponível em: https://journals.openedition.org/revestudsoc/48112#entries.

GOFFMAN, E. *Manicômios, prisões e conventos*. São Paulo: Perspectiva, 1974.

GOOGLE MAPS. Google Maps. *Ponte dos Remédios*. Disponível em: https://www.google.com.br/maps/place/Pte.+dos+Remédios,+São+Paulo+-+SP,+02675-031/@-23.5203052,-46.7490378,731m/data=!3m2!1e3!4b1!4m5!3m4!1s0x94cef8cd5ee07311:0xdecedce5943f4595!8m2!3d-23.5203052!4d-46.7468438. Acesso em: 17 mar. 2022.

GRAHAM, S. *Cidades sitiadas*. O novo urbanismo militar. São Paulo: Boitempo, 2016.

GRILLO, C. C. Da violência urbana à guerra: repensando a sociabilidade violenta. *Revista Dilemas*, Rio de Janeiro, v. 12, n. 1, 2019. p. 62-92. Disponível em: https://revistas.ufrj.br/index.php/dilemas/article/view/22781/20926.

GRÓS, F. *Estados de violência*: ensaios sobre o fim da guerra. Aparecida: Ideias & Letras, 2009.

HARAWAY, D. Saberes localizados: a questão da ciência para o feminismo e o privilégio da perspectiva parcial. *Cadernos Pagu*, n. 5, 1995. p. 07-41. Disponível em: https://periodicos.sbu.unicamp.br/ojs/index.php/cadpagu/article/view/1773/1828.

HIRATA, D. V. *Sobreviver na adversidade*: entre o mercado e a vida. 2010. 367 f. Tese (Doutorado em Sociologia), Instituto de Filosofia, Letras e Ciências Humanas, Universidade de São Paulo, São Paulo, 2010.

HIRATA, D. V. *et al*. Chacinas policiais. Relatório de Pesquisa. *Grupo de Estudos dos Novos Ilegalismos — GENI*, Rio de Janeiro, 2022. Disponível em: https://geni.uff.br/wp-content/uploads/sites/357/2022/05/2022_Relatorio_Chacinas-Policiais_Geni_ALT2.pdf.

HIRATA, D. V.; GRILLO, C. C. Operações policiais no Rio de Janeiro. *Fundação Heinrich Böll Stiftung*, Rio de Janeiro, 2019. Disponível em: https://br.boell.org/pt-br/2019/12/21/operacoes-policiais-no-rio-de-janeiro.

HOLLANDA, B. B. B.; FLORENZANO, J. P. (Org.). *Territórios do torcer*: depoimentos de lideranças das torcidas organizadas de futebol. São Paulo: EDUC, 2019. *E-book*.

JELIN, E. *Los trabajos de la memoria*. Madrid: Siglo Veintiuno de España, 2002.

JOZINO, J. *Cobras e lagartos*. A verdadeira história do PCC. São Paulo: Via Leitura, 2017.

JUSTIÇA GLOBAL; INTERNATIONAL HUMAN RIGHTS CLINIC. *São Paulo sob achaque*: corrupção, crime organizado e violência institucional em maio de 2006. [*S.l.*], 2011. Disponível em: http://hrp.law.harvard.edu/wp-content/uploads/2011/05/full-with-cover.pdf.

KOWARICK, L. *A espoliação urbana*. São Paulo: Paz e Terra, 1979.

KOWARICK, L. *Escritos urbanos*. São Paulo: 34, 2000.

LACERDA, P. *O "Caso dos Meninos Emasculados de Altamira"* — Polícia, Justiça e Movimento Social. 2012. 344 f. Tese (Doutorado em Antropologia Social), Museu Nacional, Universidade Federal do Rio de Janeiro, Rio de Janeiro, 2012.

LAGO, N. B. do. *Jornadas de visita e de luta:* tensões, relações e movimentos de familiares nos arredores da prisão. 2019. 248 f. Tese (Doutorado em Antropologia Social), Faculdade de Filosofia, Letras e Ciências Humanas, Universidade de São Paulo, São Paulo, 2019.

LEFEBVRE, H. *A revolução urbana*. Belo Horizonte: UFMG. 2002.

LEITE, M. P. Da metáfora da guerra à mobilização pela paz: temas e imagens do Reage Rio. *Cadernos de Antropologia e Imagem*, Rio de Janeiro, n. 4, 1997. p. 121-145.

LEITE, M. P. Da "metáfora da guerra" ao projeto de "pacificação": favelas e políticas de segurança pública no Rio de Janeiro. *Revista Brasileira de Segurança Pública*, Belo Horizonte, v. 6, n. 2, 2012. Disponível em: https://revista.forumseguranca.org.br/index.php/rbsp/article/view/126.

LEMGRUBER, J; CANO, I; MUSUMECI, L. *Olho por Olho?* O que pensam os cariocas sobre "bandido bom é bandido morto". Rio de Janeiro: CESEC; Universidade Cândido Mendes, 2017.

LEMGRUBER, J; MUSUMECI, L; CANO, I. *Quem vigia os vigias?* Um estudo sobre controle externo da polícia no Brasil. Rio de Janeiro: Record, 2003.

LEMKIN, R. *El dominio del Eje en la Europa ocupada*: leyes de ocupación: análisis de la administración gubernamental: propuestas de reparaciones. Buenos Aires: Prometeo Libros; Caseros; Univ. Nacional de Tres de Febrero, 2009.

LIMA, Renato Sérgio de; BUENO, Samira; MINGARDI, Guaracy. Estado, polícias e segurança pública no Brasil. *Revista Direito GV*, São Paulo, v. 12, n. 1, p. 49-85, 2016. Disponível em: https://www.scielo.br/j/rdgv/a/k8CfD9XbDpJ8vzyfJqXP3qN/?lang=pt.

LIMA, Roberto Kant de. Polícia, justiça e sociedade no Brasil: uma abordagem comparativa dos modelos de administração de conflitos no espaço público. Revista de *Sociologia e Política*, v. 13, 1999. Disponível em: https://www.scielo.br/j/rsocp/a/t5MHm7zCdYgGbqQkrBvVz5d/?lang=pt.

LIMA JÚNIOR, Jayme Benvenuto *et al*. *Execuções sumárias, arbitrárias ou extrajudiciais* — uma aproximação da realidade brasileira. Recife: [*s.n.*], 2001. Disponível em: http://www.dhnet.org.br/dados/relatorios/r_jglobal/r_jg_exec_extra_judiciais1.pdf.

LINS, Ana Letícia Costa; SILVA, Ingryd Melyna Dantas. A produção dos discursos sobre a "Chacina do Benfica" e a criminalização das torcidas organizadas em Fortaleza/CE. *Aurora*, Marília, v. 11, n. 1, jan./jun., 2018. p. 79-94.

MÃES DE MAIO. *Mães de Maio, Mães do Cárcere*: a periferia grita. São Paulo: Nós por Nós, 2012.

MALLART, Fábio. *Findas linhas:* circulações e confinamentos pelos subterrâneos de São Paulo. 2019. 270 f. Tese (Doutorado em Sociologia), Faculdade de Filosofia, Letras e Ciências Humanas, Universidade de São Paulo, São Paulo, 2019.

MALLART, Fábio.; GODOI, Rafael. Vidas Matáveis. *In*: MALLART, Fábio, GODOI, Rafael. (Org.). *BR 111* — a rota das prisões brasileiras. São Paulo: Veneta; Le Monde Diplomatique, 2017.

MALLART, Fábio *et al*. Fazer sumir: políticas de combate à cracolândia. *Le Monde Diplomatique Brasil*, São Paulo, ed. 120, jul., 2017. p. 21-22.

MALVASI, Paulo Artur. Quebrada: etnografia das dobraduras do tráfico de drogas em periferias de São Paulo. *In*: 37° ENCONTRO NACIONAL DA ANPOCS. *Anais do 37º Encontro Anual da Anpocs*, Águas de Lindóia, 2013. Disponível em: https://biblioteca.sophia.com.br/terminal/9666/acervo/detalhe/4622.

MANSO, Bruno Paes. *Crescimento e queda dos homicídios em SP entre 1960 e 2010* — Uma análise dos mecanismos da escolha homicida e das carreiras no crime. 2012. 304 f. Tese (Doutorado em Ciências Políticas), Faculdade de Filosofia, Letras e Ciências Humanas, Universidade de São Paulo, São Paulo, 2012.

MARICATO, Ermínia. Urbanismo na Periferia do Mundo Globalizado — Metrópoles Brasileiras. *São Paulo em Perspectiva*, São Paulo, v. 14, n. 4, 2000. Disponível em: https://www.scielo.br/j/spp/a/fZCnFGwPC3Yks9tXCg4MP8B/?lang=pt.

MARQUES, Adalton. *Crime, proceder, convívio-seguro* — um experimento antropológico a partir de relações entre ladrões. 2009. 120 f. Dissertação (Mestrado em Antropologia Social), Faculdade de Filosofia e Ciências Humanas, Universidade de São Paulo, São Paulo, 2009.

MARQUES, Adalton. *Humanizar e expandir*: uma genealogia da segurança pública em São Paulo. São Paulo: IBCCRIM, 2018.

MARQUES, Eduardo. Elementos conceituais da segregação, da pobreza urbana e da ação do Estado. *In*: MARQUES, Eduardo; TORRES, Haroldo. *São Paulo*: segregação, pobreza e desigualdades sociais. São Paulo: Senac, 2005.

MARTINS, José de Souza. *Linchamentos* — a justiça popular no Brasil. São Paulo: Contexto, 2015.

MATSUDA, Fernanda Emy; SELLANI, Natália; ROLEMBERG, Brenda. Carandiru e outros massacres à população prisional no sistema interamericano de direitos humanos. *In*: MACHADO, Maíra Rocha; MACHADO, Marta Rodriguez de Assis. (Org.). *Carandiru não é coisa do passado*: um balanço sobre os processos, as instituições e as narrativas 23 anos após o massacre. São Paulo: FGV Direito SP, 2015.

MBEMBE, Achille. *Necropolítica*. São Paulo: n-1 edições, 2018.

MELO, Juliana; RODRIGUES, Raul. Notícias de um massacre anunciado e em andamento: o poder de matar e deixar morrer à luz do Massacre no Presídio de Alcaçuz, RN. *Revista Brasileira de Segurança Pública*, Belo Horizonte, v. 11, n. 2, 48-62, ago./set., 2017.

MERLINO, Tatiana. Em cada batalhão da PM tem um grupo de extermínio. *Revista Caros Amigos*, São Paulo, set., 2012. p. 10-13.

MESTRINEL, Francisco de Assis Santana. O samba e o carnaval paulistano. *Histórica — Revista Eletrônica do Arquivo Público do Estado de São Paulo*, n. 40, fev., 2010. Disponível em: http://www.historica.arquivoestado.sp.gov.br/materias/anteriores/edicao40/materia06/texto06.pdf.

MISSE, Michel. *Crime e violência no Brasil contemporâneo*. Estudos de Sociologia do Crime e da Violência Urbana. Rio de Janeiro: Lumen Juris, 2011a.

MISSE, Michel. Crime, sujeito e sujeição criminal: aspectos de uma contribuição analítica sobre a categoria "bandido". *Lua Nova*, São Paulo, n. 79, 2010a. p. 15-38. Disponível em: https://www.scielo.br/j/ln/a/sv7ZDmyGK9RymzJ47rD5jCx/?lang=pt.

MISSE, Michel. *Malandros, marginais e vagabundos & a acumulação social da violência no Rio de Janeiro*. 1999. Tese (Doutorado em Sociologia). Instituto Universitário de Pesquisas do Rio de Janeiro, Rio de Janeiro, 1999.

MISSE, Michel. O papel do inquérito policial no processo de incriminação no Brasil: algumas reflexões a partir de uma pesquisa. *Sociedade e Estado*. v. 26, n. 1, 2011b. p. 15-27. Disponível em: https://www.scielo.br/j/se/a/3X65HgfGRdF59Dwd9G3dKbM/?lang=pt.

MISSE, Michel. Sobre a Acumulação Social da Violência no Rio de Janeiro. *Civitas*, Porto Alegre, v. 8, n. 3, set.-dez., 2008. p. 371-385.

MISSE, Michel. Sujeição criminal. *In*: LIMA, Renato Sérgio; RATTON, José Luiz; AZEVEDO, Rodrigo Ghringhelli. (Org.). *Crime, polícia e justiça no Brasil*. São Paulo: Contexto, 2014.

MISSE, Michel. Trocas ilícitas e mercadorias políticas: para uma interpretação de trocas ilícitas e moralmente reprováveis cuja persistência e abrangência no Brasil nos causam incômodos também teóricos. *Anuário Antropológico* [Online]. v.3, n.2. 2010b. Disponível em: http://journals.openedition.org/aa/916; DOI: https://doi.org/10.4000/aa.916.

MISSE, Michel. Violência e teoria social. *Dilemas:* Revista de Estudos de Conflito e Controle Social, v. 9, n. 1, jan./abr., 2016. p. 45-63.

MONJARDET, Dominique. *O que faz a polícia*. São Paulo: Edusp, 2012.

MORENO, Roberto dos Santos. *Planejamento urbano em Guarulhos*: entre o discurso e a prática (1967 a 2016). 2016. 330 f. Tese (Doutorado em Planejamento Urbano e Regional), Faculdade de Arquitetura e Urbanismo, Universidade de São Paulo, São Paulo, 2016.

MUNIZ, Jacqueline de Oliveira; DIAS, Camila Nunes. Domínios armados e seus governos criminais — uma abordagem não fantasmagórica do "crime organizado". *Estudos Avançados*, São Paulo, v. 36, n. 105, 2022. p. 131-152. Disponível em: https://doi.org/10.1590/s0103-4014.2022.36105.009.

MUNIZ, Jacqueline; PROENÇA JÚNIOR, Domício. Mandato policial. *In*: LIMA, Renato Sérgio; RATTON, José Luiz; AZEVEDO, Rodrigo Ghringhelli. (Org.). *Crime, polícia e justiça no Brasil*. São Paulo: Contexto, 2014.

NADANOVSKY, Paulo. O aumento no encarceramento e a redução nos homicídios em São Paulo, Brasil, entre 1996 e 2005. *Cadernos de Saúde Pública*, Rio de Janeiro, v. 25, n. 8, ago., 2009. p. 1859-1864. Disponível em: https://www.scielo.br/j/csp/a/kyZZdTMRZsFpLcGr5q6qVzx/?lang=pt.

NASCIMENTO, Abdias. *O genocídio do negro brasileiro* — processo de um racismo mascarado. Rio de Janeiro: Paz e Terra, 1978.

NASCIMENTO, Aline de Jesus. *O Esquadrão da Morte no clipping e nas revistas semanais da Editora Abril (1968-1985)*. 2020. 113 f. Dissertação (Mestrado em História), Faculdade de Ciências e Letras, Universidade Estadual Paulista, Assis, 2020.

NASCIMENTO. Lucas Antônio dos Anjos. *Tudo prédio?* Etnografia urbana do espaço pós-industrial de Osasco. 2021. 183 f. Dissertação (Mestrado em Antropologia Social), Instituto de Filosofia e Ciências Humanas, Universidade Estadual de Campinas, Campinas, 2021.

NERY, Marcelo Batista. *Crime e violência no cenário paulistano*: o movimento e as condicionantes dos homicídios dolosos sob um recorte espaço-temporal. 2016. 207 f. Tese (Doutorado em Sociologia), Faculdade de Filosofia, Letras e Ciências Humanas, Universidade de São Paulo, São Paulo, 2016.

NERY, Marcelo Batista *et al*. Regimes espaciais: dinâmica dos homicídios dolosos na cidade de São Paulo entre 2000 e 2008. *Revista Panamericana de Salud Pública*, Washington, v. 32, n. 6, 2012. 405-412. Disponível em: https://www.scielosp.org/pdf/rpsp/2012.v32n6/405-412.

NUÑEZ, Izabel Saenger. *Aqui não é casa de vingança, é casa de Justiça!*: moralidade, hierarquizações e desigualdades na administração de conflitos no tribunal do júri da comarca do Rio de Janeiro. 2018. 282 f. Tese (Doutorado em Antropologia), Instituto de Filosofia e Ciências Humanas, Universidade Federal Fluminense, Niterói, 2018.

OLIVERIA, Francisco de. *Crítica à razão dualista*. O ornitorrinco. São Paulo: Boitempo, 2003.

OLIVERIA, Francisco de. O Estado e a exceção ou o Estado de exceção? *In*: BARROS, Joana; SILVA, Evanildo Barbosa da Silva; DUARTE, Lívia. (Org.). *Caderno de Debates* 2. Cidades e conflito: o urbano na produção do Brasil contemporâneo. Rio de Janeiro: Fase, 2013. Disponível em: https://fase.org.br/wp-content/uploads/2013/09/Caderno_de_Debates_2.pdf.

OLIVERIA, Francisco de. O Estado e o urbano no Brasil. *Espaço & Debates*, São Paulo, n. 6, 1982.

OMURA, Renan Tetsuo. Chacinas em periferias: subproduto da criminalização da pobreza. *Revista Científica UMC*, Mogi das Cruzes, v. 4, n. 2, 2019. p. 1-12. Disponível em: http://seer.umc.br/index.php/revistaumc/article/view/632.

ORGANIZADAS BRASIL. *Pavilhão Nove*. Disponível em: http://www.organizadasbrasil.com/torcida/PAVILHAO-NOVE-84.html#pid=14. Acesso em: 24 mar. 2022.

OUVIDORIA DAS POLÍCIAS DO ESTADO DE SÃO PAULO. *Ouvidoria das Polícias do Estado de São Paulo*, 2020. Disponível em: https://www.ssp.sp.gov.br/Ouvidoria/.

PAES, Vivian Ferreira. Do inquérito ao processo: análise comparativa das relações entre polícia e Ministério Público no Brasil e na França. *Dilemas:* Revista de Estudos de Conflito e Controle Social, v. 3, n. 7, jan./fev./mar., 2010. p. 109-114.

PALHARES, Marcelo Fadori Soares. *Violência no futebol brasileiro*: Os discursos de torcedores organizados. 2015. 302 f. Dissertação (Mestrado em Ciências da Motricidade), Instituto de Biociências, Universidade Estadual Paulista, Rio Claro, 2015.

PAVILHÃO NOVE. *Ensaio Carnaval 2014 — Pavilhão Nove — Festa do Hawai 07/02/2014*. Youtube, 08 de fevereiro de 2014. Disponível em: https://www.youtube.com/watch?v=ht6VzYgk8bM. Acesso em: 23 de maio de 2022.

PEIRANO, Mariza. Etnografia não é método. *Horizontes Antropológicos*. v. 20, n. 42, 2014. p. 377-391. Disponível em: https://doi.org/10.1590/s0104-71832014000200015.

PERALVA, Angelina. Democracia e violência: a modernização por baixo. *Lua Nova*, São Paulo, n. 40-41, 1997. p. 217-240.

PEREIRA, Alisson Barbosa Calasãs; CABRAL, Sandro; REIS, Paulo Ricardo da Costa. *Accountability* interna em forças policiais: explorando os fatores associados ao desempenho de uma corregedoria de polícia militar. *Organizações & Sociedade*, Salvador, v. 27, n. 92, jan./mar., 2020. p. 35-52. Disponível em: https://www.scielo.br/j/osoc/a/gnKyYtPzvc3QfZR8vvM4JTC/abstract/?lang=pt.

PENROD, Janice *et al*. A discussion of chain referral as a method of sampling hard-to-reach populations. *Journal of Transcultural Nursing*, v. 4, n. 2, 2003. p. 100-107.

PERES, Maria Fernanda Tourinho *et al*. Queda dos homicídios em São Paulo, Brasil: uma análise descritiva. *Revista Panamericana de Salud Pública*, Washington, v. 29, n. 1, 2011. p. 17-26. Disponível em: https://scielosp.org/article/rpsp/2011.v29n1/17-26/pt/.

PIEDADE, Vilma. *Dororidade*. São Paulo: Nós, 2017.

PINHEIRO, Paulo Sérgio. Autoritarismo e transição. *Revista USP*, São Paulo, v. 9, mar./abr./mai., 1991. p. 45-56.

POLÍCIA CIVIL DO ESTADO DE SÃO PAULO. *Polícia Civil do Estado de São Paulo*, 2020. Disponível em: https://www.policiacivil.sp.gov.br.

POLLAK, Michael. Memória, esquecimento, silêncio. *Estudos Históricos*, Rio de Janeiro, v. 2, n. 3, 1989. p. 3-15.

POLÍCIA MILITAR DE SÃO PAULO. Programas de Policiamento. *Programa de Forças Táticas*. Disponível em: https://www.policiamilitar.sp.gov.br/institucional/forcas-taticas.

POLÍCIA MILITAR DE SÃO PAULO. Programas de Policiamento. *Programa Policiamento com Motocicletas — ROCAM*. Disponível em: https://www.policiamilitar.sp.gov.br/institucional/policiamento-rocam.

PROCESSOS DE ESTADO e práticas de morte: possibilidades e inquietações de pesquisa. *Quartas de Antropologia*. Organização: Joana Cabral. Mediação: Gustavo Rossi. Conferencista: Adriana Vianna. Debatedora: Taniele Rui. Publicado pelo canal IFCH UNICAMP em 23 de set. de 2020. Disponível em: https://www.youtube.com/watch?v=qfZBOmkbTJw.

PREFEITURA DA CIDADE DE SÃO PAULO. *Secretaria Municipal de Urbanismo e Licenciamento*. Disponível em: https://www.prefeitura.sp.gov.br/cidade/secretarias/upload/chamadas/7_populacao_recenseada_1950_10552_1658414793.htm. Acesso em: 08 out. 2021.

RAFFESTIN, Claude. *Por uma geografia do poder*. São Paulo: Ática, 1993.

RAMALHO, José Ricardo. *Mundo do crime*: a ordem pelo avesso. Rio de Janeiro: Graal. 1979.

RAMOS, Paulo César. *"Contrariando a estatística"*: a tematização dos homicídios pelos jovens negros no Brasil. 2014. 199 f. Dissertação (Mestrado em Sociologia), Centro de Educação e Ciências Humanas, Universidade Federal de São Carlos, São Carlos, 2014.

RAMOS, Paulo César. *Gramática negra contra a violência de Estado*: da discriminação racial ao genocídio negro (1978-2018). 2021. 328 f. Tese (Doutorado em Sociologia), Faculdade de Filosofia, Letras e Ciências Humanas, Universidade de São Paulo, São Paulo, 2021.

REVISTA ARQUIBANCADA. *Pavilhão Nove*, São Paulo, 2002.

RIBEIRO, Darcy. *O povo brasileiro*: a formação e o sentido do Brasil. São Paulo: Companhia das Letras, 2006.

ROCHA, Alexandre Pereira da. *A Gramática das polícias militarizadas*: estudo comparado entre a Polícia Militar do Estado de São Paulo — Brasil e Carabineros — Chile, em regimes políticos autoritários e democráticos. 2013. 314 f. Tese (Doutorado em Ciências Sociais), Instituto de Ciências Sociais, Universidade de Brasília, Brasília, 2013.

RODRIGUES, Arlete Moysés. *Nota técnica II sobre conceito/definição de cidade*. Brasília: Ministério das Cidades, 2004.

ROLNIK, Raquel. *Guerra dos lugares* — a colonização da terra e da moradia na era das finanças. São Paulo: Boitempo, 2019.

ROLNIK, Raquel. São Paulo, início da industrialização: o espaço é político. *In*: KOWARICK, Lúcio. (Org.). *As lutas sociais e a cidade*. São Paulo: Paz e Terra; UNRISD, 1988.

RUI, Taniele. Depois da "Operação Sufoco": sobre espetáculo policial, cobertura midiática e direitos na "cracolândia" paulistana. *Contemporânea — Revista de Sociologia da UFSCar*, São Carlos, v. 3, n. 2, 2013. p. 287-310.

SALLA, Fernando Afonso. *As prisões em São Paulo*: 1822-1940. São Paulo: Annablume; FAPESP, 2006.

SALLA, Fernando Afonso. De Montoro a Lembo: as políticas penitenciárias de São Paulo. *Revista Brasileira de Segurança Pública*, Belo Horizonte, v. 1, n. 1, 2007. Disponível em: https://revista.forumseguranca.org.br/index.php/rbsp/article/view/8.

SANTOS, Augusto Ventura dos. Etnografia é observação participante? Trabalhando com um método constitutivamente heterodoxo. *Ponto Urbe*, São Paulo, v. 28, 2021. Disponível em: http://journals.openedition.org/pontourbe/10089.

SANTOS, João Vitor dos. Ouvir as pessoas implicadas na vida das periferias é imprescindível. *Instituto Humanitas Unisinos*, São Leopoldo, n. 518, 26 de mar., 2018. p. 24-28. Disponível em: https://www.ihuonline.unisinos.br/media/pdf/IHUOnlineEdicao518.pdf.

SÃO PAULO (Estado). Secretaria de Segurança Pública. *Decreto nº 39.900,* de 1 de janeiro de 1995. Cria no Gabinete do Secretário da Segurança pública, a Ouvidoria da Polícia do Estado de São Paulo [1995]. Disponível em: https://www.al.sp.gov.br/repositorio/legislacao/decreto/1995/decreto-39900-01.01.1995.html.

SÃO PAULO (Estado). *Decreto nº 57.537*, de 23 de novembro de 2011. Altera a denominação do Departamento de Homicídios e de Proteção à Pessoa — DHPP para Departamento Estadual de Homicídios e de Proteção à Pessoa — DHPP, dispõe sobre sua organização e dá providências correlatas [2011]. Disponível em: https://www.al.sp.gov.br/repositorio/legislacao/decreto/2011/decreto-57537-23.11.2011.html.

SÃO PAULO (Estado). *Lei Complementar nº1.139*, de 16 de junho de 2011. Reorganiza a Região Metropolitana da Grande São Paulo, cria o respectivo Conselho de Desenvolvimento e dá providências correlatas. Assembleia Legislativa do Estado de São Paulo [2011]. Disponível em: https://www.al.sp.gov.br/repositorio/legislacao/lei.complementar/2011/lei.complementar-1139-16.06.2011.html.

SÃO PAULO (Estado). *Lei nº 8.524*, de 29 de dezembro de 1993. Autoriza o Poder Executivo a alienar área de terras situada no município da Capital e dá providências correlatas. Assessoria Técnico-Administrativa [1993]. Disponível em: https://www.al.sp.gov.br/repositorio/legislacao/lei/1993/lei-8524-29.12.1993.html.

SÃO PAULO (Estado). Secretaria de Segurança Pública. Ouvidoria da polícia do Estado de São Paulo. *Pesquisa sobre o uso da força letal por policiais de São Paulo e vitimização policial em 2017*. São Paulo, 2018.

SÃO PAULO (Estado). Secretaria de Segurança Pública. *Resolução SSP-05*, de 07 de janeiro de 2013. Estabelece parâmetros aos policiais que atendam ocorrências de lesões corporais graves, homicídio, tentativa de homicídio, latrocínio e extorsão mediante sequestro com resultado morte; fixando, ainda, diretrizes para a elaboração de registros policiais, boletins de ocorrência, notícias de crime e inquéritos policiais decorrentes de intervenção policial [2013]. Disponível em: https://www.imprensaoficial.com.br/DO/BuscaDO2001Documento_11_4.aspx?link=/2013/executivo%2520secao%2520i/janeiro/08/pag_0005_AMUH5M4HK8F4Re3H5BVT6K4RT59.pdf&pagina=5&data=08/01/2013&caderno=Executivo+I&paginaordenacao=100005.

SÃO PAULO (Município). *Lei nº11.623*, de 14 de junho de 1994. Dispõe sobre a Permissão de Uso das Áreas Situadas nos Baixos dos Viadutos e Pontes. Secretaria do Governo Municipal [1994]. Disponível em: https://leismunicipais.com.br/a/sp/s/sao-paulo/lei-ordinaria/1994/1162/11623/lei-ordinaria-n-11623-1994-dispoe-sobre-a-permissao-de-uso-das-areas-situadas-nos-baixos-dos-viadutos-e-pontes.

SÃO PAULO (Município). Gestão Urbana. Núcleo de Análise Urbana. *Nota Técnica — Baixos de Viadutos*, 2016. Disponível em: https://gestaourbana.prefeitura.sp.gov.br/wp-content/uploads/2016/12/BVD_NotaTecnica.pdf.

SCHIMITT, Carl. *Teologia política*. Belo Horizonte: Del Rey, 2006.

SCHWARTZMAN, Simon. Fora de foco: diversidade e identidades étnicas no Brasil. *Novos Estudos*, v. 55, p. 83-96, nov., 1999.

SECRETARIA DE SEGURANÇA PÚBLICA. SSP. *Dados Estatísticos do Estado de São Paulo*. Disponível em: https://www.ssp.sp.gov.br/estatistica. Acesso em: 28 de fevereiro de 2021.

SELIGMANN-SILVA, Márcio. Narrar o Trauma — A questão dos testemunhos de catástrofes históricas. *Psicologia Clínica*, Rio de Janeiro, v. 20, n. 1, p. 65-82, 2008.

SELIGMANN-SILVA, Márcio. Reflexões sobre a memória, a história e o esquecimento. *In*: SELIGMANN-SILVA, Márcio. (Org.). *História, memória e literatura:* o testemunho na Era das Catástrofes. Campinas: Unicamp, 2003.

SEVCENKO, Nicolau. *Orfeu extático na metrópole*: São Paulo, sociedade e cultura nos frementes anos 20. São Paulo: Companhia das Letras, 1992.

SILVA, David Esmael Marques da. *O negócio das chacinas*: sentidos de justiça, privatização da segurança e corrupção policial em São Paulo. 2021. Tese (Doutorado em Sociologia), Centro de Educação e Ciências Humanas, Universidade Federal de São Carlos, São Carlos, 2021.

SILVA, Evandro Cruz. G de Genocídio. *Revista Serrote*, São Paulo, n. 38, p. 33-36, 2021.

SILVA, Evandro Cruz. Quem lembrará dos nove de Paraisópolis? Le Monde Diplomatique *Brasil*, São Paulo, 05 out., 2020. Disponível em: https://diplomatique.org.br/quem-lembrara-dos-nove-de-paraisopolis/.

SILVA, Klarissa Almeida. Construção social dos crimes de homicídios: compreendendo fluxo dos papéis e impunidade dos indivíduos a partir da análise das tipologias. *In*: 32°. ENCONTRO ANUAL DA ANPOCS. *Anais do 32º Encontro Anual da ANPOCS*, Caxambu, 2008. Disponível em: https://biblioteca.sophia.com.br/terminal/9666/acervo/detalhe/7064?guid=4af694c4ff8402a7c99f.

SILVA, Uvanderson Vitor da; SANTOS, Jaqueline Lima dos; RAMOS, Paulo César. *Chacinas e Politização das Mortes no Brasil*. São Paulo: Fundação Perseu Abramo, 2019.

SILVÉRIO, Valter Roberto. Uma releitura do "lugar do negro" e dos "lugares da gente negra" nas cidades. *In*: BARONE, Ana; RIOS, Flávia. (Org.). *Negros nas cidades brasileiras (1890— 1950)*. São Paulo: Intermeios; FAPESP, 2018.

SILVESTRE, Giane. *Dias de visita:* uma sociologia da punição e das prisões em Itirapina. 2011. 192 f. Dissertação (Mestrado em Sociologia), Centro de Educação e Ciências Humanas, Universidade Federal de São Carlos, São Carlos, 2011.

SILVESTRE, Giane. *Enxugando o Iceberg* — Como as instituições estatais exercem o controle do crime em São Paulo. 2016. 323 f. Tese (Doutorado em Sociologia), Centro de Educação e Ciências Humanas, Universidade Federal de São Carlos, São Carlos, 2016.

SINHORETTO, Jacqueline; MORAIS, Danilo de Souza. Violência e racismo: novas faces de uma afinidade reiterada. *Revista de Estudios Sociales*, v. 64, 2018. p. 15-26.

SINHORETTO, Jacqueline; MARQUES, David. Chacinas no Brasil: 2016-2018. *Revista Reconexão Periferias*, São Paulo, abr., 2019. Disponível em: https://fpabramo.org.br/publicacoes/wp-content/uploads/sites/5/2019/04/revistafinalvaleste.pdf.

SINHORETTO, Jacqueline; SCHLITTLER, Maria Carolina; SILVESTRE, Giane. Juventude e violência policial no Município de São Paulo. *Revista Brasileira de Segurança Pública*, Belo Horizonte, v. 10, n. 1, 2016. Disponível em: https://revista.forumseguranca.org.br/index.php/rbsp/article/view/590.

SPAGGIARI, Enrico. *Família joga bola*. Constituição de jovens futebolistas na várzea paulistana. 2015. 470 f. Tese (Doutorado em Antropologia Social), Faculdade de Filosofia, Letras e Ciências Humanas, Universidade de São Paulo, São Paulo, 2015.

SCHRITZMEYER, Ana Lúcia Pastore. *Jogo, ritual e teatro*: um estudo antropológico do Tribunal do Júri. São Paulo: Terceiro Nome, 2012.

TEIXEIRA, Alessandra. *Construir a delinquência, articular a criminalidade* — um estudo sobre a gestão dos ilegalismos na cidade de São Paulo. 2012. 352 f. Tese (Doutorado em Sociologia), Faculdade de Filosofia, Letras e Ciências Humanas, Universidade de São Paulo, São Paulo, 2012.

TELLES, Vera da Silva. *A cidade nas fronteiras do legal e ilegal*. Belo Horizonte: Argumentum, 2010.

TELLES, Vera da Silva. Ilegalismos populares e relações de poder nas tramas da cidade. *In*: CABANES, Robert *et al*. *Saídas de Emergência*. São Paulo: Boitempo, 2011. p. 155-167.

TELLES, Vera da Silva. Trabalho, cidade e os elos perdidos da política. *In*: RIZEK, Cibele Saliba; ROMAO, Wagner de Melo. (Org.). *Francisco de Oliveira:* a tarefa da crítica. Belo Horizonte: UFMG, 2006.

TELLES, Vera da Silva *et al*. Combatendo o encarceramento em massa, lutando pela vida. *Caderno CRH*, Salvador, v. 33, 2020. Disponível em: **https://www.scielo.br/j/ccrh/a/BPvGRWgsbpJ75Z4Y9sV7Zfg/abstract/?lang=pt.**

TJSP — TRIBUNAL DE JUSTIÇA DE SÃO PAULO. Portal e-SAJ. *Processo n°0002320-42.2015.8.26.0052*. Disponível em: **https://esaj.tjsp.jus.br/cpopg/show.do?processo.foro=52&processo.codigo=1G0001PSO0000.**

TOLEDO, Luiz Henrique de. *Torcidas organizadas de futebol*. Campinas: Autores Associados; ANPOCS, 1996.

TORO, Camilo Aguilera. *O espectador como espetáculo:* notícias das Torcidas Organizadas na Folha de S. Paulo (1970-2004). 2004. 150 f. Dissertação (Mestrado em Sociologia), Instituto de Filosofia e Ciências Humanas, Universidade de Campinas, Campinas, 2004.

TORRES, Maria Celestina Teixeira Mendes. *História dos bairros de São Paulo:* o bairro de Santana. São Paulo: Prefeitura Municipal de São Paulo, Secretaria de Educação e Cultura, Departamento de Cultura, 1982. Disponível em: https://drive.google.com/file/d/0B6iD9M7ZapwLZ2pEMjNIdjNLWTQ/view?resourcekey=0-3NXBX9XN7r2wNiynM51Icw.

VARELLA, Drauzio. *Estação Carandiru*. São Paulo: Companhia das Letras, 2000.

VEDOVELLO, Camila de Lima. Era das Chacinas — breve discussão sobre a prática de chacinamento na era democrática. *Revista Liberdades/IBCCrim*, São Paulo, n. 20, set./dez., 2015. Disponível em: https://www.ibccrim.org.br/publicacoes/redirecionaLeituraPDF/7434.

VEDOVELLO, Camila de Lima. *Novas formas de encarceramento?* Os jovens e o Centro de Ressocialização. 2008. 237 f. Dissertação (Mestrado em Ciências Sociais). Faculdade de Filosofia e Ciências, Universidade Estadual Paulista, 2008.

VEDOVELLO, Camila de Lima. O Estado contra as mães: relato de um júri de chacina. Le Monde Diplomatique *Brasil*, São Paulo, 15 nov., 2018. Disponível em: https://diplomatique.org.br/o-estado-contra-as-maes-relato-de-um-juri-de-chacina/.

VEDOVELLO, Camila de Lima. Todos sangram na fantástica fábrica de cadáver: um estudo da chacina do Pavilhão 9. *In*: V ENADIR — ENCONTRO NACIONAL DE ANTROPOLOGIA DO DIREITO, 2017, São Paulo. *Anais Eletrônicos*, São Paulo, 2017. Disponível em: https://nadir.fflch.usp.br/sites/nadir.fflch.usp.br/files/upload/paginas/VEDOVELLO%2C%20Camila%20de%20Lima.%20Paper%20V%20ENADIR.%20GT%2009%20Antropologia%20do%20Estado.pdf.

VIANNA, Adriana; FARIAS, Juliana. A guerra das mães: dor e política em situações de violência institucional. *Cadernos Pagu*. n. 37, 2011. p. 79-116. Disponível em: https://doi.org/10.1590/S0104-83332011000200004.

VILLAÇA. Flávio. São Paulo: segregação urbana e desigualdade. *Estudos Avançados*, São Paulo, v. 25, n. 71, 2011. Disponível em: https://www.scielo.br/j/ea/a/7G8LTmdQbCjCHqXg87Gs3SD/?lang=pt.

ZALUAR, Alba. *A máquina e a revolta* — as organizações populares e o significado da pobreza. São Paulo: Brasiliense, 1985.

ZAVERUCHA, Jorge. *FHC, forças armadas e polícia*: entre o autoritarismo e a democracia (1999-2002). Rio de Janeiro: Record, 2005.

Referências de jornais

ACAYABA, Cíntia; ARCOVERDE, Léo. Número de mortos pela PM em 2020 é recorde em SP; policiais dos batalhões da região metropolitana mataram 70% mais. *G1 São Paulo*, São Paulo, 14 jul. 2020. Disponível em: https://g1.globo.com/sp/sao-paulo/noticia/2020/07/14/numero-de-mortos-pela-pm-em-2020-e-recorde-em-sp-policiais-dos-batalhoes-da-regiao-metropolitana-mataram-70percent-mais.ghtml.

AGÊNCIA BRASIL. Defensoria cobra providências para denúncias de abuso policial em Paraisópolis. *O Estadão*, São Paulo, 10 mar. 2013. Disponível em: https://sao-paulo.estadao.com.br/noticias/geral,defensoria-cobra-providencias-para-denuncias-de-abuso-policial-em-paraisopolis,1006980.

ALVES, Martha; BERGAMIM JÚNIOR, Giba; SAVIOLLI, Paula. Chacina deixa oito mortos em sede de torcida organizada do Corinthians. *Folha de São Paulo*, São Paulo, 19 abr. 2015. Disponível em: https://m.folha.uol.com.br/cotidiano/2015/04/1618592-chacina-deixa-oito-mortos-na-quadra-de-torcida-do-corinthians-em-sp.shtml.

BENITES, Afonso. Mortes em confronto com a polícia registram queda de 38% em SP. *Folha de São Paulo*, São Paulo, 05 jun. 2013. Disponível em: https://www1.folha.uol.com.br/cotidiano/2013/06/1289961-mortes-em-confronto-com-a-policia-registram-queda-de-38-em-sp.shtml.

BERGAMIM JUNIOR, Giba. Delegado descarta outros suspeitos para chacina de PMs em SP. *Folha de São Paulo*, São Paulo, 07 ago. 2013. Disponível em: https://www1.folha.uol.com.br/cotidiano/2013/08/1323003-delegado-descarta-outros-suspeitos-para-chacina-de-pms.shtml.

BERGAMIM JUNIOR, Giba. Faxineiro se enrola na bandeira do Corinthians e escapa da chacina. *Folha de São Paulo*, São Paulo, 19 abr. 2015. Disponível em: https://www1.folha.uol.com.br/cotidiano/2015/04/1618628-faxineiro-se-enrola-na-bandeira-do-corinthians-e-escapa-da-chacina.shtml.

BERGAMO, Mônica. Pós chacina, ato pede intervenção do MP-SP na PM e denuncia 'genocídio'. *Folha de São Paulo*, São Paulo, 09 nov. 2016. Disponível em: https://www1.folha.uol.com.br/colunas/monicabergamo/2016/11/1830593-apos-chacina-ato-pede-intervencao-do-mp-sp-na-pm-e-denuncia-genocidio.shtml.

BILENKY, Thais; ARAÚJO, Gabriely. Mãe de vítima em chacina diz que menino se salvou pois balas acabaram. *Folha de São Paulo*, São Paulo, 19 abr. 2015. Disponível em: https://m.folha.uol.com.br/cotidiano/2015/04/1618638-amigos-e-parentes-lamentam-mortos-em-chacina-em-sede-de-torcida.shtml?cmpid=menupe.

CALCAGNO, Luiz. Massacre em Suzano é resultado da 'cultura do ódio', dizem especialistas. *Correio Braziliense*, Brasília, 18 mar. 2019. Disponível em: https://www.correiobraziliense.com.br/app/noticia/brasil/2019/03/18/interna-brasil,743564/massacre-em-suzano-e-resultado-da-cultura-do-odio.shtml.

CARAMANTE, André. Conhecidos como "Os Highlanders", PMs acusados de decapitar portador de transtorno mental são absolvidos. *Ponte Jornalismo*, São Paulo, 06 nov. 2015. Disponível em: https://ponte.org/pms-acusados-de-decapitar-portador-de-transtorno-mental-sao-absolvidos/.

CARAMANTE, André. Grupo de extermínio de PMs é investigado. *Folha de São Paulo*, São Paulo, 23 out. 2008. Disponível em: https://www1.folha.uol.com.br/fsp/cotidian/ff2310200817.htm.

CARAMANTE, André. Justiça absolve PMs envolvidos na Operação Castelinho. *Ponte Jornalismo*, São Paulo, 10 nov. 2014. Disponível em: https://ponte.org/justica-absolve-pms-envolvidos-na-operacao-castelinho/.

CARAMANTE, André. Seis jovens morrem em chacina no litoral de SP. *Folha de São Paulo*, São Paulo, 30 dez. 2010. Disponível em: https://www1.folha.uol.com.br/fsp/cotidian/ff3012201010.htm.

CARAMANTE, André; BENITES, Afonso. Assassinatos triplicam nos fins de semana em São Paulo. *Folha de São Paulo*, São Paulo, 30 jun. 2012. Disponível em: https://www1.folha.uol.com.br/cotidiano/2012/06/1113078-assassinatos-triplicam-nos-fins-de-semana-em-sao-paulo.shtml.

CARAMANTE, André; SANTIAGO, Tatiana. Onda de violência chega ao 16º dia em São Paulo. *Folha de São Paulo*, São Paulo, 29 jun. 2012. Disponível em: https://m.folha.uol.com.br/cotidiano/2012/06/1112350-onda-de-violencia-chega-ao-16-dia-em-sao-paulo.shtml.

CARDOSO, Willian. PM "Highlander" é condenado a 28 anos de prisão em Itapecerica. *O Estadão*, São Paulo, 16 set. 2011. Disponível em: https://sao-paulo.estadao.com.br/noticias/geral,pm-highlander-e-condenado-a-28-anos-de-prisao-em-itapecerica-imp-,773277.

CARDOSO, Willian. Seis policiais militares são presos por chacina com 7 vítimas no Campo Limpo. *O Estadão*, São Paulo, 24 jan. 2013. Disponível em: https://sao-paulo.estadao.com.br/noticias/geral,seis-policiais-militares-sao-presos-por-chacina-com-7-vitimas-no-campo-limpo,988439.

CARMO, Sidney Gonçalves do. Apenas uma das vítimas de chacina em SP era alvo de atiradores, diz polícia. *Folha de São Paulo*, São Paulo, 20 abr. 2015. Disponível em: https://www1.folha.uol.com.br/cotidiano/2015/04/1618857-apenas-uma-das-vitimas-de-chacina-em-sp-era-alvo-de-atiradores-diz-policia.shtml.

CARVALHO, Igor. Fundador da Gaviões da Fiel defende união e torcidas nas ruas em defesa da democracia. *Brasil de Fato*, São Paulo, 06 jun. 2020. Disponível em: https://www.brasildefato.com.br/2020/06/06/fundador-da-gavioes-da-fiel-defende-uniao-e-torcidas-nas-ruas-em-defesa-da-democracia.

CARVALHO, Marco Antônio. Palco de chacina, pavilhão de Alcaçuz tem celas sem grades e buracos no muro; veja vídeo. *O Estadão*, São Paulo, 27 jan. 2017. Disponível em: https://www.estadao.com.br/brasil/palco-de-chacina-pavilhao-de-alcacuz-tem-celas-sem-grades-e-buracos-no-muro-veja-video/.

CARVALHO, Marco Antônio. Quase três anos após massacre de Alcaçuz, Polícia do RN indicia 74 presos. *Terra*, São Paulo, 29 nov. 2019. Disponível em: https://www.terra.com.br/noticias/brasil/cidades/quase-tres-anos-apos-massacre-de-alcacuz-policia-do-rn-indicia-74-presos,c3e9122e55356eac96535f4a08920034em3iclzg.html.

CRUZ, Maria Teresa. Ato recorda impunidade de massacre na Praça da Sé. *Ponte Jornalismo*, São Paulo, 20 ago. 2017. Disponível em: https://ponte.org/ato-recorda-impunidade-de-massacre-na-praca-da-se/.

DIAS, Camila Nunes. Pacificação em São Paulo, caos no Brasil. Tendências e Debates. *Folha de São Paulo*, São Paulo, 17 jan. 2017. Disponível em: https://www1.folha.uol.com.br/opiniao/2017/01/1850402-pacificacao-em-sao-paulo-caos-no-brasil.shtml.

DIÓGENES, Juliana. Alckmin não descarta participação de outros policiais em chacina. *O Estadão*, São Paulo, 07 mai. 2015. Disponível em: https://sao-paulo.estadao.com.br/noticias/geral,alckmin-nao-descarta-participacao-de-outros-policiais-em-chacina,1683073.

ESTADÃO NO AR. Polícia Civil faz buscas na zona leste de SP atrás de suspeitos da chacina na sede da Pavilhão Nove. *O Estadão*, São Paulo, 21 abr. 2015.

FOLHA DE SÃO PAULO. Capão Redondo tem 11 homicídios desde sexta-feira. *Folha de São Paulo*, São Paulo, 28 jun. 2012. Disponível em: https://www1.folha.uol.com.br/fsp/cotidiano/51462-capao-redondo-tem-11-homicidios-desde-sexta-feira.shtml.

FOLHA DE SÃO PAULO. Chacina em sede de torcida corintiana deixa 8 mortos. *Folha de São Paulo*, São Paulo, 20 abr. 2015. Disponível em: https://www1.folha.uol.com.br/fsp/cotidiano/216624-chacina-em-sede-de-torcida-corintiana-deixa-8-mortos.shtml.

FOLHA DE SÃO PAULO. Decretada prisão de policial e ex-PM por chacina em torcida. *Agora São Paulo*, São Paulo, 07 mai. 2015. Disponível em: https://agora.folha.uol.com.br/saopaulo/2015/05/1625836-decretada-prisao-de-policial-e-ex-pm-por-chacina-em-torcida.shtml.

FOLHA DE SÃO PAULO. Delegado descarta hipótese de briga de torcida em chacina na sede corintiana. *Folha de São Paulo*, São Paulo, 19 abr. 2015. Disponível em: https://m.folha.uol.com.br/cotidiano/2015/04/1618606-delegado-descarta-hipotese-de-briga-de-torcida-em-chacina-na-sede-corintiana.shtml?cmpid=menupe.

FOLHA DE SÃO PAULO. Delegado-geral de SP se diz surpreso com declarações de comandante da PM. *Folha de São Paulo*, São Paulo, 08 ago. 2013. Disponível em: https://www1.folha.uol.com.br/cotidiano/2013/08/1323530-delegado-geral-de-sp-se-diz-surpreso-com-declaracoes-de-comandante-da-pm.shtml.

FOLHA DE SÃO PAULO. Fundador da Pavilhão Nove é preso por chacina na torcida. *Agora São Paulo*, São Paulo, 08 mai. 2015. Disponível em: https://agora.folha.uol.com.br/saopaulo/2015/05/1626310-fundador-da-pavilhao-nove-e-preso-por-chacina-na-torcida.shtml.

FOLHA DE SÃO PAULO. Morto na sede da torcida corinthiana foi um dos presos em Oruro; veja vítimas. *Folha de São Paulo*, São Paulo, 19 abr. 2015. Disponível em: https://www1.folha.uol.com.br/cotidiano/2015/04/1618623-morto-na-sede-de-torcida-corintiana-foi-um-dos-presos-em-oruro-veja-vitimas.shtml.

FOLHA DE SÃO PAULO. Promotor denuncia guarda-civil por chacina de jovens da zona leste de SP. *Folha de São Paulo*, São Paulo, 17 dez. 2016. Disponível em: https://www1.folha.uol.com.br/cotidiano/2016/12/1842380-promotor-denuncia-guarda-civil-por-chacina-de-jovens-da-zona-leste-de-sp.shtml.

FOLHA DE SÃO PAULO. Secretário da Segurança diz que atuação de PMs em chacina é boato. *Folha de São Paulo*, São Paulo, 24 abr. 2015. Disponível em: https://www1.folha.uol.com.br/cotidiano/2015/04/1620860-secretario-da-seguranca-diz-que-atuacao-de-pms-em-chacina-e-boato.shtml.

FOLHA DE SÃO PAULO. Secretário diz que atuação de PMs em chacina é boato. *Folha de São Paulo*, São Paulo, 24 abr. 2015. Disponível em: https://www1.folha.uol.com.br/fsp/cotidiano/217244-secretario-diz-que-atuacao-de-pms-em-chacina-e-boato.shtml.

FOLHA DE SÃO PAULO. Testes não acharam pólvora na mão do estudante que matou a família. *Folha de São Paulo*, São Paulo, 07 ago. 2013. Disponível em: https://www1.folha.uol.com.br/cotidiano/2013/08/1322827-para-policia-menino-de-13-anos-matou-a-familia-e-se-suicidou.shtml.

FOLHA DE SÃO PAULO. Vítimas de chacina em sede de torcida serão enterradas nesta segunda-feira. *Folha de São Paulo*, São Paulo, 20 abr. 2015. Disponível em: https://www1.folha.uol.com.br/cotidiano/2015/04/1618767-vitimas-de-chacina-em-sede-de-torcida-serao-enterradas-nesta-segunda-feira.shtml.

FOLHA DE SÃO PAULO; SENA, Stephane. Vítima foi um dos presos por morte de garoto na Bolívia. *Agora São Paulo*, São Paulo, 20 abr. 2015. Disponível em: https://agora.folha.uol.com.br/saopaulo/2015/04/1618741-vitima-foi-um-dos-presos-por-morte-de-garoto-na-bolivia.shtml.

FLACSO NA MÍDIA. A Psicologia do Massacre. *Flacso Brasil*, Brasil, 19 mar. 2019. Disponível em: https://flacso.org.br/2019/03/19/a-psicologia-do-massacre/.

G1 CAMPINAS E REGIÃO. Atirador que matou 5 na Catedral de Campinas agiu sozinho e com arma comprada no Paraguai. *G1 Campinas e Região*, Campinas, 19 fev. 2019. Disponível em: https://g1.globo.com/sp/campinas-regiao/noticia/2019/02/19/ataque-na-catedral-policia-civil-encerra-inquerito-sem-identificar-a-numeracao-raspada-da-arma.ghtml.

G1 CAMPINAS E REGIÃO. Doze pessoas são mortas durante festa de réveillon em Campinas. *G1 Campinas e Região*, Campinas, 01 jan. 2017. Disponível em: https://g1.globo.com/sp/campinas-regiao/noticia/2017/01/familia-e-morta-em-chacina-durante-festa-de-reveillon-em-campinas.html.

GIOVANELLI, Carolina. Trackertower: novo point de moderninhos no centro. *Veja SP*, São Paulo, 26 mai. 2012. Disponível em: https://vejasp.abril.com.br/cidades/centro-baladas-moderninhos/.

GOVERNO DO ESTADO DE SÃO PAULO. Polícia testa carros com câmera, gps e computador. *Governo do Estado de São Paulo*, São Paulo, 03 nov. 2010. Disponível em: https://www.saopaulo.sp.gov.br/spnoticias/na-imprensa/policia-testa-carros-com-camera-gps-e-computador/.

GLOBOESPORTE. Tragédia em Oruro: a morte de Kevin, aos 14, e a noite mais escura da Fiel. *Globoesporte*, Oruro, 21 fev. 2013. Disponível em: http://ge.globo.com/futebol/times/corinthians/noticia/2013/02/tragedia-em-oruro-morte-de-kevin-aos-14-e-noite-mais-escura-da-fiel.html.

LAVIERI, Danilo; PALENZUELA, Guilherme. Organizadas do Corinthians fazem silêncio e homenageiam mortos em chacina. *Uol Esportes*, São Paulo, 19 abr. 2015. Disponível em: https://www.uol.com.br/esporte/futebol/campeonatos/paulista/ultimas-noticias/2015/04/19/organizadas-do-corinthians-fazem-silencio-e-homenageiam-mortos-em-chacina.htm.

LONGO, Ivan. Conquista das mulheres: Um ano depois, chacina de Campinas com 12 mortes é tipificada como feminicídio. *Revista Fórum*, Campinas, 16 dez. 2017. Disponível em: https://revistaforum.com.br/mulher/2017/12/16/conquista-das-mulheres-um-ano-depois-chacina-de-campinas-com-12-mortes-tipificada-como-feminicidio-24732.html.

MACEDO, Letícia. 'Quem não reagiu está vivo', diz Alckmin sobre ação da Rota. *G1 São Paulo*, São Paulo, 12 set. 2012. Disponível em: https://g1.globo.com/sao-paulo/noticia/2012/09/quem-nao-reagiu-esta-vivo-diz-alckmin-sobre-acao-da-rota.html.

MEU TIMÃO. Torcida do Corinthians e familiares protestam contra demora em investigação de chacina. *Meu Timão*, São Paulo, 07 jul. 2015. Disponível em: https://www.meutimao.com.br/noticia/181036/torcida_do_corinthians_e_familiares_protestam_contra_demora_em_investigacao_de_chacina.

MORELLI, Robson. A chacina na Pavilhão 9, do Corinthians, prova a 'infiltração' nas torcidas uniformizadas. *O Estadão*, São Paulo, 21 mai. 2015. Disponível em: https://esportes.estadao.com.br/blogs/robson-morelli/a-chacina-na-pavilhao-9-do-corinthians-prova-a-infiltracao-nas-torcidas-uniformizadas/.

LUIZ, André. Pavilhão Nove: uma torcida para a justiça. *Fórum Musical Hip Hop SP*, São Paulo, 13 out. 2015. Disponível em: https://www.forumhiphopmsp.com.br/2015/10/pavilhao-nove-uma-torcida-para-justica.html.

ORTEGA, Azahara Martin. Ataque em Suzano gera debate sobre a tipificação do crime. *Folha de São Paulo*, São Paulo, 18 mar. 2019. Disponível em: https://www1.folha.uol.com.br/cotidiano/2019/03/ataque-em-suzano-gera-debate-sobre-a-tipificacao-do-crime.shtml.

PAGNAN, Rogério. Corpos encontrados em área rural da Grande SP são de jovens desaparecidos. *Folha de São Paulo*, São Paulo, 07 nov. 2016. Disponível em: https://www1.folha.uol.com.br/cotidiano/2016/11/1830037-corpos-encontrados-na-grande-sp-sao-de-jovens-desaparecidos-diz-ouvidor.shtml.

PAGNAN, Rogério. Guarda do ABC é preso suspeito de ligação com chacina de 5 jovens em SP. *Folha de São Paulo*, São Paulo, 10 nov. 2016. Disponível em: https://www1.folha.uol.com.br/cotidiano/2016/11/1831396-guarda-do-abc-e-preso-suspeito-de-ligacao-com-chacina-de-5-jovens-em-sp.shtml.

PAGNAN, Rogério. Suspeita sobre PMs cresce em caso de jovens encontrados mortos em SP. *Folha de São Paulo*, São Paulo, 08 nov. 2016. Disponível em: https://www1.folha.uol.com.br/cotidiano/2016/11/1830296-suspeita-sobre-pms-cresce-em-caso-de-jovens-encontrados-mortos-em-sp.shtml.

PIRES, Breiller. A sina dos torcedores mortos por policiais. *El País*, São Paulo, 13 set. 2018. Disponível em: https://brasil.elpais.com/brasil/2018/09/12/deportes/1536707395_262251.html.

PIZA, Paulo Toledo. Onda de violência em SP é reação a combate ao crime, diz polícia. *G1 São Paulo*, São Paulo, 31 out. 2012. Disponível em: https://g1.globo.com/sao-paulo/noticia/2012/10/onda-de-violencia-em-sp-e-reacao-ao-combate-ao-crime-diz-policia.html.

POMBO, Cristiano Cipriano. Há 5 anos, Kevin Espada morreu em partida do Corinthians na Libertadores. *Acervo Folha de São Paulo*, São Paulo, 20 fev. 2018. Disponível em: https://acervofolha.blogfolha.uol.com.br/2018/02/20/ha-5-anos-kevin-espada-morreu-em-partida-do-corinthians-na-libertadores/?loggedpaywall.

PONTE JORNALISMO. Justiça determina soltura de PM acusado de participação em chacina. *Ponte Jornalismo*, São Paulo, 07 dez. 2015. Disponível em: https://ponte.org/justica-determina-soltura-de-pm-acusado-de-participacao-em-chacina/.

RADDE, Leonel. A ação desastrosa da PM na chacina de Paraisópolis. *Ponte Jornalismo*, São Paulo, 04 dez. 2019. Disponível em: https://ponte.org/artigo-a-chacina-de-paraisopolis/?fbclid=IwAR3pqtE1VoHaboTDPoBtaVkKQ-mh5mJ5j6yaQULATfGNFylYoDeHIHq7Ow8.

REPORTAGEM LOCAL. Três morrem em confrontos de torcidas. *Folha de São Paulo*, São Paulo, 24 fev. 2003. Disponível em: https://www1.folha.uol.com.br/fsp/cotidian/ff2402200301.htm.

RESK, Felipe. PM é preso por suspeita de participação em chacina de Carapicuíba. *O Estadão*, São Paulo, 24 set. 2015. Disponível em: https://sao-paulo.estadao.com.br/noticias/geral,pm-e-preso-por-suspeita-de-participacao-em-chacina-de-carapicuiba,1768233.

RESK, Felipe. Polícia investiga participação do PCC em chacina na Pavilhão 9. *O Estadão*, São Paulo, 21 abr. 2015. Disponível em: https://sao-paulo.estadao.com.br/noticias/geral,policia-investiga-participacao-do-pcc-em-chacina-na-pavilhao-9,1673245.

RESK, Felipe. Polícia faz retrato falado de suspeito de chacina na sede da torcida do Corinthians. *O Estadão*, São Paulo, 23 abr. 2015. Disponível em: https://sao-paulo.estadao.com.br/noticias/geral,policia-faz-retrato-falado-de-suspeito-de-chacina-na-sede-da-torcida-do-corinthians,1674775.

RESK, Felipe. Policial militar e ex-PM são presos por chacina na sede da Pavilhão 9. *O Estadão*, São Paulo, 07 maio 2015. Disponível em: https://sao-paulo.estadao.com.br/noticias/geral,policial-militar-e-ex-pm-sao-presos-por-chacina-na-sede-da-pavilhao-9,1682842.

RESK, Felipe. Quatro mortos em chacina já foram acusados de tráfico. *O Estadão*, São Paulo, 22 abr. 2015. Disponível em: https://sao-paulo.estadao.com.br/noticias/geral,quatro-mortos-em-chacina-ja-foram-acusados-de-trafico,1673623.

RIBEIRO, Rafael. Oito torcedores são mortos em chacina na Pavilhão Nove. *Agora São Paulo*, São Paulo, 20 abr. 2015. Disponível em: https://agora.folha.uol.com.br/saopaulo/2015/04/1618743-oito-torcedores-sao-mortos-em-chacina-na-pavilhao-nove.shtml.

RIBEIRO, Rafael. PMs formaram grupo de extermínio, diz Polícia Civil. *Agora São Paulo*, São Paulo, 30 jul. 2014. Disponível em: https://agora.folha.uol.com.br/saopaulo/2014/07/1493163-pms-formaram-grupo-de-exterminio-diz-policia-civil.shtml.

RIBEIRO, Rafael. Polícia tem dois suspeitos de chacina na Pavilhão Nove. *Agora São Paulo*, São Paulo, 21 abr. 2015. Disponível em: https://agora.folha.uol.com.br/saopaulo/2015/04/1619184-policia-tem-dois-suspeitos-de-chacina-na-pavilhao-nove.shtml.

RODRIGUES, Artur. Ex-PM estava em casa na hora da chacina, diz advogado. *Folha de São Paulo*, São Paulo, 08 mai. 2015. Disponível em: https://www1.folha.uol.com.br/fsp/cotidiano/218656-ex-pm-estava-em-casa-na-hora-da-chacina-diz-advogado.shtml.

RODRIGUES, Artur. Ex-PM preso estava em casa na hora da chacina de torcedores, diz advogado. *Folha de São Paulo*, São Paulo, 08 mai. 2015. Disponível em: https://www1.folha.uol.com.br/cotidiano/2015/05/1626711-ex-pm-preso-garante-que-estava-em-casa-na-hora-da-chacina-diz-advogado.shtml.

RODRIGUES, Artur. Justiça decreta prisão de PM por chacina em torcida. *Folha de São Paulo*, São Paulo, 07 mai. 2015. Disponível em: https://www1.folha.uol.com.br/fsp/cotidiano/218401-justica-decreta-prisao-de-pm-por-chacina-em-torcida.shtml.

RODRIGUES, Artur. Justiça decreta prisão de PM por chacina em torcida do Corinthians. *Folha de São Paulo*, São Paulo, 07 mai. 2015. Disponível em: https://www1.folha.uol.com.br/cotidiano/2015/05/1625802-justica-decreta-prisao-de-pm-por-chacina-em-torcida-do-corinthians.shtml.

RODRIGUES, Artur. Ouvidor diz que governo se precipitou sobre chacina em torcida organizada. *Folha de São Paulo*, São Paulo, 08 mai. 2015. Disponível em: https://www1.folha.uol.com.br/cotidiano/2015/05/1626305-ouvidor-diz-que-governo-se-precipitou-sobre-chacina-em-torcida-organizada.shtml.

RODRIGUES, Artur. PM e ex-policial são presos por chacina em torcida organizada. *Folha de São Paulo*, São Paulo, 08 mai. 2015. Disponível em: https://www1.folha.uol.com.br/fsp/cotidiano/218521-pm-e-ex-policial-sao-presos-por-chacina-em-torcida-organizada.shtml.

RODRIGUES, Artur. PM e ex-policial suspeitos por chacina em torcida do Corinthians são presos. *Folha de São Paulo*, São Paulo, 07 mai. 2015. Disponível em: https://www1.folha.uol.com.br/cotidiano/2015/05/1625870-policia-prende-pms-suspeitos-de-participar-de-chacina-em-torcida-do-corinthians.shtml.

RODRIGUES, Artur. Polícia apura ação de PMs em crime na sede de torcida. *Folha de São Paulo*, São Paulo, 24 abr. 2015. Disponível em: https://www1.folha.uol.com.br/fsp/cotidiano/217105-policia-apura-acao-de-pms-em-crime-na-sede-de-torcida.shtml.

RODRIGUES, Artur. Polícia apura ação de PMs em crime na sede de torcida corinthiana. *Folha de São Paulo*, São Paulo, 24 abr. 2015. Disponível em: https://www1.folha.uol.com.br/cotidiano/2015/04/1620542-policia-apura-acao-de-pms-em-crime-na-sede-de-torcida-corintiana.shtml.

RODRIGUES, Artur; CARMO, Sidney Gonçalves do. Dívida com traficantes teria motivado chacina em torcida do Corinthians. *Folha de São Paulo*, São Paulo, 21 abr. 2015. Disponível em: https://www1.folha.uol.com.br/cotidiano/2015/04/1619157-divida-com-traficantes-teria-motivado-chacina-em-torcida-do-corinthians.shtml.

RODRIGUES, Artur; CARMO, Sidney Gonçalves do. Só uma das vítimas era alvo em crime na sede de torcida. *Folha de São Paulo*, São Paulo, 21 abr. 2015. Disponível em: https://www1.folha.uol.com.br/fsp/cotidiano/216717-so-uma-das-vitimas-era-alvo-em-crime-na-sede-de-torcida.shtml.

SALVADORI, Fausto. Chacinas em SP: de crimes de bandido a crimes de polícia. *Ponte Jornalismo*, São Paulo, 16 jan. 2018. Disponível em: https://ponte.org/artigo-chacinas-em-sp-de-crimes-de-bandido-a-crimes-de-policia/.

SOUZA, Felipe. Alckmin minimiza fala de secretário sobre chacina em sede de torcida. *Folha de São Paulo*, São Paulo, 07 mai. 2015. Disponível em: https://www1.folha.uol.com.br/cotidiano/2015/05/1625942-alckmin-minimiza-fala-de-secretario-sobre-chacina-em-sede-de-torcida.shtml.

SOUZA, Felipe. Declaração de comandante sobre denúncia de PM morta será investigada. *Folha de São Paulo*. São Paulo. 07 ago. 2013. Disponível em: https://www1.folha.uol.com.br/cotidiano/2013/08/1323218-declaracao-de-comandante-sobre-denuncia-de-pm-morta-sera-investigada.shtml.

SOUZA, Felipe; ALVES, Martha. 'Não me deixe morrer', disse vítima baleada. *Folha de São Paulo*, São Paulo, 21 abr. 2015. Disponível em: https://www1.folha.uol.com.br/fsp/cotidiano/216718-nao-me-deixe-morrer-disse-vitima-baleada.shtml.

SOUZA, Felipe; ALVES, Martha. 'Não me deixe morrer', disse vítima de ataque em sede de torcida organizada. *Folha de São Paulo*, São Paulo, 21 abr. 2015. Disponível em: https://www1.folha.uol.com.br/cotidiano/2015/04/1619160-nao-me-deixe-morrer-disse-vitima-de-ataque-em-sede-de-torcida-organizada.shtml.

STABILE, Arthur; CRUZ, Maria Teresa. Policiais atuaram em 47% das chacinas em 5 estados, aponta levantamento. *Ponte Jornalismo*, São Paulo, 21 nov. 2019. Disponível em: https://ponte.org/policiais-atuaram-em-47-das-chacinas-em-5-estados-aponta-levantamento/.

TAVARES, Flávio. Júri absolve 2 PMs no caso do grupo de extermínio Highlanders. *O Estadão*, São Paulo, 19 mar. 2011. Disponível em: https://sao-paulo.estadao.com.br/noticias/geral,juri-absolve-2-pms-no-caso-do-grupo-de-exterminio-highlanders-imp-,694130.

TV GLOBO; G1 SÃO PAULO. Veja quem são os mortos do tumulto em baile funk em Paraisópolis, em SP. *G1 São Paulo*, São Paulo, 01 dez. 2019. Disponível em: https://g1.globo.com/sp/sao-paulo/noticia/2019/12/01/veja-quem-sao-os-mortos-do-tumulto-em-baile-funk-em-paraisopolis-em-sp.ghtml.

VALLE, Caio do. Bando invade forró e mata 4 em chacina. *Agora São Paulo*, São Paulo, 08 maio 2011. Disponível em: https://agora.folha.uol.com.br/saopaulo/ult10103u912885.shtml.

VARGAS, Rodrigo. Mais cinco são julgados por chacina em Matupá (MT). *Folha de São Paulo*, São Paulo, 24 out. 2011. Disponível em: https://www1.folha.uol.com.br/cotidiano/995693-mais-cinco-sao-julgados-por-chacina-em-matupa-mt.shtml.

ZYLBERKAN, Mariana. Jovem de classe média se envolve com drogas, sai de casa e morre em chacina. *Folha de São Paulo*, São Paulo, 14 nov. 2017. Disponível em: https://www1.folha.uol.com.br/cotidiano/2017/11/1935211-jovem-de-classe-media-se-envolve-com-drogas-sai-de-casa-e-morre-em-chacina.shtml?origin=folha.

LISTA DE SIGLAS E ABREVIATURAS

AI-5	Ato Institucional nº 5
BA	Bahia
BBBM	Bandido bom é bandido morto
B.O.	Boletim de Ocorrência
CAP	Coordenadoria de Análise e Planejamento
CDP	Centro de Detenção Provisória
CEAGESP	Companhia de Entrepostos e Armazéns Gerais de São Paulo
CESEC	Centro de Estudos de Segurança e Cidadania
CEPOL	Centro de Comunicação e Operações
CF	Constituição Federal
COVID	*Coronavirus Disease*
COPOM	Centro de Operações da Polícia Militar
CP	Código Penal
CV	Comando Vermelho
DECAP	Departamento de Polícia Judiciária da Capital

DEMACRO	Departamento de Polícia Judiciária da Macro São Paulo
DEPEN	Departamento Penitenciário Nacional
DHPP	Departamento de Homicídios e Proteção à Pessoa
DOI-CODI	Destacamento de Operações e Informações — Centro de Operações e Defesa Interna
EM	Esquadrão da Morte
FBSP	Fórum Brasileiro de Segurança Pública
FDN	Família do Norte
GEAcrim	Grupo Especializado em Assessoramento de Local de Crime
GENI	Núcleo de Estudos dos Novos Ilegalismos
GDE	Guardiões do Estado
GPS	*Global Positioning System*
GRADI	Grupo de Repressão e Análise de Delitos e Intolerância
G.R.C.S.B.T.C.D.	Grêmio Recreativo Cultural Social Bloco Torcida Clube Desportivo
IBGE	Instituto Brasileiro de Geografia e Estatística
INFOCRIM	Sistema de Informações Criminais
IP	Inquérito Policial
MNU	Movimento Negro Unificado
MP	Ministério Público
MT	Mato Grosso
MTST	Movimento dos Trabalhadores Sem-teto
NEV	Núcleo de Estudos da Violência
PCC	Primeiro Comando da Capital
P.M.	Polícia Militar

PSDB	Partido da Social Democracia Brasileira
RMSP	Região Metropolitana de São Paulo
ROCAM	Ronda Ostensiva com Apoio de Motocicletas
ROTA	Rondas Ostensivas Tobias de Aguiar
SAMU	Serviço de Atendimento Médico de Urgência
SEADE	Fundação Sistema Estadual de Análise de Dados
SSP/SP	Secretaria de Segurança Pública do Estado de São Paulo
TJSP	Tribunal de Justiça de São Paulo
UESP	União das Escolas de Samba Paulistanas
UFF	Universidade Federal Fluminense
UNESP	Universidade Estadual Paulista
UNICAMP	Universidade Estadual de Campinas
USP	Universidade de São Paulo

AGRADECIMENTOS

Agradeço aos meus familiares que apoiaram e incentivaram o desenvolvimento da pesquisa que originou este livro: minha mãe Zenaide, minha irmã Mariana, minha filha Cecília, meu tio Luiz e meu companheiro, Israel. Obrigada por tudo! Amo vocês!

Sou muito grata à Ethel Volfzon Kosminsky, minha primeira orientadora, que ainda durante minha graduação me ensinou os caminhos da ciência.

No doutorado tive o prazer de ter como orientadora a professora Arlete Moysés Rodrigues, cientista incansável, crítica sagaz que, ao mesmo tempo em que exigia rigor científico, me deu liberdade na pesquisa e nos caminhos que ela me levava, além de impulsionar sempre uma sociologia pública e combativa.

Agradeço à Priscila Gartier e a todes, todas e todos que trabalham na Unicamp.

Agradeço aos integrantes do Grupo de Pesquisa Problemática Urbana e Ambiental, carinhosamente conhecido como LACAM (Laboratório da casa da Arlete Moysés) pelas reflexões e debates que me auxiliaram na firmeza teórica. Agradeço imensamente à Lurdeca, por nos alimentar na casa da Arlete durante as reuniões.

Registro aqui meu agradecimento aos integrantes do Grupo de Pesquisa Polcrim — Laboratório de Estudos de Política e Criminologia, pelos debates, reflexões conjuntas e apoio mútuo.

Agradeço ao professor Frederico Normanha Ribeiro de Almeida, pelas contribuições ao longo dos anos de Grupo de Pesquisa e no momento da qualificação e da defesa da tese.

À Camila Nunes Dias, meu muito obrigada pela leitura atenta e contribuições teóricas durante a qualificação e defesa desta tese. Agradeço ao Daniel Hirata e à Juliana Farias pela participação na banca de defesa e pelas importantes contribuições para o aprofundamento das reflexões sobre a pesquisa.

Agradeço aos integrantes das torcidas organizadas Gaviões da Fiel e Dragões da Real por me auxiliarem a estabelecer contatos para a efetivação da pesquisa. Rodrigo e Ana Cardoso, Rodrigo Mano, Marcelo Fadori, Sandro Barbosa e Bruna Hernandez foram essenciais para que eu conseguisse acessar integrantes da Torcida Pavilhão Nove. Agradeço também à Thayná Yaredy pelos contatos com jornalistas.

Agradeço imensamente à Débora Silva Maria, que desde o início da pesquisa se mostrou aberta e foi essencial para que eu acessasse o campo desta pesquisa, além da importante contribuição como interlocutora desta tese.

Deixo registrado meu profundo respeito e admiração aos familiares e amigos das vítimas, assim como aos integrantes da Torcida Organizada Pavilhão Nove por toda luta apesar da dor, e agradecer imensamente, pois mesmo com tantas questões para lidarem com seus lutos e lutas, me receberam tão generosamente e compartilharam tanto comigo. Vocês são uma fortaleza!

David Marques, com quem compartilhei parte do fazer campo e Ariadne Natal, que tão atenciosamente abriu as portas do NEV para buscarmos dados, meu muito obrigada! Agradeço a querida Joana D'Arc Teixeira e Camilla Massaro pelo incentivo e torcida para que essa pesquisa se realizasse.

Registro também meu agradecimento aos colegas, amigas e amigos que, de algum modo, acompanharam essa pesquisa nos cinco anos que estive no IFCH, com trocas nos grupos de estudos e nas aulas e amigas e amigos do chão da sala de aula que acompanharam parte desta pesquisa.

Por fim, agradeço ao Flávio Lima e Leianne Miranda, amigos amados que foram meu amparo na Unicamp. Agradeço ao Flávio, Leianne, Carolina Bonomi, Marina Ribeiro e Elizabete Pellegrini pelas leituras atentas e trocas. Ao Davidson Pereira, agradeço a ajuda na construção dos mapas. Simone Magalhães e Paula Rodrigues me deram pouso em São Paulo para a pesquisa. À Michele Souza e Tânia Padilha, que estiveram comigo pelo apoio a essa empreitada. Bruna Padilha e Romário Hipólito me auxiliaram emprestando gravador e Bruna me impulsionou durante a pandemia com reuniões *on-line* de escrita. Elionete Garzoni e Tácio Raposo me ajudaram a enfrentar os dias que antecederam a defesa da tese.

Obrigada!

1ª edição | setembro 2024
impressão | eskenazi
papel miolo | pólen natural 80g/m^2
papel capa | cartão supremo 300g/m^2
tipografia | FS brabo e TT commons